工业智能与工业大数据系列

工业大数据分析

汪俊亮　张　洁　吕佑龙　张　朋　徐楚桥◎著

電子工業出版社·
Publishing House of Electronics Industry
北京·BEIJING

内 容 简 介

新一轮产业革命已经到来,信息技术加快渗透到工业生产的各个环节,企业所拥有的数据日益丰富,并涌现出规模性、多样性和高速性等大数据特性。工业大数据方法通过对海量数据的处理与分析,使工业系统具备"学习"能力。通过源源不断的数据对工业系统的复杂演化规律、机理、知识经验进行持续学习,使工业系统具备自学习、自优化、自调控能力,为工业系统赋予智能。本书围绕智能制造中的工业大数据分析问题,从工业大数据的内涵、工业大数据融合方法、工业大数据关联分析方法、工业大数据预测方法、不平衡数据分析方法、多来源数据分析技术、"边缘-云"模式的工业大数据分析技术阐述工业大数据分析的体系架构。

未经许可,不得以任何方式复制或抄袭本书之部分或全部内容。
版权所有,侵权必究。

图书在版编目(CIP)数据

工业大数据分析 / 汪俊亮等著. —北京:电子工业出版社,2022.8
(工业智能与工业大数据系列)
ISBN 978-7-121-44182-0

Ⅰ. ①工… Ⅱ. ①汪… Ⅲ. ①制造工业—数据处理—研究 Ⅳ. ①F407.4

中国版本图书馆 CIP 数据核字(2022)第 153220 号

责任编辑:刘志红(lzhmails@phei.com.cn) 特约编辑:王 璐
印　　刷:北京天宇星印刷厂
装　　订:北京天宇星印刷厂
出版发行:电子工业出版社
　　　　　北京市海淀区万寿路 173 信箱　邮编:100036
开　　本:787×1092　1/16　印张:14.75　字数:330.4 千字
版　　次:2022 年 8 月第 1 版
印　　次:2022 年 8 月第 1 次印刷
定　　价:138.00 元

凡所购买电子工业出版社图书有缺损问题,请向购买书店调换。若书店售缺,请与本社发行部联系,联系及邮购电话:(010)88254888,88258888。
质量投诉请发邮件至 zlts@phei.com.cn,盗版侵权举报请发邮件至 dbqq@phei.com.cn。
本书咨询联系方式:(010)88254479,lzhmails@phei.com.cn。

工业智能与工业大数据系列

编委会

编委会主任　张　洁

编委会副主任　高　亮　　汪俊亮

编委会委员　冯毅雄　　孔宪光　　雷亚国　　李少波
　　　　　　李文锋　　李玉良　　秦　威　　唐敦兵
　　　　　　闫纪红　　姚锡凡　　张　晨

第 1 章介绍了工业大数据的内涵（背景、定义、特性）与大数据驱动的智能制造科学范式；工业大数据分析的流程与平台，以及工业大数据带来的思维变革。

第 2 章介绍了工业大数据的类型、工业大数据特征的描述方法和工业大数据融合处理的典型方法。

第 3 章简析工业生产系统中参数关联分析的概念和工业大数据关联分析方法，以及通过大数据方法分析与刻画海量数据的关联规律；通过晶圆工期关键参数识别和柴油发动机功率一致性关键参数识别这两个实际案例介绍了大数据关联分析方法在工业领域的应用。

第 4 章围绕工业大数据预测方法，简要分析了工业生产中的预测概念和工业大数据预测方法的发展历程，叙述了主流工业大数据预测方法，通过石油化工泵的故障预测和晶圆工期预测两个实际案例描述大数据预测方法在工业领域的应用。

第 5 章论述了工业大数据的不平衡性。围绕不平衡性的定义，从采样、代价敏感与主动学习三个方面介绍了不平衡学习方法，通过圆缺陷识别与空气舵三维点云分割两个实际工程的典型应用，对不平衡工业大数据分析方法进行了论述。

第 6 章论述了工业大数据来源分析、融合问题及融合技术，分析了大体量数据传输流量负载、数据流通合规性、工业数据的私密性与安全性等难点，讨论了工业大数据融合在数据传输效率、企业数据私密性保护、数据安全保障、追溯审计等技术实现方面的需求。

第 7 章论述了"边缘-云"模式的工业大数据分析技术，分析了智能制造对实时数据分析的需求。运用大数据分析技术，通过面料疵点检测中的数据分析任务、多源工业大数据融合技术的实际案例进行验证。

作　者

2022 年 7 月

目录

第1章 绪论 ·· 001
  1.1 从开普勒三大定律的发现谈起 ·· 001
  1.2 工业大数据的内涵 ·· 002
    1.2.1 工业大数据的背景 ·· 002
    1.2.2 工业大数据的定义 ·· 003
    1.2.3 工业大数据的特性 ·· 004
    1.2.4 大数据驱动的智能制造科学范式 ·· 007
  1.3 工业大数据分析的流程、平台及应用 ·· 009
    1.3.1 工业大数据分析的基本流程 ··· 009
    1.3.2 大数据平台 ·· 010
    1.3.3 工业大数据分析的应用场景 ··· 017
  1.4 工业大数据带来的思维变革 ··· 019
    1.4.1 从抽样到全局数据分析 ·· 019
    1.4.2 从因果建模到关联分析 ·· 019
    1.4.3 从精确求解到近似推演 ·· 020
    1.4.4 从数据的量变到分析的质变 ··· 020
    1.4.5 多来源数据协同处理 ··· 020
    1.4.6 强实时数据分析 ··· 021
  1.5 本书主要内容与章节安排 ·· 021
  参考文献 ·· 022

第2章 工业大数据融合处理方法：从抽样到全局 025

- 2.1 引言 025
- 2.2 从局部样本到全体数据 025
- 2.3 工业大数据的类型 026
  - 2.3.1 按照制造业务流程划分 026
  - 2.3.2 按照存储结构划分 028
- 2.4 工业大数据特征的描述方法 030
  - 2.4.1 数据集中趋势度量 030
  - 2.4.2 数据离散趋势度量 032
  - 2.4.3 数据的分布形态：偏态与峰度 034
- 2.5 工业大数据融合处理的典型方法 035
  - 2.5.1 基于过滤规则多级组合的多源数据导入与清洗方法 035
  - 2.5.2 基于元对象框架的异构数据统一建模与数据抽取融合方法 037
  - 2.5.3 基于字典学习的高维数据多尺度分类查询方法 039
  - 2.5.4 基于稀疏自动编码器的数据降维方法 041
  - 2.5.5 基于径向基神经网络的数据去冗余方法 043
- 2.6 本章小结 044
- 参考文献 044

第3章 工业大数据关联分析方法：从因果到关联 047

- 3.1 引言 047
- 3.2 数据关联分析方法 048
  - 3.2.1 基于信息熵的关联关系度量方法 048
  - 3.2.2 基于频繁项集的关联关系度量方法 050
  - 3.2.3 基于Granger因果分析的关联关系度量方法 053
  - 3.2.4 基于复杂网络的关系解耦方法 054
- 3.3 工业大数据关联分析案例 059
  - 3.3.1 晶圆工期关键参数识别方法 059

  3.3.2 柴油发动机功率一致性关键参数识别方法 ·················· 071
 3.4 本章小结 ··· 077
 参考文献 ··· 078

第 4 章 工业大数据预测方法：从精确求解到近似推演 ············· 080

 4.1 引言 ··· 080
 4.2 大数据预测任务 ··· 080
  4.1.1 时序预测任务 ·· 081
  4.1.2 因果预测任务 ·· 082
 4.2 工业大数据预测方法 ··· 082
  4.2.1 浅层机器学习预测方法 ·· 083
  4.2.2 深度学习预测方法 ··· 089
 4.3 工业大数据预测案例 ··· 098
  4.3.1 石油化工泵的故障预测 ·· 098
  4.3.2 晶圆工期预测方法 ··· 106
 4.4 本章小结 ··· 120
 参考文献 ··· 121

第 5 章 不平衡工业大数据分析方法：从量变到质变 ··············· 123

 5.1 引言 ··· 123
 5.2 大数据的不平衡性学习问题 ··· 124
  5.2.1 大数据的不平衡性 ··· 124
  5.2.2 不平衡学习问题分类 ··· 125
  5.2.3 不平衡学习的效果评价准则 ·································· 125
 5.3 不平衡学习方法 ··· 127
  5.3.1 基于采样的不平衡学习方法 ·································· 128
  5.3.2 基于代价敏感的不平衡学习方法 ···························· 134
  5.3.4 基于主动学习的不平衡学习方法 ···························· 139
 5.4 不平衡学习方法在智能制造中的典型应用 ······················· 143

    5.4.1 不平衡数据下的晶圆图缺陷模式识别 ·············· 143
    5.4.2 空气舵三维点云非等效分割方法 ················ 155
  5.5 本章小结 ·· 167
 参考文献 ·· 167

第6章 多源工业大数据融合技术：从数据孤岛到多源融合 ············ 170

  6.1 引言 ·· 170
  6.2 制造大数据来源分析 ······························ 170
    6.2.1 设计大数据 ································ 171
    6.2.2 生产大数据 ································ 172
    6.2.3 营销大数据 ································ 174
    6.2.4 运维大数据 ································ 175
  6.3 多源工业大数据的融合问题 ······················ 175
    6.3.1 问题描述 ·································· 176
    6.3.2 难点分析 ·································· 177
    6.3.3 技术要求 ·································· 178
  6.4 多源工业大数据融合技术 ·························· 180
    6.4.1 基于任务流图的多源工业大数据融合任务建模技术 ····· 180
    6.4.2 基于雾计算的多源工业大数据融合技术 ············ 182
    6.4.3 基于密码学的多源工业大数据传输技术 ············ 187
    6.4.4 基于区块链的多源工业数据融合技术 ·············· 188
  6.5 智能制造应用案例 ································ 189
    6.5.1 问题描述 ·································· 190
    6.5.2 多源数据驱动的飞机装配位姿分析 ················ 190
  6.6 本章小结 ·· 193
 参考文献 ·· 193

第7章 "边缘-云"模式的工业大数据分析技术：从云计算到边云融合 ···· 195

  7.1 引言 ·· 195

目 录

7.2 制造过程中的工业大数据分析需求 …………………………………… 196
7.3 "边缘-云"融合的工业大数据分析模型 ……………………………… 197
    7.3.1 "边缘-云"融合的大数据分析模型架构 ……………………… 197
    7.3.2 云计算技术 ………………………………………………………… 199
    7.3.3 边缘计算技术 ……………………………………………………… 201
    7.3.4 流数据处理技术 …………………………………………………… 203
    7.3.5 内存计算技术 ……………………………………………………… 205
7.4 基于"边缘-云"模式的面料疵点检测技术 …………………………… 206
    7.4.1 面料疵点检测需求分析 …………………………………………… 206
    7.4.2 "边缘-云"协同的面料疵点检测 ……………………………… 208

参考文献 ………………………………………………………………………… 217

后记——方兴未艾的大数据科学 ……………………………………………… 220

第1章

绪 论

1.1 从开普勒三大定律的发现谈起

约翰尼斯·开普勒是德国杰出的天文学家、物理学家、数学家,他在1609年发表的伟大著作《新天文学》中提出了行星运动第一和第二定律。行星运动第一定律认为每个行星都在一个椭圆形的轨道上围绕太阳运转,而太阳位于这个椭圆形轨道的一个焦点上。行星运动第二定律认为行星运行离太阳越近,运行就越快,行星的速度以这样的方式变化:行星与太阳之间的连线在等时间内扫过的面积相等。10年后,开普勒发表了行星运动第三定律:行星距离太阳越远,它的运转周期越长;运转周期的平方与行星到太阳之间距离的立方成正比。行星运动三大定律最终使开普勒赢得了"天空立法者"的美名。

事实上,开普勒并不是第一位从事行星运动规律分析的科学家,他的成功得益于他的老师第谷·布拉赫。第谷是一位执着的丹麦天文学家与占星家,为了证明尼克劳斯·哥白尼提出的"日心说",第谷几十年坚持不懈地观察、记录和归纳天体的运动状态。他在天文望远镜发明之前,创造性地运用了当时最先进的仪器和技术,使得靠肉眼观测行星运动所导致的视差精确到了一弧分,这几乎是肉眼分辨率的极限。关于他的执着追求,还有一个故事。1565年,19岁的第谷因一个数学公式与同学以剑决斗,结果失去了鼻子的大部分组织,后来他就一直装着金属制作的假鼻子从事天文学研究。他在丹麦的汶岛建立了世界上最早的大型天文台,通过大型浑仪、象限仪和纪限仪等天文观测仪器来测量星体的坐标、太阳的地平高度、两个星体之间的角距等参数。第谷穷尽了毕生精力,观测记录了数百颗恒星几十年间每个夜晚的数据。1601年第谷去世，他无私地将几十年来观测的数据赠予了助手开普勒。开普勒对老师遗留下来的大量观测数据进行了艰苦的分析和整理，经过近9年的数据分析，他于1609年发表了行星运动第一和第二定律，并于10年后发表了第三定律，从而奠定了现代天文学的基础。

事实上，开普勒三大定律的发现，本质上就是数据分析的过程。第谷经过数十年坚持不懈的精密观测，记录了大量的数据，属于数据的采集与存储过程。第谷去逝后，开普勒继承他的遗志，对数据进行了大量细致的整理，并从中总结与凝练出规律，是数据的分析过程。行星运动三大定律对现代天文学的发展起到了奠基性作用，并在此基础上发展出牛顿定律等一系列重要成果，可以看作数据应用过程。

经过数百年的发展，数据分析的方法经过了长足的发展，已经从单纯的数理分析进化成了融合计算机科学、数学、半导体制造等多学科的前沿技术，成为驱动机械、交通等重要工程领域发展的核心动力。

1.2 工业大数据的内涵

1.2.1 工业大数据的背景

虽然数据分析早已深入到科学研究的探索之中，但直到近几年大数据技术才迎来真正的高速发展。2008年，英国《自然》杂志推出"大数据"专刊，专门探讨"PB时代的科学"及科研形态的变化，并指出，以数据为准绳的理念指导，以及强大的计算能力支撑，正在驱动一次科学研究方法论的革命。美国《科学》杂志也在2011年推出专刊"Dealing with Data"，围绕数据洪流展开讨论，将大数据深度分析作为未来研究的重要突破点。此外，2012年3月29日，美国政府宣布了"大数据研究和发展倡议"，意在推进从大量、复杂的数据集合中获取知识和洞见的能力，大数据自此正式上升为国家战略并得到了广泛的研究与应用。

随着网络技术、传感技术及众多智能设备的接入，大数据逐渐在气象预报、医疗检测等领域涌现和普及。在气象预报领域，美国国家海洋和大气管理局（National Oceanic and

Atmospheric Administration，NOAA）每日从卫星、船只、飞机、浮标及其他传感器中收集超过 35 亿份观察资料，并按照大气数据、海洋数据和地质数据进行测定分析；在医疗监测领域，加拿大安大略理工大学携手 IBM 公司，对脉搏跳动、体表温度、身体姿势、呼吸频率等数据进行监测，通过连续数据流分析，对婴儿医院内感染等异常症状进行监控。

随着新一轮产业革命的到来，信息技术加快渗透到工业生产的各个环节，企业拥有的数据日益丰富，并表现出规模性、多样性和高速性等特点[1]。在智能制造中，工业大数据技术不仅能促进企业准确地感知系统内外部的环境变化、科学分析与优化决策，以优化生产过程、降低成本、提高运营效率，更能催生大规模定制、精准营销等新模式和新业态。工业大数据因此被视为重要的生产要素，成为驱动智能制造、助力产业转型升级的关键。随着人工智能进入 2.0 时代，以及深度学习、边缘计算等新模型和算法的不断提出和发展，工业大数据不断为智能制造带来新的理念、方法、技术与应用，并形成新的研究热点[2]。

工业大数据方法通过海量数据的处理与分析，使制造系统具备"学习"能力。通过源源不断的数据对制造系统的复杂演化规律、知识经验进行持续学习，使制造系统具备自学习、自优化、自调控能力，为制造系统赋予智能。随着数据科学范式的进一步发展，制造系统智力的获取、提升与应用方式将发生变革，大数据驱动的智能制造的科学范式与方法体系正在形成。

1.2.2　工业大数据的定义

关于工业大数据的定义，目前学术与工业界还没有形成共识。本书采用《工业大数据白皮书》中的定义：

"工业大数据是指在工业领域中，围绕典型智能制造模式，从客户需求到销售、订单、计划、研发、设计、工艺、制造、采购、供应、库存、发货和交付、售后服务、运维、报废或回收再制造等整个产品全生命周期各个环节所产生的各类数据及相关技术和应用的总称。"

从以上定义可以看出，工业大数据以产品数据为核心，极大地延展了传统工业数据的范围，同时还包括工业大数据的相关技术和应用。

工业大数据具备双重属性：价值属性和产权属性。一方面，通过工业大数据分析等关键技术能够实现设计、工艺、生产、管理、服务等各个环节智能化水平的提升，满足用户定制化需求，提高生产效率并降低生产成本，为企业创造可量化的价值；另一方面，这些数据具有明确的权属关系和资产价值，企业能够决定数据的具体使用方式和边界，数据产权属性明显。工业大数据的价值属性实质上是基于工业大数据采集、存储、分析等关键技术，对工业生产、运维、服务过程中的数据实现价值提升或变现；工业大数据的产权属性则偏重于通过管理机制和管理方法帮助工业企业明晰数据资产目录与数据资源分布，确定所有权边界，为其价值的深入挖掘提供支撑。

1.2.3 工业大数据的特性

随着制造业信息化和自动化技术的飞速发展，特别是数控机床、传感器、数据采集装置和其他具备感知能力的智能设备在离散车间底层的大量使用，车间数字化和智能化程度越来越高，制造数据的规模和种类也日益扩大，车间运行过程中产生的制造数据呈现出以下几个特性。

1. 规模性

以半导体制造为例，单片晶圆质量检测时每个站点都能生成几 MB 的数据，一台快速自动检测设备每年就可以收集将近 2TB 的数据，上海某晶圆企业 S1 厂 Centura 区域 2014 年 4~9 月的机台运行数据中，各类参数的监测值达到 21.7 亿条，涉及参数 5 218 个，总数据量 1.12 TB。据麦肯锡咨询公司统计[3]，2009 年，美国员工数量超过 1 000 人的制造企业平均产生了至少 200 TB 的数据，而这个数量每隔 1.2 年就递增一倍。通用电气公司的报告[4]显示，未来 10 年工业数据增速将是其他大数据领域的两倍。由于晶圆制造车间在制品多、工艺多、产品多、设备数量大、参数多、数据采集频繁，使得记录的数据量巨大。

2. 多样性

多样性主要体现为类型多样、量纲多样、尺度多样。类型上，车间生产涉及的产品物料清单、工艺文档、数控程序、三维模型、设备运行参数等制造数据往往来自不同的系统，具有完全不同的数据结构,可以表现为数值、时间、图像。仅数值类型的数据,就可分为整数类型、浮点数类型、布尔值类型等。量纲上,如参数中的温度、压力、流量,其度量单位各不相同。尺度上,如刻蚀的宽度为纳米(10^{-9})级别,而晶圆搬运距离为千米(10^3)级别,尺度跨度达 10^{12}。此外,运行数据的采集频率也不尽相同,从 3~5 分钟一次到每秒数十次。例如,晶圆刻蚀过程中反应腔温度采集频率为每秒 1~10 次,而刻蚀深度则只有在一批晶圆加工完成后才检测,时间尺度为小时级别。

3. 高速性

机台加工、测量与缺陷数据随制造过程的推进而不断产生,并由相应的传感器实时采集。设备数据波动、制程工艺变化、随机性缺陷等随晶圆加工批次不断变化。采集的数据,尤其是机台数据,主要为机台运行控制提供支持,要求具有时间敏感性。因此,要求数据的采集间隔周期小,处理速度快,响应时间短。

对制造车间数据做进一步分析,发现其在上述 3 个特性的基础上,还兼具多来源、多维度、多噪声特性。

4. 多来源

制造车间的产品订单信息、产品工艺信息、制造过程信息、制造设备信息分别来源于排产与派工(Product Planning & Scheduling,PPS)系统、产品数据管理(Product Data Management,PDM)系统、制造执行系统(Manufacturing Execution System,MES)和制造数据采集(Manufacturing Data Collection,MDC)系统、数据采集与监控(Supervisory Control and Data Acquisition,SCADA)系统等。近年来,随着工业大数据技术的发展,制造车间逐渐普及了主数据系统(Master Data System,MDS)、商务智能系统(Business Intelligence System)等。这些系统基于原始生产过程数据,经过处理后,产生了新的数据和信息。因此,制造车间中原始数据和中间数据并存,不同的信息来源决定了不同的数据结构和存储方式。

5. 多维度

晶圆制造的多维度特性体现在产品、系统和设备 3 个方面。产品维度的性能参数有晶圆良率、测试寿命、电子性能与成品良率等；系统维度的性能参数有晶圆工期、库存水平、设备空载率、等待队列长度等；设备维度的性能参数有设备利用率、工序良率、设备平均失效前时间和平均故障间隔时间等。

6. 多噪声

车间生产运行中产生的大量数据来自 PLC 控制器、传感器和其他智能感知设备对制造过程的不断采样，生产中的电磁干扰和恶劣环境使感知数据带有多噪声的特性。以晶圆卡的搬运过程为例，RFID 阅读器在读取附于高速移动的搬运小车上的芯片时，容易出现漏读和误读现象；等离子刻蚀腔中充斥着高温高压等离子体，导致腔内传感器老化快，原点漂移严重。

以国内某半导体制造企业的某一量产晶圆类型为例，在晶圆制造过程中采集的质量相关数据及其特性如表 1-1 所示。

表 1-1 晶圆制造过程中采集的质量数据及其特性

数据类别	量纲示例	数据形式	参数量级	数据量级	产生速度
机台数据	℃, Pa, L/s	统计模型	10^4 个	10^6 条	10^4 条/月
测量数据	nm, μm, mm	统计模型	10^2 个	10^5 条	10^3 条/月
缺陷数据	—	图形	—	10^5 条	10^3 条/月
电性数据	Ω, V, A	统计模型	10^2 个	10^6 条	10^4 条/月
针测数据	Ω, V, A	数值	10^2 个	10^6 条	10^4 条/月

智能车间大数据与其他行业大数据的对比如表 1-2 所示。

表 1-2 智能车间大数据与其他行业大数据的对比

对比项	智能车间大数据	交通大数据	电信大数据	电商大数据
数据形式	结构化与非结构化数据并存	非结构化数据（视频、照片等）	结构化数据（时间型数据为主）	结构化数据（字符型数据为主）
数据类型	多	单一	少	少

续表

对比项	智能车间大数据	交通大数据	电信大数据	电商大数据
数据源数量	中等	中等	多	多
单条记录大小	3~5个字段，<500B	视频文件1~2GB；照片文件2~5MB	约10个字段，<1KB	约20个字段，<5KB
数据特征	流数据	流数据	间歇记录数据	间歇记录数据
数据处理时效性要求	实时处理	实时处理	批处理为主	批处理为主
I/O要求	高写入压力	高写入压力	高读取压力	高写入/高读取压力
系统需求	高存储/分析能力	高存储能力	高分析能力	高分析能力
单位时间数据量	稳定	稳定	稳定（白天高，晚上低）	不稳定存在峰谷现象
使用数据分析方法	多	少	少	少
应用场景示例	机台异常分类、交货期预测、晶圆良率分析、机台派工	违章行为记录、套牌车分析、道路流量统计、旅行时间计算	账单/详单查询、运营指标计算、区域价值分析、网络优化	用户精准识别、个性化推荐、用户行为分析、物流优化

1.2.4　大数据驱动的智能制造科学范式

在"大数据"概念出现之前，制造系统的运行分析与决策非常依赖模型和算法。以生产调度决策过程为例，要得到良好的调度方案，首先需要分析调度参数与调度目标之间的因果关系，建立合适的数学模型来描述调度问题，包括约束、目标等。然后针对该模型设计相应的算法求解。当问题规模较小时，通常可以用数学方法求得精确解；但当问题规模较大时，往往需要针对问题特性，设计精妙的算法来得到近似优化解（如各种智能算法在车间生产调度中的广泛应用）。因此，复杂、系统的调度问题能否得到更好的解决，很大程度上取决于建模是否更加精确和算法是否更加高效。随着产品需求和工艺越来越多样，制造系统变得越来越复杂，传统的"因果+建模+算法"模式已经举步维艰。

事实上，因果关系只是事物联系的一种形态，在大数据背景下，运用关联性可以比以前更容易、快捷、清楚地分析事物之间的内在联系。关联关系的核心是量化数据值之间的数理关系，通过大数据挖掘发现不同数据之间的关联关系，成为人们观察并分析事物的最新视角。同时，大数据时代的到来也彻底改变了人们对建模和算法的依赖，当数据越来越大时，数据本身（而不是研究数据所使用的算法和模型）保证了数据分析结果的有效性。即便缺乏精准的模型和精妙的算法，只要拥有足够多的数据，也能得到接近事实的结论，数据因此被誉为"新的生产力"。当数据足够多时，不需要了解具体的因果关系也能够得出问题的结论[5]。

2009年，微软从科学研究范式的角度指出数据密集型科学将成为继实验科学、理论推导、模拟仿真之后的第四范式[6]。传统的科研范式通过实验科学、理论推导与模拟仿真来拟合系统运行的因果机理，并对系统进行分析与优化，大数据则是通过数据之间的关联关系来刻画系统运行的机理。第四范式认为，大数据处理和分析技术不是对数据的简单统计和分析，而是在系统规模越来越大、结构更加复杂的情况下，通过海量数据之间的关联分析，具备更强的洞察能力、分析与决策能力。这种基于大数据的处理和分析的预测和控制模式，在公共卫生、金融、医疗等社会领域已有不少先驱应用。

在数据科学范式下，制造系统的运行分析与决策方法也将发生变革。围绕制造系统的效率、质量与稳定性等性能指标，"关联+预测+调控"的决策新模式正在形成[7]。其中，关联是指通过数据的关联分析，量化数据之间的影响机理，从数据的角度探索制造系统运行中的关系；预测是指在关联分析的基础上，进一步描述数据与系统性能指标之间的内在关系，揭示系统性能指标的演化机理；调控是指在预测的基础上，针对具体的业务进行优化调控，从而使系统性能满足要求。

大数据驱动的智能制造方法与使能技术如图1-1所示。

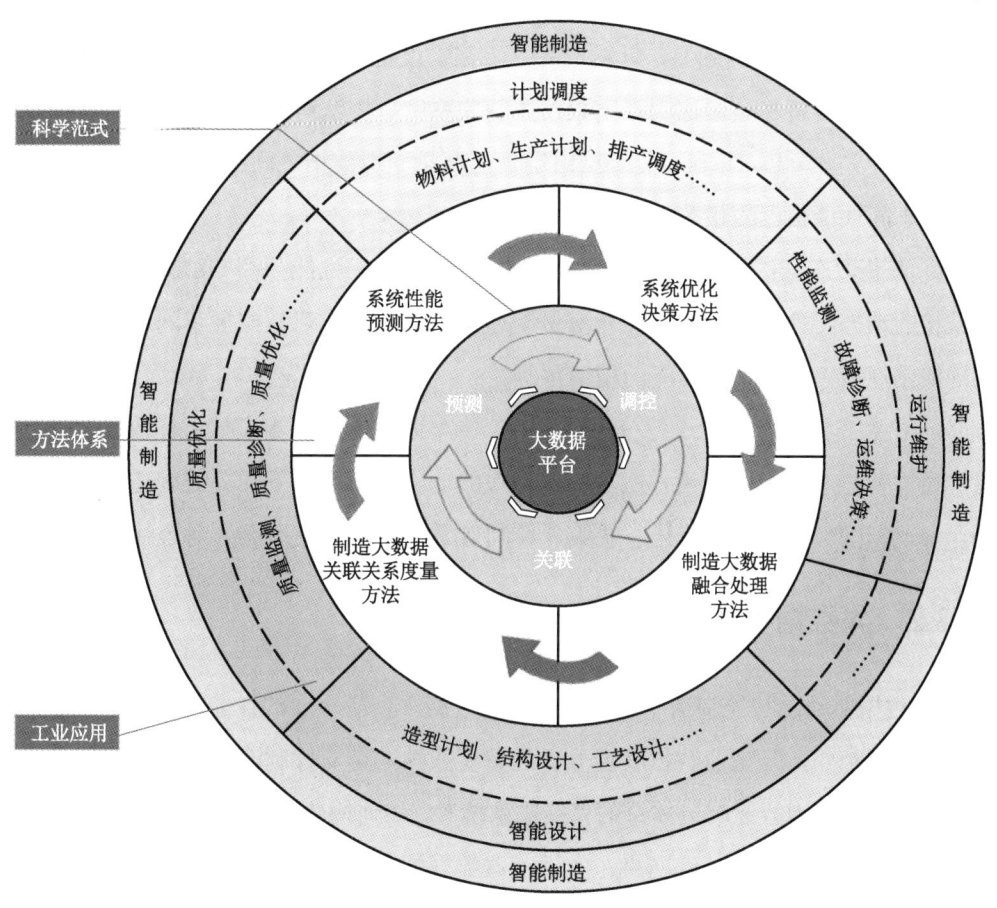

图 1-1 大数据驱动的智能制造方法与使能技术

1.3 工业大数据分析的流程、平台及应用

1.3.1 工业大数据分析的基本流程

工业大数据分析的基本流程可分为数据融合处理、关联分析、性能预测与优化决策 4 个部分。

（1）通过制造大数据融合处理方法对制造系统运行过程中产生的海量、高维、多源异构、多尺度和多噪声制造数据进行多级过滤、清洗去噪、建模集成与多尺度分类等操作，为制造系统的关联、运行分析与决策提供可靠、可复用的数据资源。

（2）在数据融合的基础上，针对产品、工艺、设备、系统运行等制造数据相互影响呈现出的复杂的耦合特性，通过制造大数据关联关系度量方法对工艺参数、装备状态参数等制造数据进行关联分析，并利用复杂网络等理论度量制造数据之间的关联程度和相关系数，挖掘影响车间性能指标的相关参数。

（3）在获取车间性能指标影响因素后，通过智能车间性能预测方法分析车间制造系统内部结构的动态特性与运行机制，从海量制造过程数据中学习与挖掘车间运行参数与车间性能的演化规律，实现车间性能的精确预测。

（4）在对车间运行情况进行分析预测后，将车间性能的预测值与目标决策值进行实时比对，通过智能车间运行决策方法对广泛存在的动态扰动条件下的关键制造数据进行定量调整，实现车间性能的动态优化与决策，使制造系统始终保持最优稳定运行。

1.3.2 大数据平台

在大数据驱动的智能制造工业实践中，大数据平台是重要的使能技术，是连通工业资源要素的重要枢纽，是工业数据管理分析的重要载体，是支撑制造系统自学习、自进化的重要基础，正在成为智能制造体系的"操作系统"。如何构建工业大数据平台，连接设备、物料、人员、信息系统的基础网络，实现工业数据的全面感知、动态传输、实时分析，形成科学决策与智能控制，提高资源利用率，是亟待解决的问题。本节结合具体过程管控业务，论述工业大数据平台架构，如图1-2所示。

1. 多模式异构的边缘层

边缘层包含制造过程中的资源要素（底层装备、传感器等）、系统集成与信息融合3部分。边缘层实现对生产装备、物流设备、质检设备、传感器等资源要素的接入、管理与优化。从制造执行的角度来看，边缘层通过设计 RFID 标签、条码、智能联网装置来实现资源要素的唯一标识，并增加配置各类传感器实现生产过程状态的智能感知，并根据工业以太网、蓝牙、OPC UA 与 Ether CAT 等技术实现互联互通与互操作。制造业细分种类众多，其工业大数据平台的边缘层受产业的影响而呈现出流程离散混合的结构。此外，生产过程优化控制的高时效性要求，对优化应用中处理与分析的时延提出了更高的要求，从而催生了边缘计算在平台底层的应用。

图 1-2 工业大数据平台架构

1）流程离散混合的边缘层结构

工业产品制造是经历材料位移、流体动力学、物质热交换、化学反应等过程，以及借助工艺设备按顺序或并列完成的工艺过程。总体上，产品制造模式包括流程制造模式、离散制造模式及流程制造和离散制造混合模式。对于不同的制造模式，各企业采用的设备、工艺流程、数据采集系统、ERP、MES 等企业信息系统各不相同，不同型号的设备、企业信息系统的网络接口、通信协议、数据库也各不相同，所以工业大数据平台边缘层将兼容多种协议类型，不仅包括生产制造各流程中多样性装备间的水平互联，还包括制造过程中传感器、控制层、设备层、车间生产层和企业层的垂直互联，以及与互联网、物联网的连接，依托协议转换兼容技术实现多源异构数据的边缘集成和汇聚融合，形成流程离散混合的边缘层结构。

2）低时延应用催生边缘计算应用

随着产品制造节奏日益加快，对于数据计算与分析的时效性要求越来越高，生产过程实时监控、质量在线检测、决策调控等优化应用都对计算的时效性有很高的要求。在高时效性的应用要求下，传统的由传感器采集数据，通过工业以太网实现数据传输，并在企业私有云中实现参数优化和指令下发的方式将难以满足要求。边缘计算由边缘节点实现优化运算，在低时延应用中具有明显的优势，是云计算体系的有力补充。

因此，随着低功耗计算技术的进一步发展，边缘节点的分析能力将进一步增强，并承担制造过程中低时延分析中的计算任务，边缘计算节点的功能模型如图 1-3 所示。从横向来看，该功能模型具有如下几个特点。

① 数据驱动的业务编排与统一服务框架。通过制造全流程中的产品设计、流程制造、离散加工、整体装配和测试等环节的业务关系，构建业务矩阵，进而定义端到端的业务流，实现工业互联网中的业务流。

② 边缘计算微服务实现架构极简化。边缘计算的微服务专注于底层边缘节点的优化分析，屏蔽底层生产组织结构的复杂性，可实现基础设施部署运营自动化、可视化及跨域的资源调度，形成统一的服务框架，支撑车间生产过程分析与可视化。

③ 边缘计算节点适配多种工业总线和工业以太网协议。边缘计算节点兼容多种异构连接，从而实现向下对接传感器、智能设备，向上对接企业信息系统，实现数据的流通传输。

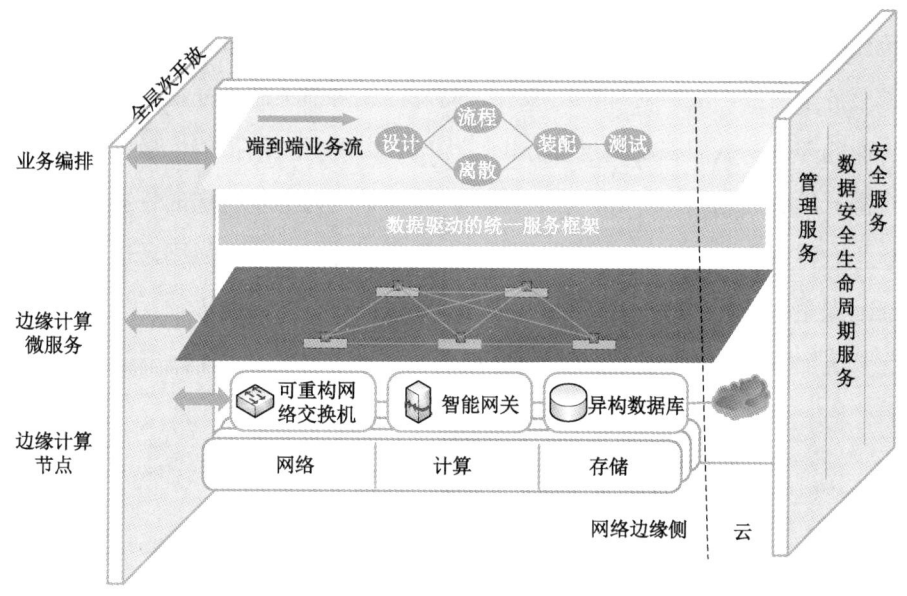

图 1-3 边缘计算功能模型

2. 面向全流程的工业 PaaS 层

工业大数据的 PaaS 层向下兼容边缘层的智能硬件与装备，向上服务于应用层的工业 App，基于通用 PaaS 平台进一步客制化形成制造行业数据主线、工业大数据系统、工业数据建模和分析、行业应用开发组件和工业微服务组件库等功能，形成可扩展的开放式云操作系统。制造行业是一个涵盖众多领域的极长的产业链，为了进一步发挥全产业链优势，在行业上下游形成合力，工业大数据应当突破某一工厂或某一车间的限制，形成面向整个行业生态链的数据主线，从而进一步构造跨细分行业的大数据平台，不仅能扩大自身服务盈利范围，而且能汇聚行业资源，有助于整个行业水平的快速提升。

面向制造行业生态链的数据主线（见图 1-4）是指为实现制造过程数字化、网络化、智能化而定义的生产过程元数据，包含企业内部数据主线与行业内部数据主线两部分。企业内部数据主线是指围绕企业运行过程中的财务、库存、供应链、物料、计划、制造过程管控等主题构建纵向的元数据统一描述，明确各细分行业中从下层的制造执行到上层的企业资源管理的数据描述规范。行业内部数据主线是指从原料生产到产品设计、零件加工、整机装配直至最终消费者整个行业从上游到下游各阶段产品信息，实现整个产业链的横向数据规范化描述。通过该数据主线,制造过程中的全流程数据可实现对应与关联,不仅使外部资源服务于内部,又可对外输出服务,促使行业内部不同企业之间充分发挥各自资源和技术方面的专长,从而在制造过程分析与优化中实现更大的价值,最大化生产资源(包括技术资源)的有效利用。例如,在产品设计过程中,为实现特定的任务设计目标,通过所在行业生态链数据主线实现上下游多主体之间数据交互及知识协同,使得设计流程中的知识、活动和主体在实时统一的状态下推动个性化设计任务向前进行,与传统的群组交流方式相比,更加强调整体全流程的协同效果,而非个体之间的优化效果。

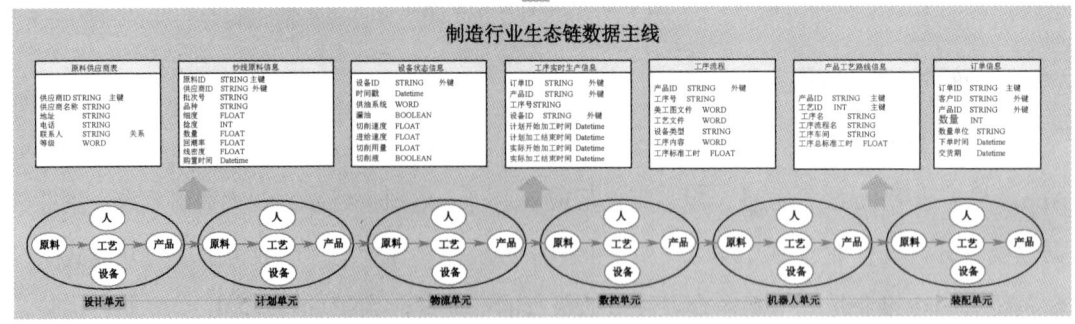

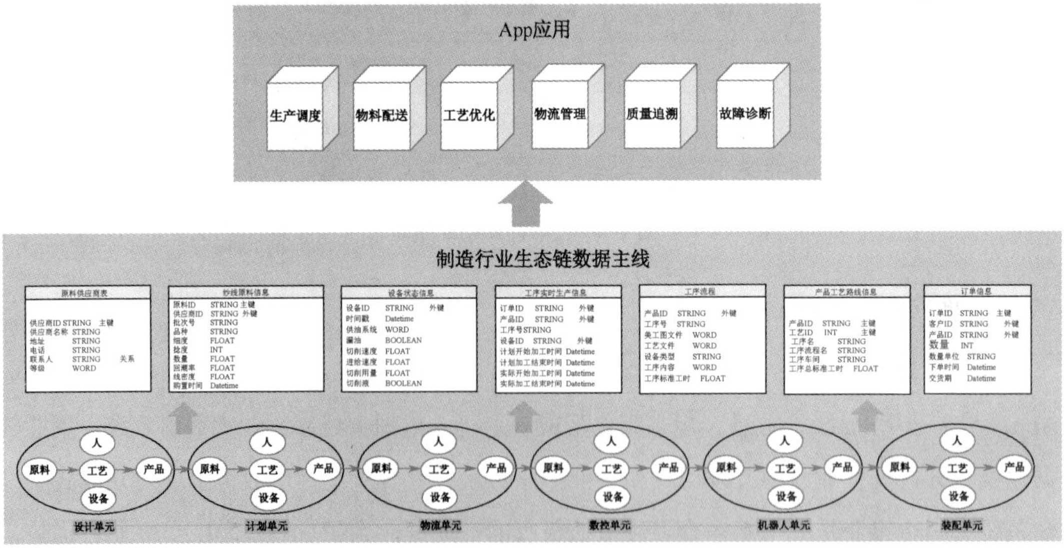

图 1-4　面向制造行业生态链的数据主线

3. 互联多样的应用层

工业大数据的应用层面向制造行业内的特定作业场景,提供设计、生产、管理、服务等各类适合企业自身特点的业务应用。互联多样的应用层针对制造行业多流程并行、上下游企业之间产品关系紧密的特点,与传统的 ERP、MES 等工业应用 App 仅在各自的应用范围内独立工作不同,工业大数据下的 App 不仅纵向与企业内其他工业 App 数据互通,相互协调工作,具有全局视野,跨越各部门信息孤岛及鸿沟,而且横向与产业链上下游其他企业的工业 App 建立安全数据联系,实现信息共享与知识互补,快速响应供求关系变化及业务调整，帮助制造企业实现智能计划与调度、高效制造过程管控、产品全生命周期管理等，发展个性化定制、网络化协同制造等新模式，促进产品质量、生产效率及经济效益等多方面综合生产力的跃升。工业大数据平台中的工业 App 从总体上可分为业务协同类 App、分析优化类 App、过程管控类 App、流程执行类 App 4 类，具体细分及描述如表 1-3 所示。

表 1-3 工业大数据应用层典型 App 的类型及描述

App 属性 \ App 类型	工序详细调度	资源分配和状态管理	生产单元分配	文档管理	产品营销与订单管理	性能分析	人力资源管理	维护管理	过程管理	质量管理
数据形式	结构化数据	结构化数据（时间类型为主）	结构化数据	结构化数据（字符型为主）	结构化与非结构化并存	结构化数据	结构化数据	结构化数据	结构化数据	结构化数据
数据类型	多	少	少	单一	多	单一	单一	单一	单一	多
数据源数量	多	多	少	少	多	中等	少	少	中等	中等
单条记录大小	10 个字段	10 个字段	3~5 个字段	3~5 个字段	不定	3~5 个字段	约 10 个字段	约 10 个字段	约 10 个字段	约 10 个字段
数据特征	流数据	流数据	流数据	间歇记录数据	间歇记录数据	流数据	间歇记录数据	间歇记录数据	间歇记录数据	间歇记录数据
数据处理时效性要求	实时处理	实时处理	实时处理	批处理为主	批处理为主	实时处理	批处理为主	批处理为主	批处理为主	批处理为主
I/O 要求	高写入/高读取压力	高写入/高读取压力	高读取压力	高写入/高读取压力	高写入/高读取压力	高写入/高读取压力	高读取压力	高写入/高读取压力	高写入/高读取压力	高写入/高读取压力
系统需求	高存储/高分析能力	高存储/高分析能力	高存储/高分析能力	高存储能力	高存储能力	高分析能力	高存储能力	高存储能力	高存储能力	高存储能力
数据调用频率	稳定	稳定	稳定（白天高、晚上低）	不稳定，存在峰谷现象	不稳定，存在峰谷现象	稳定（白天高、晚上低）	稳定（白天高、晚上低）	稳定	稳定（白天高、晚上低）	稳定
数据分析算法调用频率	高	高	低	低	低	高	低	低	低	中等

续表

App属性\App类型	工序详细调度	资源分配和状态管理	生产单元分配	文档管理	产品营销与订单管理	性能分析	人力资源管理	维护管理	过程管理	质量管理
典型应用场景	车间计划与调度	车间人员协调、生产资源分配，材料供给分配	加工单元工序、工步调整	工艺规程、订单记录、财务报表、合同文档、客户资料	产品全流程质量追溯	设备异常侦测、工期预测、设备剩余寿命预测	生产线人员分配与协调	设备状态实时侦测、设备与工具保养情况追踪、设备维护	工厂生产过程监控	产品质量实时监测

1）业务协同类 App

业务协同类 App 是指在同一软件框架或平台体系下，不仅企业内部从设计到生产、质检等各部门能全面参与产品设计或生产，而且企业外部包括供应商、采购商在内都能实时掌握产品设计与生产进程，并即时共享信息和需求变更，从而实现全方位参与、多方共同协作的内外部协同生产体系。

2）分析优化类 App

分析优化类 App 针对产品或车间的具体性能指标，如产品质量、生产工期、资源能耗等，利用大数据技术、智能算法等分析存在的问题及产生的制约与限制，并对生产流程中的可控要素（如工艺参数、生产计划、资源调度）提出优化措施和调度策略，进而实现对整个生产过程的优化。

3）过程管控类 App

过程管控类 App 以实时生产过程数据为依据，面向产品全生命周期，对主要生产要素，如产品位置及状态、设备运行状态、车间环境、物流状态、生产进度等制造过程信息进行全方位监控，以全面、直观地反映车间实时运行状况，形成可追溯的生产过程信息链条。

4）流程执行类 App

流程执行类 App 能够迅速响应并有效执行计划控制层的计划排程、生产调度等一系列生产指令，当车间生产状态发生变化或生产计划发生变更时，及时做出反应、报告，并用当前的准确数据对它们进行处理，防止能产管理混乱，提高控制执行的精准度。

1.3.3 工业大数据分析的应用场景

制造数据处理与分析的目的是对产品、工艺与制造系统进行更全面、更准确的数字化描述，揭示制造数据的结构与时变规律，以支持车间运行演化规律分析与产品质量、生产效率等车间性能的决策优化。近年来，随着车间智能化程度的提高，国内外学者对如何对感知到的车间底层制造数据进行处理和分析进行了大量研究。在智能传感、物联网、分布式存储计算、机器学习等技术的推动下，大数据驱动的智能制造应用实践开始涌现，应用场景可分为智能设计、计划调度、质量优化、设备运维 4 个方面。

1. 智能设计

大数据驱动的产品智能设计，通过前端互联网用户评价等数据可以快速、准确地分析和预测市场需求，通过后端制造、运维等数据可以动态关联产品结构、功能设计方案，并基于历史设计方案提升设计方案的水平及智能决策能力，从而形成前后端横向集成的主动设计模式。陶飞教授[8]分析了大数据环境下产品全生命周期管理中数据的孤立性，提出了数字孪生驱动的产品设计、制造与服务模型，并通过实际案例介绍了模型应用方法。Robert 等人[9]将互联网用户评价数据引入产品设计中，实现产品功能的量化分析，为设计决策提供支持。Geiger 等人[10]针对汽车设计中部件的可靠性问题，利用现场测量数据与用户使用数据进行分析，以改进设计参数，提升产品可靠性。Tucker 等人[11]研究了大数据驱动产品组合优化方法，设计了决策树模型对产品的组合方式进行优化。

2. 计划调度

大数据驱动的生产计划调度，依据车间制造过程数据，通过深度学习等方法挖掘车间实时状态参数与加工时间、等待时间、运输时间的复杂演变规律和映射关系，实现车间调度中产品完工时间的精准预测，并基于预测结果实现复杂动态环境下的车间实时调度。高亮教授[12]提出了数据驱动的车间动态调度方法，实现了基于车间实时状态的加工时间、等待时间、运输时间动态调控。张洁教授[13]针对制造过程中工艺约束带来的传递效应，提出了工期预测的深度学习方法,实现了车间调度中产品完工时间的精准预测。鲁建厦等人[14]针对云制造环境下混流混合车间的生产调度优化问题,提出了数据挖掘的多目标车间调度模型,实现了混流装配与零部件加工的集成优化,以及外协云任务与自制任务的协同调度。Yao等人[15]构建了一种随机多目标动态调度模型,实现了大规模定制中的调度优化。

3. 质量优化

大数据驱动的产品质量优化,依据产品制造过程数据和质检数据实现产品追溯,通过关联分析识别影响质量的主要因素(如原料性能参数、设备状态参数、工艺参数、车间环境参数等),并建立质量影响因素与质量性能的映射模型,有效预测产品质量,进一步利用智能优化算法自适应实时调整影响产品质量的控制参数,实现产品质量自适应控制与优化。Rokach L等人[16]将数据挖掘方法应用于制造过程中的质量提升,并在集成电路制造方面取得了较好的效果。秦威博士等人[17]在柴油机的质量控制中利用台架测试数据,对影响功率一致性的潜在参数进行关联分析,识别影响功率的关键参数,有效提升了功率一致性。刘明周等人[18]提出了一种数据驱动下的复杂机械产品装配过程质量控制方法,提高了复杂机械产品的装配精度和服役安全性。Gustavo等人[19]利用数据挖掘方法对8种柴油质量性能参数进行了预测,显著降低了检测时间和成本。

4. 运行维护

大数据驱动的系统运维,通过实时监测的制造过程数据和设备性能参数等时间序列数据,揭示系统故障特征时序变化规律和征兆性表征,主动提前发现系统运行过程中的潜在异常,并通过历史异常数据聚类分析对潜在异常进行诊断,精准定位异常源,结合历史诊断数据做出运维决策,进行预防性维护,以在重大异常发生之前消除隐患。雷亚国教授[20]对机械大数据的特点进行了归纳总结,通过采用深度学习方法中的去噪自动编码机模型对机械设备的健康状况进行监测诊断,并取得了较高的监测诊断精度。江丽等人[21]采用拉普拉斯特征映射从机械设备海量故障数据中提取低维故障特征,并设计半监督分类器,实现了故障模式分类。张晗等人[22]研究了航空发动机轴承的多种故障模式,提出了基于稀疏分解理论的逐级匹配形态分析方法,实现了航空发动机轴承故障的准确诊断。Schlechtingen

等人[23]基于连续测量的风力涡轮机 35 个月的 SCADA 数据，设计了自适应神经模糊干扰系统模型，对涡轮机故障进行自动诊断。Gondal 等人[24]对低信噪比条件下的轴承故障检测展开了研究，通过振动频谱成像增强故障特征，并采用增强后的特征图像训练人工神经网络分类器。

1.4 工业大数据带来的思维变革

工业大数据具有实时性高、数据量大、密度低、数据源异构性强等特点，使得工业大数据的分析不同于其他领域的大数据分析，通用的数据分析技术往往不能解决特定工业场景的业务问题。

1.4.1 从抽样到全局数据分析

大数据时代，由于缺乏获取全体样本的条件与手段，往往通过随机采样的方法获取分析所需的数据。所得的样本数据往往经过精心采集，具备完整性与代表性，且可直接用于数据分析。大数据时代，泛在传感器强大的数据采集能力使获取足够大的样本数据乃至全体数据成为可能。海量的数据具备缺失值、异常值、非正态等特点，直接运用人工智能算法进行数据分析容易出现精度下降、预测不准等问题。在这种背景下，对实际采集的全局大数据进行预处理，得到可靠、可复用、易分析的数据，是工业大数据分析的前提保障。

1.4.2 从因果建模到关联分析

在工业系统的运行优化中，通过辨识系统模型来拟合系统状态参数与性能指标之间的关系，是实现优化控制的关键。传统的方法主要根据系统运行过程的因果关系建立运行过程模型，描述系统输入与输出参数之间的关系。然而，在规模大、约束复杂的工业系统中，构建系统运行的因果模型是极为困难的。大数据方法把制造过程的因果关系当作"黑箱"，基于数据之间的作用规律来拟合状态参数与系统响应之间的关联关系。随着车间累积的数据越来越多，数据之间的关联关系可以准确地表征出工业系统的运行规律，为数据驱动的工业系统建模提供新思路。

1.4.3 从精确求解到近似推演

在系统运行优化中，传统的方法通过确定目标与约束进行运筹优化，以精确计算系统决策的最优解。随着系统规模与复杂度的增加，实现精确求解的代价越来越高。以典型的 300mm 晶圆制造车间为例，通常由 700～800 台设备以脊椎型分布来完成 10 000 个在制晶圆 Lot 的制备。制备的晶圆的工序有 600～1500 道，电路层数 10～30 层。针对该系统内一小时内完工的工序进行优化排序，其求解的时间复杂度为 $O(N) = 2^{14000}$，难以在有限时间内求得优化解。事实上，随着系统越来越大，其运行规律越来越难以精确地刻画，精确的方法在复杂系统的运行优化中举步维艰。大数据方法依靠海量数据刻画规律，在大数据驱动的工业系统优化中，并不通过运算方法直接求解最优的方案，而是通过对海量的系统状态数据进行学习，依靠系统反馈逐步实现调控策略的学习与更新，从而实现调控性能的优化，为解决工业系统的运行优化问题提供了新思路。

1.4.4 从数据的量变到分析的质变

与理想环境下的数据不同，工业环境中的数据往往具备不平衡特性。在设备的状态检测、产品缺陷分析等工业系统的数据分析任务中，异常事件与缺陷总是小概率出现的，这使得在工业现场采集的数据集中，正常数据远远多于异常或缺陷数据。在数据分析过程中，数据的量变会引起分析过程中的质变，数据分析模型会在学习过程中偏向于数量多的样本类别，导致模型对数量少的样本类别识别精度较低。而异常或缺陷数据中往往蕴含了重要的信息，对异常或缺陷数据的准确识别往往是数据分析中的重点。因此，针对工业环境中实际数据的不平衡特性，设计符合工业领域的不平衡数据分析方法，是工业大数据分析的热点之一。

1.4.5 多来源数据协同处理

工业大数据具备典型的多来源特性。从产品的全生产周期来看，工业大数据包括产品的设计、加工、装配、营销、运维等多个阶段的数据，分别来源于 ERP、MES、PDM 等不同的信息系统。在产业链深化合作的环境下，产品制造的各个环节通常由不同的企业、部门完成，通过产业链协作完成产品制造的全流程，这使得工业大数据具备典型的多来源特性，不同来源的数据具备异构特性。此外，工业大数据作为一种新的生产要素，源数据具备高私密性与易复制性。如何在多源数据下进行安全可控的数据分析，是工业大数据分析的难点之一。

1.4.6　强实时数据分析

随着数据科学与工业生产的深度融合，工业大数据分析的需求逐渐呈现多样化发展的趋势，从底层的自动化、制造执行管理到高层的企业资源管理、商务智能决策，涌现出了一系列大数据分析业务。在这些业务中，有强实时性需求。例如，纺纱制造中的落筒质量检测，细纱以接近 30 米 / 分的速度卷绕落筒，电子清纱器需要实时感知分析纱疵等质量数据信息，并实现毫秒级决策。也有弱实时性需求。例如，车间的生产采购计划以日、周、月为单位进行采购测算工作。针对不同实时性要求的工业分析应用，如何设计大数据分析的技术架构，也是工业大数据分析面临的挑战之一。

1.5　本书主要内容与章节安排

基于以上背景，本书围绕智能制造中的工业大数据分析问题展开研究，从数据的预处理方法、数据分析方法与技术两个方面阐述工业大数据分析的体系架构。本书的具体章节内容安排如下。

第 1 章为"工业大数据的内涵"，简介了工业大数据的内涵（背景、定义、特性）、大数据驱动的智能制造科学范式；工业大数据分析的流程、平台及应用；工业大数据带来的思维变革。

第 2 章为"工业大数据融合处理方法：从抽样到全局"，分析了大数据背景下由局部采样向全局数据转变中的数据处理技术。

第 3 章为"工业大数据关联分析方法：从因果到关联"，阐述了如何通过大数据方法分析与刻画海量数据的关联规律。

第 4 章为"工业大数据预测方法：从精确求解到近似推演"，介绍了大数据分析方法如何从精确求解转向近似推演，从而实现性能的精准预测。

第 5 章为"不平衡数据分析方法：从量变到质变"，分析了数据"量"的差异给数据带来的"质"的影响。

第 6 章为"多源工业大数据融合技术：从数据孤岛到多源融合"，介绍了从数据孤岛到多源融合的难点、技术与实例。

第 7 章为"'边缘-云'模式的工业大数据分析技术：从云计算到边云融合"，介绍了边云融合下的大数据分析技术与案例。

参 考 文 献

[1] 张洁，秦威，鲍劲松．制造业大数据[M]．上海科学技术出版社，2016．

[2] 王建民．工业大数据技术综述[J]．大数据，2017(6):3-14．

[3] Manyika, J., Chui, M., Brown, B., et al. Big data, the next frontier for innovation, competition and productivity [R]. Technical report, McKinsey Global Institute, 2011.

[4] GE Moves Machines to the Cloud [OL]. http://www.Businesswire.com/news/home/20130618006446/en/GE-Moves-Machines-Cloud#.UxQ7No2BS50.

[5] Hey T, Tansley S, Tolle K. The Fourth Paradigm: Data-Intensive Scientific Discovery[J]. Proceedings of the IEEE, 2009, 99(8):1334-1337.

[6] Big data-enormous data sets virtually impossible to process with conventional technology - offers a big advantage for companies that learn how to harness it [OL]. http://www. atkearney.com/strategicit/ideas-insights/article/-/asset_publisher/LCcgOeS4t85g/content/big-data-and-the-creative-destruction-of-today-s-business-models/10192.

[7] 张洁，高亮，秦威，等．大数据驱动的智能车间运行分析与决策方法体系[J]．计算机集成制造系统．2016，22(5): 1220-1228．

[8] Tao F, Cheng J, Qi Q, et al. Digital twin-driven product design, manufacturing and service with big data[J]. The International Journal of Advanced Manufacturing Technology, 2018(94):3563–3576.

[9] Robert I, Ang L. Application of data analytics for product design: Sentiment analysis of online product reviews[J]. CIRP Journal of Manufacturing Science and Technology, 2018: S1755581718300336.

[10] Geiger C, Sarakakis G. Data driven design for reliability[C]// Reliability & Maintainability Symposium. IEEE, 2016.

[11] Tucker, C. S., and Kim, H. M., 2009, "Data-Driven Decision Tree Classification for Product Portfolio Design Optimization," ASME J. Comput. Inf. Sci. Eng., 9(4), p. 041004.

[12] C. Lu, L. Gao, X. Li, et al. A hybrid multi-objective grey wolf optimizer for dynamic scheduling in a real-world welding industry, Engineering Applications of Artificial Intelligence, 2017, 57: 61-79.

[13] Wang J, Zhang J, Wang X. Bilateral LSTM: A Two-Dimensional Long Short-Term Memory Model with Multiply Memory Units for Short-Term Cycle Time Forecasting in Re-entrant Manufacturing Systems[J]. IEEE Transactions on Industrial Informatics. 2018, 14(2): 748-758.

[14] 鲁建厦，胡庆辉，董巧英，et al. 面向云制造的混流混合车间调度问题[J]. 中国机械工程，2017(2).

[15] Yao J, Deng Z. Scheduling Optimization in the Mass Customization of Global Producer Services[J]. IEEE Transactions on Engineering Management, 2015, 62(4):1-13.

[16] Rokach L, Maimon O. Data Mining for Improving the Quality of Manufacturing: A Feature Set Decomposition Approach[J]. Journal of Intelligent Manufacturing, 2006, 17(3):285-299.

[17] Qin W, Zha D, Zhang J. An effective approach for causal variables analysis in diesel engine production by using mutual information and network deconvolution[J]. Journal of Intelligent Manufacturing, 2018(9):1-11.

[18] 王小巧，刘明周，葛茂根，et al. 基于混合粒子群算法的复杂机械产品装配质量控制

阈优化方法[J]. 机械工程学报，2016，52(1):130-138.

[19] Gustavo N M, Rodrigues H R, Luiz F D, et al. Rapid and Simultaneous Prediction of Eight Diesel Quality Parameters through ATR-FTIR Analysis[J]. Journal of Analytical Methods in Chemistry, 2018, 2018:1-10.

[20] 雷亚国，贾峰，周昕，等. 基于深度学习理论的机械装备大数据健康监测方法[J]. 机械工程学报，2015，51(21):49-56.

[21] 江丽，郭顺生. 基于半监督拉普拉斯特征映射的故障诊断[J]. 中国机械工程，2016，27(14):1911-1916.

[22] 张晗，杜朝辉，方作为，et al. 基于稀疏分解理论的航空发动机轴承故障诊断[J]. 机械工程学报.

[23] Schlechtingen M, Santos I F. Wind turbine condition monitoring based on SCADA data using normal behavior models. Part 2: Application examples[J]. Applied Soft Computing, 2014, 14:447-460.

[24] Gondal I, Amar M, Wilson C. Vibration Spectrum Imaging: A Novel Bearing Fault Classification Approach[J]. IEEE Transactions on Industrial Electronics, 2014, 62(99).

第 2 章

工业大数据融合处理方法：从抽样到全局

2.1 引言

随着数据感知、传输、存储和计算能力的迅猛发展，数据处理能力取得了长足的进步，数据处理方式正由局部采样向全局数据分析转变。面对工业过程中多来源、高噪声、多尺度、高维度、多冗余的全局数据，通过工业大数据融合方法，实现工业源数据的清理、集成、转换与归约，是保障高质量数据分析的关键。

本章从数据结构的角度分析了工业大数据的类型，并给出了工业大数据特征的描述方法，从数据导入与清洗、建模与融合抽取、多尺度分类查询、降维与去冗余 5 个方面给出了典型的工业大数据融合处理方法，可为工业大数据的分析提供高质、海量、可靠、可复用的全局数据资源。

2.2 从局部样本到全体数据

高效分析大数据一直都是优化、预测、控制等任务中的难点。在数据处理能力受限的时代，由于记录、存储和计算数据的能力有限，只能通过采样来收集有限样本进行分析。在复杂问题中，这种采样方法具有较多的局限性。采样的局部样本往往很难代表全局数据的所有属性，一旦采样的数据中存在任何偏见，分析结果就与真实结果相去甚远。

如今，人们可以利用工业大数据融合处理方法，分析工业源数据的类型，描述其数据分布特征，从而有针对性地选择清洗、集成、转换与归约方法，实现全局高质量工业数据分析。

2.3 工业大数据的类型

工业大数据具备典型的多来源特性，以产品的制造全生命周期来看，产品设计过程的数据包括产品的设计图纸、物料表单、工艺要求等，这些数据往往存储于PDM（Product Data Management）等系统中[1]；产品生产数据包括：设备运行数据、仓储物流数据、订单执行数据等，这些数据往往存储于ERP（Enterprise Resource Planning）等系统中[2]；产品运行维护数据包括：设备运行数据、环境工况数据等，往往存储于设备智能运维等系统中[3]。从不同系统中融合的数据具备多样化的数据类型。下面以国内某半导体制造企业的某一量产晶圆类型为例介绍工业大数据的类型。

2.3.1 按照制造业务流程划分

按照不同的制造业务流程，可将晶圆制造系统运行数据划分为工艺制程数据、产品计划与生产执行数据、设备数据、质量数据，如图2-1所示。

1. 工艺制程数据

工艺制程数据包括产品的工序数据、工艺配方、原料信息等。工序数据描述了产品工艺流程中的额定工序列表，包括每道工序的名称、候选设备、工艺配方要求、额定加工时间、需要的工序要求等。工艺配方记录了关键制程的详细参数，包括设备类型、原料种类、设备模式、建档人员、创建时间等。以离子注入工艺的配方为例，其工艺配方包括可选设备类型、掺杂元素、掺杂剂量、注入能量与结深等。原料信息是指在晶圆制造系统运行过程中，对制备过程中用到的光刻胶、氮气等原料的规格与状态要求。以某一薄膜工序中所用氮气为例，其原料信息包括气压、纯度、流量等。

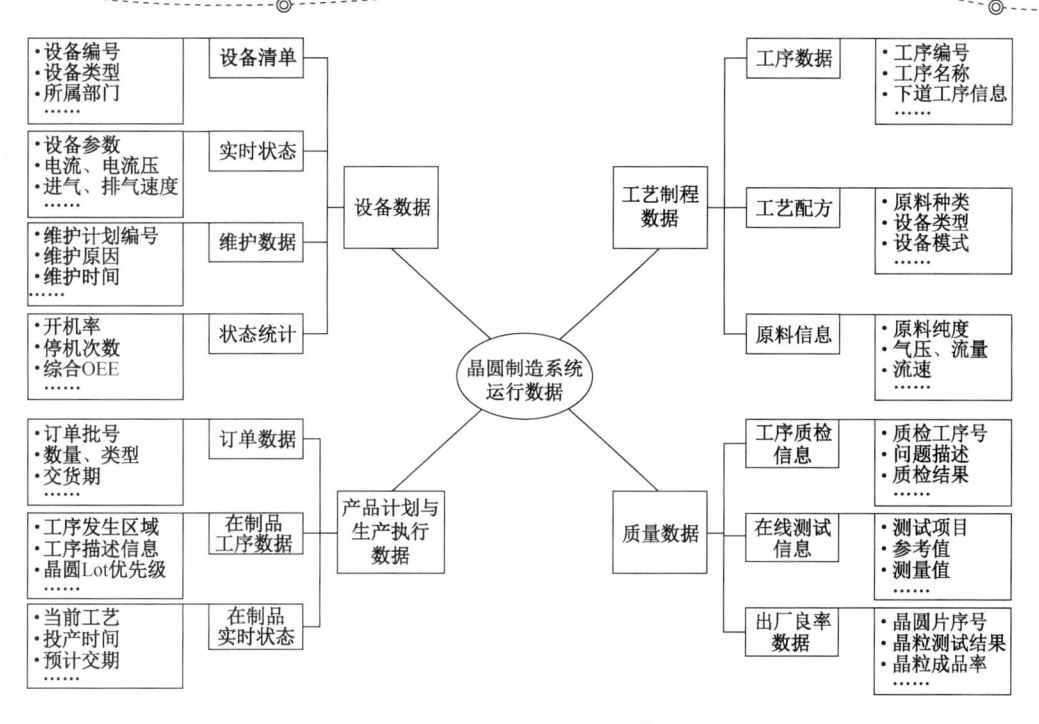

图 2-1 晶圆制造系统运行数据

2. 产品计划与生产执行数据

产品计划与生产执行数据包括订单数据、在制品工序数据、在制品实时状态数据等。其中，订单数据包括客户订单数据与厂内的生产订单数据两部分。客户订单数据包括订单批号、客户名称、订单类型、所含晶圆数量、所含晶圆 Lot 序号、交货期、出货型号、投产状态等。厂内生产订单数据包括内部批号、出货型号、当前状态、客户订单号、合批信息、工艺流程、良率标准等。在制品工序数据描述了系统内发生的每道工序的流转过程，包括每道工序的发生区域、工序名称及描述、开始时间、结束时间、当前工艺路线、主要资源、晶圆 Lot 的优先级、晶圆 Lot 的类型、产品类型等。在制品状态数据描述了每个在制品 Lot 的完工情况，包括 Lot 批号、工艺流程、当前工序号、预计交期、投产时间、质检良率等。

3. 设备数据

设备数据包括设备清单、实时状态、维护数据、状态统计等。其中，设备清单包括设备编号、设备名称、设备类型、采购时间、供应商信息、所属部门等。设备的实时状态信息描述了设备当前的运行参数，如电流、电压等。在晶圆制造系统中，设备型号可达百余种，其状态数据因设备与型号的不同而呈现出多样化的特性。以等离子体刻蚀机为例，其状态数据包括刻蚀气体进气速度、等离子体发生器功率、排气速度、电场强度等。维护数据包括维护计划编号、维护计划开始时间、维护计划结束时间、维护对象、维护原因、维护人员等。状态统计数据包括设备编号、时间、开机率、停机次数、综合效率等。

4．质量数据

质量数据包括工序质检信息、在线测试信息和出厂良率数据。其中，工序质检信息是指在关键工序（如刻蚀、光刻）执行后，对该道工序的执行结果进行质量检测而产生的信息，其检测信息因工序不同而不同。以刻蚀质检为例，其由自动检测系统对电路在微观尺度下的成形效果进行检测，该检测数据包含晶圆 Lot 序号、当前刻蚀工序编号、当前工艺路线、质检通过结果、问题描述、刻蚀图形显微照片等。在线测试信息是指在硅片制造过程中，对晶体管结构的关键尺寸与电学性能进行测试而产生的信息。在线测试信息包括晶圆 Lot 序号、测试项目名称、参考值、测量值等。出厂良率测试采用探针卡对晶圆片上的晶粒进行电学测试，从而测定该片上晶粒的合格率。出厂良率数据包括晶圆片序号、晶圆类型、晶粒序号、晶粒测试结果、晶粒成品率等。

2.3.2 按照存储结构划分

原始生产过程数据经过一系列处理后，产生了新的数据和信息。因此，晶圆制造车间中原始数据和中间数据并存，不同的信息来源决定了不同的数据结构和存储方式。按照不同的存储结构，可将晶圆制造车间中的数据划分为结构化数据和非结构化数据[4]，两者的对比如表 2-1 所示。

表 2-1 结构化数据和非结构化数据的对比

类别	结构化数据	非结构化数据
主要特点	可显示在行、列及关系数据库中	不可以显示在行、列及关系数据库中
主要类别	数字、日期和字符串	图片、音频、视频、文字处理文档、邮件、数据表文件等
占有量	约占企业数据的 20%	约占企业数据的 80%
存储需求	需要少量存储空间	需要大量存储空间
可用和可维护性	使用和维护数据较为方便	使用和维护数据较为困难

1. 结构化数据

结构化数据是指具有一定结构，可以划分为固定的基本组成要素，能通过一个或多个二维表来表示的数据[5]。结构化数据一般存储在关系数据库中，具有一定的逻辑结构，可用关系数据库的表或视图表示[6]。

以流程生产行业的化纤生产为例，化纤卷绕机设备在日常运行过程中通过振动加速度传感器、电流传感器、电压传感器来获得大量的状态数据，其中结构化数据包括关重件振动信号数据、电机电流数据、电压数据、转速、频率、温度、气压缸压强等数据。

以离散制造行业的晶圆制造为例，光刻机在制造过程中的结构化数据包括晶圆工艺制程数据中的产品工序数据、工艺配方信息、原料信息等数据，产品计划与生产执行数据中的订单批号、客户名称、订单类型、所含晶圆数量、所含晶圆 Lot 序号、交货期、出货型号、投产状态等数据，以及设备数据中的设备清单、设备编号、设备名称、设备类型、采购时间、供应商信息、所属部门等数据。

2. 非结构化数据

非结构化数据是指结构化数据以外的数据，数据结构不固定，无法使用关系数据库存储，只能够以各种类型的文件形式存放，如企业 Office 文档、办公文本文档、图片、财务报表、车间现场图像、音频和视频等[7]。

以流程生产行业的化纤生产为例，化纤卷绕机设备运行过程中产生的非结构化数据包括设备的三维模型、卷绕机故障标记图片、卷绕机现场采集的原始音频、卷绕机设备运行情况和维修记录文档等。

以离散制造行业的晶圆制造为例，产品计划与生产执行数据的非结构化数据包括晶圆每道工序的发生区域、工序描述、主要资源、在制品状态数据、预计交期、投产时间、质检良率等。设备状态信息中的非结构化数据包括等离子体刻蚀机设备维护数据、维护计划、维护对象、维护原因、维护人员等。质量数据中的非结构化数据包括刻蚀质检中刻蚀图形显微照片、晶圆在线测试图、晶圆出厂良率报告等。

非结构化数据通常无法直接知道其内容，必须通过对应的软件才能打开并浏览，数据库也只能将其保存在一个 BLOB 字段中，对以后的数据检索造成了极大的麻烦。此外，该数据库不易于理解，无法从数据本身直接获取其表达的意思。由于非结构化数据没有规定的结构，不能将其标准化，不宜于管理，所以查询、存储、更新及使用非结构化数据时需要进行转换、归约等数据融合处理[8]。

2.4 工业大数据特征的描述方法

工业大数据在具体应用之前，无论是结构化数据还是非结构化数据，都需要对数据整体情况进行特征描述，从而有针对性地设计分析和处理方法[9]。在数据的描述过程中，涉及一些常用的统计型描述特征，可以反映出工业过程中对象的真实情况。结合工业企业中数据的应用场景和特点，工业大数据的描述性特征主要可以列举为数据集中趋势度量、数据离散趋势度量、数据分布偏态与峰态描述[10]。

2.4.1 数据集中趋势度量

数据的集中趋势又称为"数据的中心位置""集中量数"，它是一组数据的代表值，数据的集中趋势能够表明一组数据在一定时间、空间等特定条件下的共同性质和一般水平[11]。集中趋势反映的是一组数据向某一中心值靠拢的倾向，在中心附近的数据数目较多，而远离中心的数据数目较少。度量数据集中趋势的指标主要包括两大类，即数值平均值与位置代表值。数值平均值是根据全部数据计算得到的代表值，主要有算术平均数、调和平均数和几何平均数；位置代表值则根据数据所处位置直接观察或根据与特定位置有关的部分数据来确定的代表值，主要有中位数和众数。

1. 算术平均数

算术平均数是总体中个体的某个数量标志的总和与个体总数的比值，一般用符号 $\bar{x}$ 表示[12]。简单算术平均数的计算如式（2-1）所示。

$$\bar{x} = \frac{x_1 + x_2 + \cdots + x_i + \cdots + x_n}{n} = \frac{\sum_{i=1}^{n} x_i}{n} \tag{2-1}$$

式中，x_i 表示一组数据中的某个个体；n 表示该组数据的元素个数。此类算术平均数是一种比较简单的集中趋势度量方法，适合一些受到抽样变化影响较小的情况的度量，但容易受到极端数据的影响。

加权算术平均数即各数值乘以相应的权数，加和后除以总的单位数[13]。其计算公式如式（2-2）所示。

$$\bar{x} = \frac{x_1 f_1 + x_2 f_2 + \cdots + x_i f_i + \cdots + x_n f_n}{f_1 + f_2 + \cdots + f_i + \cdots + f_n} = \frac{\sum_{i=1}^{n} x_i f_i}{\sum_{i=1}^{n} f_i} \qquad (2\text{-}2)$$

式中，x_i 表示一组数据中的某个个体；f_i 表示该个体对应的权值；n 表示该组数据的元素个数。加权平均数中的权重是一个相对的概念，是针对某一指标而言的，可以反映出该个体在整体数据评价中的相对重要程度。相比简单算术平均数，加权算术平均数在大多数工业大数据分析场景中往往更加贴合实际情况。

2. 调和平均数

不同于算术平均数，调和平均数是各变量值倒数的算术平均数的倒数[14]，由于它是根据变量值倒数计算的，所以又称为"倒数平均数"，通常用变量 $\bar{x}_H$ 表示。简单的调和平均数计算公式如式（2-3）所示。

$$\bar{x}_H = \frac{n}{\dfrac{1}{x_1} + \dfrac{1}{x_2} + \cdots + \dfrac{1}{x_i} + \cdots + \dfrac{1}{x_n}} = \frac{n}{\sum_{i=1}^{n} \dfrac{1}{x_i}} \qquad (2\text{-}3)$$

式中，x_i 表示一组数据中的某个个体；n 表示该组数据的元素个数。无独有偶，调和平均数也有加权表示形式，加权调和平均数的计算公式如式（2-4）所示。

$$\bar{x}_H = \frac{m_1 + m_2 + \cdots + m_i + \cdots + m_n}{\dfrac{m_1}{x_1} + \dfrac{m_2}{x_2} + \cdots + \dfrac{m_i}{x_i} + \cdots + \dfrac{m_n}{x_n}} = \frac{\sum_{i=1}^{n} m_i}{\sum_{i=1}^{n} \dfrac{m_i}{x_i}} \qquad (2\text{-}4)$$

式中，x_i 表示一组数据中的某个个体；m_i 表示该个体对应的权值；n 表示该组数据的元素个数。

3. 几何平均数

几何平均数是 n 个变量值的连乘积的 n 次方根[15]，通常用 $\bar{x}_G$ 表示。几何平均数是计算平均比率和平均速度的一种最适用的方法，简单几何平均数和加权几何平均数的计算公式分别如式（2-5）和式（2-6）所示。

$$\bar{x}_G = \sqrt[n]{x_1 \cdot x_2 \cdots x_i \cdots x_n} = \sqrt[n]{\prod_{i=1}^{n} x_i} \tag{2-5}$$

$$\bar{x}_G = \sqrt[f_1+f_2+\cdots+f_i+\cdots+f_n]{x_1^{f_1} \cdot x_2^{f_2} \cdots x_i^{f_i} \cdots x_n^{f_n}} = \sum f \sqrt{\prod_{i=1}^{n} x_i^{f_i}} \tag{2-6}$$

上两式中，x_i 表示一组数据中的某个个体；f_i 表示该个体对应的权值；n 表示该组数据的元素个数。

4. 中位数

中位数是一组数据按照大小顺序排列后，处于中间位置的值，通常用 M_e 表示[12]。中位数可以将一段数据分为两部分，每部分均大于或小于中位数。中位数最显著的特点就是不会受到极端变量的影响。

5. 众数

众数是一组数据中出现次数最多的那个值，通常用 M_o 表示。

通过对上述几种趋势进行度量可以有效地反映工业大数据中变量分布的集中趋势与一般水平，同时也可以用来比较工业应用场景中同一现象在不同空间或不同阶段的发展水平，还可以用来分析现象之间的依存关系等。

2.4.2 数据离散趋势度量

除了对数据集中趋势进行度量，数据的稳定性与均衡性也是衡量数据的重要指标。为了有效地表达数据的稳定性与均衡性，需要对数据进行离散趋势度量。数据的离散趋势在统计上被定义为数值偏离中心位置的趋势，反映了所有数值偏离中心的分布情况[16]，主要有极差、平均差、方差与标准差 4 种表示形式。

1. 极差

极差又称全距，是指一组数据的观察值中最大值和最小值之差，常用符号 R 表示。其计算公式如式（2-7）所示。

$$R = \max(x_i) - \min(x_i) \tag{2-7}$$

式中，x_i 代表一组数据，其最大值和最小值分别为 $\max(x_i)$ 和 $\min(x_i)$。极差的计算较为简单，但是它只考虑了数据中的最大值和最小值，忽略了全局的差异。极差往往不能真实地反映出一组数据的离散差异，在工业大数据的应用中，只适用于一般的预备性观测。

2. 平均差

平均差是指一组数据中的各数据对平均数的离差绝对值的平均数[17]，常用 M_D 表示。一组数据中的各数据对平均数的离差有正值和负值，其和为零，因此平均差必须用离差的绝对值来计算。简单平均差和加权平均差的计算公式分别如式（2-8）和式（2-9）所示。

$$M_D = \frac{\sum_{i=1}^{n}|x - \bar{x}|}{n} \tag{2-8}$$

$$M_D = \frac{\sum_{i=1}^{n}|x - \bar{x}|f_i}{\sum_{i=1}^{n}f_i} \tag{2-9}$$

平均差越大，表示数据之间的离散程度越大；反之则表示数据之间的离散程度越小。

3. 方差

方差在统计描述中被定义为每个变量与总体均值之间的差异，用符号 σ^2 表示。其计算公式如式（2-10）所示。

$$\sigma^2 = \frac{\sum(X - \mu)^2}{N} \tag{2-10}$$

式中，X 为变量；μ 为总体均值；N 为总体样本数量。当数据分布较为分散时，总体的方差值较大，所以方差是反映数据离散特性的较好的度量方法。

4. 标准差

标准差是方差的算术平方根，同方差类似。标准差也能反映一组数据的离散程度。

通过对数据离散趋势进行度量，可以从侧面反映数据集中程度度量值的代表程度。数据的离中程度越大，集中趋势测量值对该组数据的代表性越差；数据的离中程度越小，则集中趋势度量值对该组数据的代表性越好。

2.4.3 数据的分布形态：偏态与峰度

数据的分布形态是指数据的不同数值在该组数据中对应的概率所构成的分布，常用数据的偏态与峰态进行度量。

1. 数据偏态

数据偏态是指数据分布的不对称程度或偏斜程度[18]，用 S_k 表示。对数据偏态的度量，可用均值与中位数之间的关系进行求解，也可通过 3 个四分位数之间的关系来求解，其计算公式如式（2-11）~式（2-13）所示。

$$S_k = \frac{\bar{x} - M_o}{\sigma} \quad (2\text{-}11)$$

$$S_k = \frac{Q_3 + Q_1 - 2M_e}{Q_3 - Q_1} \quad (2\text{-}12)$$

$$S_k = \frac{m_3}{\sigma^3} \quad (2\text{-}13)$$

式（2-11）~式（2-13）中，$Q_1 \sim Q_3$ 为 3 个四分位数；M_o 为众数；M_e 为中位数。

2. 数据峰度

数据峰度是指数据的集中程度和分布曲线的陡峭程度，用 K 表示。对数据峰度的度量，通常以正态分布曲线（见图 2-2）为比较标准，分为正态峰度、尖顶峰度与平顶峰度。尖顶峰度的分布曲线比正态峰度的分布曲线更加尖峭、高、窄；平顶峰度的分布曲线则比正态峰度的分布曲线更加平缓、低、平。

数据峰度的计算公式如式（2-14）所示。

$$K = \frac{n(n+1)\sum(x_i-\bar{x})^4 - 3\left[\sum(x_i-\bar{x})^2\right]^2(n-1)}{(n-1)(n-2)(n-3)s^4} \quad (2\text{-}14)$$

式中，x_i 为一组数据中的某个数，$\bar{x}$ 为均值，n 为数据样本数量。

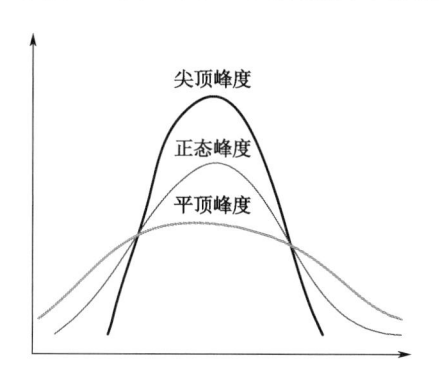

图 2-2　正态分布曲线

2.5　工业大数据融合处理的典型方法

随着人工智能技术日新月异的发展及计算机硬件水平的不断提高，越来越多的工业企业开始利用信息技术进行设计、制造、加工、装配、销售和运维，随之而来的是信息量的爆炸性增长。大量的信息在给工业企业运营带来方便的同时，也带来了很多问题：信息过量，难以消化；信息真假难以辨认；信息安全难以保证；信息形式不一致，难以统一处理，等等[19]。面对这些实际问题，一个新的挑战被提出：如何提高信息的利用率，即降低数据的挖掘难度[20]？数据预处理技术就显得尤为重要。数据预处理是指在对数据利用人工智能方法进行分析之前的一些必要的处理过程。常见的数据预处理方法包括数据过滤组合与清洗[21]、数据抽取与融合[22]、数据字典型层次树建立[23]、数据降维和数据冗余去除等[24]。

2.5.1　基于过滤规则多级组合的多源数据导入与清洗方法

根据智能车间运行数据源的不同活跃程度，分别针对静态数据源、即时数据源和延时数据源设计了直接导入、事件导入和滞后导入 3 种数据导入方法。此外，由于数据在采集过程中会有遗漏和奇异值，对原始数据进行预分析和过滤有助于确保数据的完整性和正确性，可以避免后续步骤中由于数据不正确而引发的一些问题。在晶圆大数据处理中，在将数据从 ERP、MES 等信息系统导入大数据系统阶段和数据使用阶段需要进行数据清洗。

1. 残缺数据或丢失数据的处理

残缺数据主要是一些本应该有却缺失了的信息，如参数名称、参数值残缺，业务系统中主表与明细表不能匹配等。出现这类数据的原因是传感器故障、传输过程丢失、信号干扰、数据堵塞等。对于这类数据，需要先将其过滤出来，按缺失的内容分别写入不同的临时文件并向数据源反馈，要求数据源在规定的时间内补全，补全后再写入数据仓库。对于丢失的数据，由于在大量数据中剔除个别样本不会影响最终的结果，因此在数据接收过程中，可以剔除所有存在丢失值的样本。

2. 错误数据的清洗

产生错误数据的原因是业务系统不够健全，在接收输入后没有进行判断而直接将其写入后台数据库，如把数值型数据写成全角数字字符、字符串数据后面有一个回车操作、日期格式不正确、日期越界等。对这类数据要分类处理，对于全角数字字符、数据前后有不可见字符等错误，只能通过写 SQL 语句的方式将其找出来，然后要求客户端在业务系统修正，修正之后再抽取。日期格式不正确或日期越界等错误会导致 ETL 运行失败，需要在业务系统数据库中用 SQL 语句的方式找出来，交给业务主管部门要求其限期修正，修正之后再抽取。

3. 重复数据的处理

对于这类数据（特别是维度表中会出现这种情况），应将重复数据记录的所有字段都导出来，由客户端确认并整理。

4. 奇异点分析

产生奇异点的原因是信号干扰、传输错误、传感器异常等。处理方法是剔除远离数据中心的奇异点。可利用 6σ 方差区间原则来判别奇异点。6σ 范围为 $x \in [\bar{x}-6\sigma, \bar{x}+6\sigma]$，可涵盖 99.9999998% 区间，剔除区间外的点。

综上所述，针对导入数据在多个维度存在非法值、错误值和偏差值现象，提出了多种过滤规则的数据清洗方法。

① 面向数值、字符（串）、日期等多种数据类型的空值判断与剔除规则。

② 基于正则表达式的数据格式检测与非法数据剔除规则。

③ 基于移动均值和标准差的流数据统计分析与超 6σ 数据剔除规则。

④ 基于指数加权移动平均的数据降噪规则。

⑤ 基于非参数核密度估计的多尺度数据标准化规则。

⑥ 基于 K 近邻和线性插值的数据均衡 SMOTE 算法规则。

在此基础上，从数据特点和使用需求出发，对以上规则进行选取与组合，形成具体可行的数据清洗方法。例如，刻蚀腔内的气体流量由流速传感器采集而来，数据空缺、错误值多，量纲多样，背景噪声大，因此组合使用空值判断与剔除规则、超 6σ 数据剔除规则、数据标准化规则和数据降噪规则进行数据清洗；对于订单数据，需检查交货期、需求数量等数值的正确性，因此使用格式检测规则实现数据清洗。

2.5.2 基于元对象框架的异构数据统一建模与数据抽取融合方法

在智能车间中，针对制造大数据的实时性特征，分布式 ETL 已经成为大数据的研究热点，即在数据源完成数据的集成处理，而非将所有数据都传输到数据仓库实现集成，利用分布式计算手段实现对海量数据的实时处理，因此需要在各数据源构建相应的元数据模型。同时，由于不同部门之间有着明显的职能区分，各部门都会单独部署自己的应用系统，如调度部门的 APS 系统、质量部门的质量监控系统等，这些系统各自独立完成数据的获取、集成与挖掘应用，也需要构建相应的元数据模型。再者，制造大数据也需要进一步在整个企业中进行各种程度的统一集成管理，以应对不同层次的跨部门应用需求，一个常见例子就是工艺部门的计算机辅助设计（Computer Aided Design，CAD）系统需要与质量部门的计算机辅助工艺过程设计（Computer Aided Process Planning，CAPP）系统进行交互，以通过工艺改良手段实现加工质量的提升，即需要根据不同的企业级业务需求构建相应的元数据模型。因此，在大数据环境下的制造企业中，元数据模型在数据采集、部门系统、企业应用 3 个层次都具备了分布式特征，并随着层次上升体现出更高的集成需求。

基于元对象框架建立包含元-元模型（本体）、元模型、元数据和用户数据的 4 层元数据体系结构。基于本体论描述产品、系统和设备等元-元模型包含的元模型实例，利用元模型实例中的词汇、规则和关系对涉及的结构化、半结构化和非结构化等异构数据进行语义描述，在元模型层次实现数据多维度语境的定义。针对以上异构数据的统一建模需求，通过在不同应用系统之间定义基于统一建模语言（Unified Modeling Language，UML）的公共元模型，建立模型驱动的元数据多层次集成体系架构，分别在应用系统层次、性能优化层次建立数据统一模型。基于产品、系统和设备等主题的本体分类层次树，建立面向不同主题的数据字典，记载对应的对象名称、属性结构、数据类型、存储方式、处理逻辑等信息，并根据数据字典从元数据中筛选数据抽取对象，按公共元模型进行元数据融合，最终导入用户数据，形成面向主题的数据仓库[25]。例如，通过构建面向系统主题的数据字典，需要从 MES、ERP、PPS 等系统中抽取晶圆订单、加工设备、晶圆物料、加工工艺、成品库存等元数据，但是 MES 中的加工设备元数据包含加工能力、可靠性等属性，而 ERP 中的加工设备元数据包含寿命、品牌等属性，因此需要利用包含以上属性列表的公共元模型融合加工设备元数据，在数据仓库中规范地导入相关用户数据。

以晶圆制造为例，全局统一模型采用元对象框架来定义生产机台状态、晶圆质量状态、制造过程数据等数据之间的关系，如图 2-3 所示。

该元数据模型包括 4 个层次。①底层描述一个实体信息（晶圆和机台），以晶圆为例，它有晶圆大小、设计人、晶圆种类等属性信息。②倒数第二层的分析模型采用 UML 类图表示，包含晶圆的属性和方法。③UML 元模型层包括定义元数据模型的标准语言、描述元数据关系的语义（属性、类、操作、关联、角色、约束）、UML 标识符、对象约束语言（Object Constraint Language，OCL）等。④元-元模型是元对象设施（Meta Object Facility，MOF）标准的核心，MOF 不仅提供标准的模型库，还提供一套完整的方法，使相关成员在同一模型下工作。它呈现给用户的是一系列接口而不是具体的实现，通过接口支持对元模型数据的查找、扩充和共享。

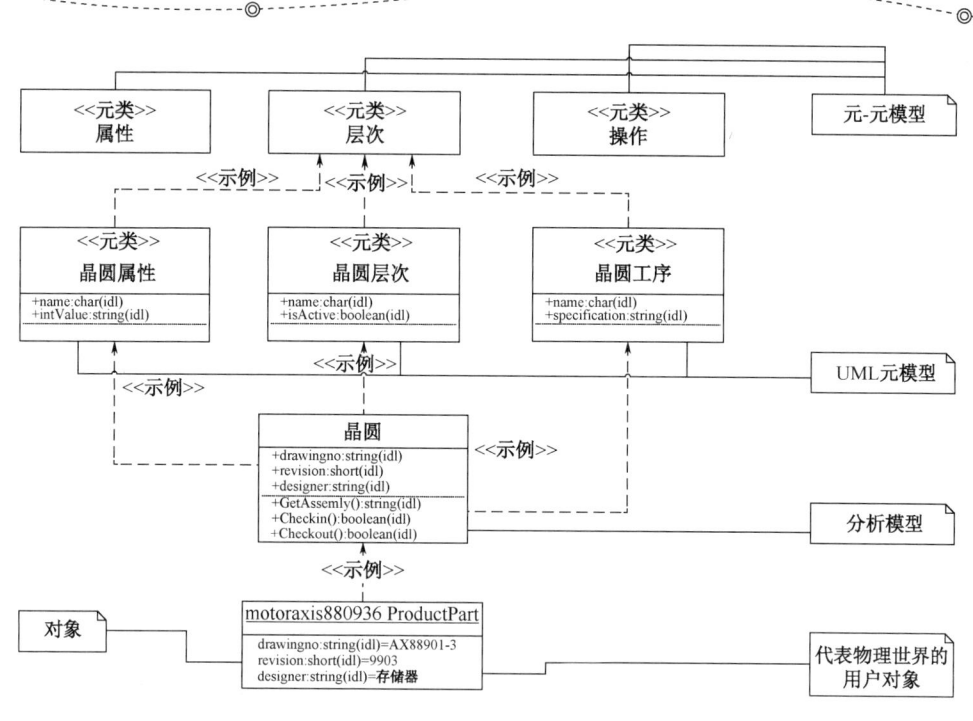

图 2-3 产品零部件元数据模型示例

2.5.3 基于字典学习的高维数据多尺度分类查询方法

智能制造车间中的原始数据是按设备、产品、工艺等固定数据表组织的，侧重反映单一制造过程的特性，不能立即用于全局性的统计分析和优化控制；且智能车间制造过程中各项技术指标、生产数据、控制参数之间存在关联和制约关系，从单一视角无法全面反映制造过程的状态。因此，从 UML 元模型出发建立维度成员字典，利用列存储数据库的高可扩展性实现性能指标的稀疏表示。针对常规字典学习算法在大规模训练集中计算代价过高的缺点，使用了在线重构字典学习算法，引入了线性分类器和期望目标函数，使用块梯度下降法提高算法求解速度。根据维度成员字典中列出的索引，在高维数据立方体上通过钻取、上卷、切片、切块、旋转等方式构建数据立方体多维视图。以设备可靠性数据立方体为例，其包含时间、参数、产品 3 个维度，通过钻取，可从数据立方体的上层扩展到下一层，将汇总数据拆分成更细的数据，如对每天的总产量进行钻取以查看每小时的生产数量；通过切块选择特定区间的数据，如选取某个时刻若干设备若干参数的值进行分析。在获得所需维度视图后，开发了复杂查询分解指派方法，将单一查询请求按数据维度、数据维度成员间关联和分类关系合理拆分为多个子任务，根据维度成员字典中定义的元素与查询对象相关关系，利用 MapReduce 实现并行查询，提高检索效率。提出了基于全局唯一标识符的数据拼接方法，将查询结果进行组合和筛选，返回优化的查询结果。

针对半导体制造过程中的设备、产品和系统 3 个主题，对晶圆制造车间中的业务进行建模，找出晶圆制造车间中的核心业务，如图 2-4 所示。

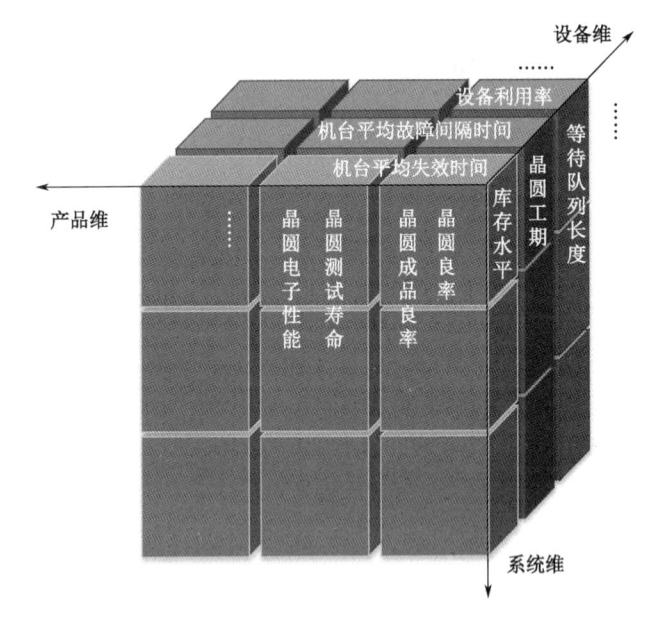

图 2-4 晶圆制造车间多维性能模型

晶圆制造车间的性能具有典型的多维度特点，与晶圆制造设备有关的车间性能指标有机台平均失效时间、机台平均故障间隔时间、设备利用率、工序良率等；与晶圆产品相关的车间性能指标有晶圆良率、晶圆测试寿命、晶圆电子性能等；与晶圆制造系统相关的车间性能指标有库存水平、晶圆工期、设备空载率和设备的等待队列长度等。在系统的运行优化中，针对这些性能指标又形成了具体的性能优化业务，如设备利用率的预测和调控、库存水平的优化、晶圆电子性能的改善等。在面向这些性能指标的制造系统性能优化中，以设备利用率优化、晶圆良率的改善和晶圆工期的优化为例，构建面向设备、产品和系统 3 个主题的多维度业务模型。在这 3 个车间性能指标中，在线准确侦测晶圆加工异常并反馈控制,准确预测与优化批次完工期和准确预测晶圆良率是其中的核心业务[26]。

在对半导体制造车间的优化性能进行业务建模之后,需要对这些核心业务背后涉及的实体进行抽象,抽象出实体、事件、说明等,在业务表象之后发现抽象实体之间的关联性,以及实体数据的尺度,从而保证数据模型的关联性和尺度一致性,如图2-5所示。晶圆制造车间是典型的复杂制造系统,其设备数量多、种类杂,产品工艺复杂且周期漫长,系统在制品数量多、规模庞大,这些特点使得晶圆制造车间中的性能指标之间的关联关系十分复杂。

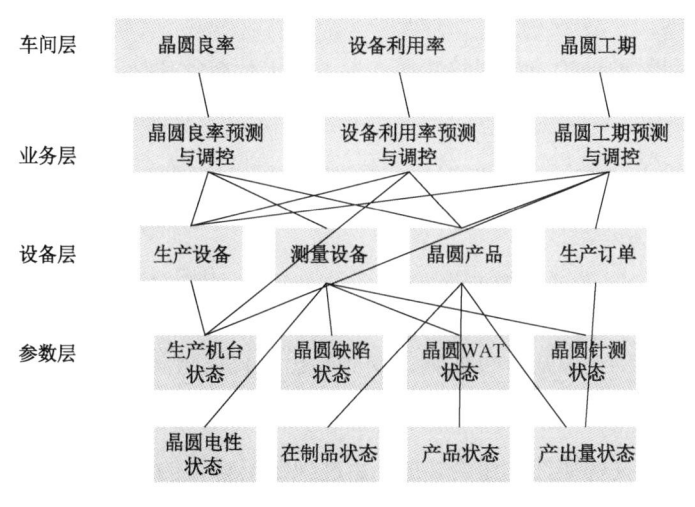

图 2-5　晶圆制造车间中的多维度、多尺度数据层次树

在构建了晶圆制造车间数据的层次树后,得到如生产机台状态等数据实体及其尺度特性,以此为依据实现晶圆制造车间数据按业务、按实体、按尺度的分布式合理存储与管理。

2.5.4　基于稀疏自动编码器的数据降维方法

制造系统性能的影响因素多,影响机理复杂,因此在数据上呈现出高维特点。以高维数据作为输入,以有监督学习的方式直接进行预测,无法获得较高的预测准确率。受启发于流形学习的观点,与制造系统性能相关的数据由于其数据主题的偏见性,必然不可能均匀地分布于整个高维空间中,而是以某种低维流形结构嵌入高维空间中。通过无监督学习的方式,自动编码器算法可通过逐层学习得到代表高维特征的低维特征,从而将车间性能的关键影响因素通过低维特征的方式表达,进而加深网络层数。

自动编码器是一个三层神经网络,包含输入层、单个隐藏层和输出层。它通过反向传播学习网络权重,使得输入与输出的差别尽可能小。自动编码器的数学模型可以概括为:

$$\theta,\theta' = \arg\min_{\theta,\theta'}(\frac{1}{2}\|h_{\theta'}(f_\theta(X))-X\|^2) \quad (2\text{-}15)$$

式中,$f_\theta(X)$ 代表输入到隐藏层的非线性映射,即隐藏层神经元激活值;映射函数 f_θ 为 Sigmoid 函数。隐藏层神经元激活值由下式定义:

$$f_\theta(X) = \frac{1}{1+e^{-(W^TX+b)}}, \theta \in \{W,b\} \quad (2\text{-}16)$$

式中,W 为输入到隐藏层的连接权值矩阵;为了便于计算,将权重矩阵变为转置形式;e 为自然常数;$e \approx 2.71828$;b 为偏置向量,是神经网络的主要训练参数;θ 为这两个参数的统一表示;X 为输入向量;$e \approx 2.71828$。类似地,可定义隐藏层神经元激活值到输出层的数学表达式 $h_{\theta'}(f_\theta(X))$ 为:

$$h_{\theta'}(f_\theta(X)) = \frac{1}{1+e^{-(W^Tf_\theta(X)+b)}}, \theta' \in \{W^T,b\} \quad (2\text{-}17)$$

隐藏层与输出层的权值矩阵可取输入层到输出层权值矩阵的转置。

除稀疏自编码器外,自动编码器的隐藏层神经元个数通常小于输出层神经元个数。由于隐藏层是输入层特征的非线性组合,并且通过隐藏层特征的非线性组合可以还原原特征,因此通过网络学习得出的隐藏层复合特征,能够作为高维输入的一个低维表示。

单层自动编码器的降维效果是有限的。为了获得原始数据的最低维压缩,需要利用深层自动编码器逐层进行降维。首先训练一个单层自动编码器,实现第一次降维,提取输入向量的低维表达特征。随后利用提取出的低维表达特征作为下一个单层自动编码器的输入,提取低维特征的更低维表达特征,实现第二次降维。利用每个单隐藏层自动编码器的权重进行初始化并进行训练,可以构成具有一定深度的栈式自动编码器网络,实现逐层特征提取,增加网络深度,从而增加参数空间。基于自动编码器的数据降维方法如图 2-6 所示。

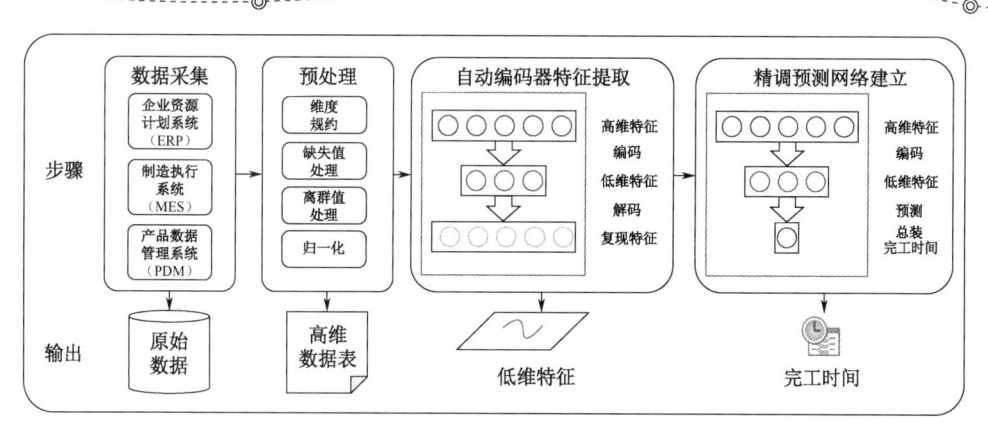

图 2-6　基于自动编码器的数据降维方法

2.5.5　基于径向基神经网络的数据去冗余方法

现代化制造车间无时无刻不在产生大量数据，其中绝大部分以无标签结构化原始数据的形式存储在现代化制造企业的工业大数据平台中。这些制造数据一方面具有很大的潜在价值，另一方面因为其具有高冗余性特点，难以直接分析与利用。因此，针对制造过程中原始数据的特点，以去除制造数据冗余性、挖掘原始数据局部结构为目的，提出了一种两阶段无监督数据去冗余方法，如图 2-7 所示。该方法的第一阶段采用遗传算法产生的原始数据的低维子集作为径向基神经网络（Radial Basis Function Neural Network，RBFNN）的输入，利用 RBFNN 复现原始数据的全部维度，并以降维率和复现精度作为遗传算法（Genetic Algorithm，GA）的适应度函数，通过 GA 多次迭代学习高维特征的低维表示，删除原始数据集中的冗余特征与噪声特征。第二阶段采用拉普拉斯特征得分（Laplacian Score，LS）逐维评价剩余特征对反映数据局部几何结构的作用，挖掘对改善分类性能更有效的特征。

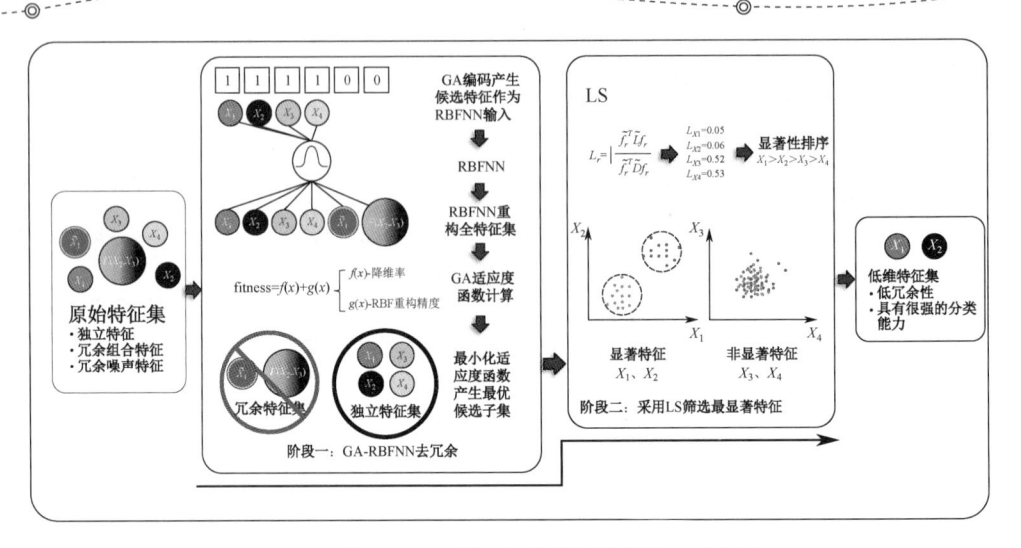

图 2-7　基于径向基神经网络的两阶段去冗余方法

2.6　本章小结

在数据处理方式由局部采样向全局数据分析转变的新趋势下，工业大数据融合方法成为全局数据分析的基础关键技术。需要认清工业对象的实际数据类型，利用数据的描述性特征，初步判断数据分布属于集中还是离散，找准偏态或峰度特性，并结合数据过滤组合与清洗、数据抽取与融合、数据字典型层次树建立、数据降维和数据冗余去除等方法对数据进行预处理，为后续选择数据分析的方法提供全面、高质量的数据基础。

参　考　文　献

[1] Tony Liu, William Xu. A review of web-based product data management systems [J]. Computers in Industry, 2001, 44(3): 251-262.

[2] Vincent A. Mabert, Ashok Soni, M. A. Venkataramanan. Enterprise resource planning: Managing the implementation process [J]. European Journal of Operational Research, 2003, 146(2): 302-314.

[3] DAILY J, PETERSON J. Predictive maintenance: How big data analysis can improve maintenance[M]. Supply Chain Integration Challenges in Commercial Aerospace: Springer, 2017: 267-278.

[4] 李慧，颜显森．数据库技术发展的新方向——非结构化数据库[J]．情报理论与实践，2001(04):287-288.

[5] 万里鹏．非结构化到结构化数据转换的研究与实现[D]．西南交通大学，2013.

[6] 杨甲森，王浩．用于数据交换的XML文档和关系数据库转换[J]．计算机工程与设计，2006，27(5):857-859.

[7] 徐宗本，张讲社．基于认知的非结构化信息处理：现状与趋势[J]．中国基础科学，2007，(06):53-55.

[8] 王文强．新时期档案工作的创新、担当、发展——从"收、管、存、用"探索档案工作的转型发展[J]．机电兵船档案，2019(05):38-41.

[9] Kiran Adnan, Rehan Akbar. An analytical study of information extraction from unstructured and multidimensional big data [J]. Journal of Big Data, 2019,6(1):1-38.

[10] Rabinowitz, Larry. Mathematical Statistics and Data Analysis[J]. Technometrics, 1989, 31(3):390-391.

[11] 孙慧钧．数学期望与平均指标[J]．统计与咨询(4):14-15.

[12] 邹亚宝．算术平均数，中位数，众数的代表性问题研究[J]．统计与信息论坛，2004，019(001):92-94.

[13] 王力宾．数列修匀的加权算术平均数——中位数混合移动平均法[J]．昆明理工大学学报，2001.

[14] 王应明,罗英.基于调和平均数的组合预测方法研究[J].统计研究,1997,000(002):66-68.

[15] 肖伟．浅谈几何平均数、算术平均数和调和平均数的关系[J]．中国科技信息，2007(12):286-287.

[16] 张志杰，彭文祥，周艺彪，等．空间点模式分析中离散趋势的描述研究及应用[J]．中国卫生统计，2008, 25(005):470-473.

[17] 桂文林，伍超标．标准差和平均差的内在关系[J]．统计与决策，2004(4):122-123.

[18] 贺勇，明杰秀. 概率论与数理统计[M]. 武汉大学出版社，2012.

[19] 张洁，汪俊亮，吕佑龙，等. 大数据驱动的智能制造[J]. 中国机械工程，2019, 30(002):127-133,158.

[20] Carmelo Cassisi, Placido Montalto, Marco Aliotta, et al. Similarity measures and dimensionality reduction techniques for time series data mining[J]. InTech, Rijeka, Croatia, 2012: 71-96.

[21] XI Wang, CHEN Wang. Time series data cleaning: A survey[J]. IEEE Access, 2019, 8: 1866-1881.

[22] Gunho Sohn, Ian Dowman. Data fusion of high-resolution satellite imagery and LiDAR data for automatic building extraction[J]. ISPRS Journal of Photogrammetry and Remote Sensing, 2007, 62(1): 43-63.

[23] Jianqiang Song, Xuemei Xie, Guangming Shi, et al. Multi-layer discriminative dictionary learning with locality constraint for image classification[J]. Pattern Recognition, 2019, 91: 135-146.

[24] Rima Houari, Ahcene Bounceur, Abdelkamel A Kamel Tari, et al. Dimensionality reduction in data mining: A Copula approach[J]. Expert Systems with Applications, 2016, 64: 247-260.

[25] 汪俊亮，张洁. 大数据驱动的晶圆工期预测关键参数识别方法[J]. 机械工程学报，2018,54(23):185-191.

[26] 许鸿伟. 数据驱动的晶圆良率预测方法研究[D]. 东华大学，2020.

第 3 章

工业大数据关联分析方法：从因果到关联

3.1 引言

在工业领域生产系统的运行优化过程中，传统方法主要通过人工观察、统计记录异常环节和不当操作等来判断对系统产生影响的因素。当问题规模较小时，可以通过简单的观察分析得到结论，但是这样的方法非常依赖人工经验、专家系统的主观经验推断。随着制造系统变得日益复杂，工艺路线长，系统规模大，生产过程参数成千上万，通过人工经验的方法很难准确获得影响生产系统性能或产品质量的关键参数。大数据方法通过海量数据的关联分析来刻画规律，逐渐减轻了对人工经验的依赖[1]。当数据足够多时，仅依靠数据之间的关联关系，就能够得出问题结论，数据因此被誉为"新的生产力"。随着车间累积的数据越来越多，对数据之间的关联关系进行量化分析，可以刻画数据之间的作用关系，从而剖析参数之间的影响规律，为识别工艺生产系统性能、产品质量等指标的关键影响参数提供了新思路。

本章围绕工业大数据关联分析方法，简析工业生产系统中参数关联分析的概念，介绍工业场景使用的工业大数据关联分析方法，通过晶圆工期关键参数识别和柴油发动机功率一致性关键参数识别两个实际案例介绍大数据关联分析方法在工业领域的应用。

3.2 数据关联分析方法

在大数据背景下,运用数据之间的关联性可以更清晰地分析事物之间的内在联系。关联关系的核心是量化数据值之间的数理关系,通过大数据挖掘发现不同参数之间的关联关系,成为人们观察并分析事物的最新视角。在工业领域,随着制造系统、生产工艺的日益复杂,生产过程参数达千万级,若对每个生产要素都加以控制,一方面,随着制造系统的复杂程度提升,控制的维数急剧增加,过程控制难度较大;另一方面,并非所有因素都会对系统产生重大影响,盲目的过程控制会造成人力、物力、财力的浪费。因此,如何从成千上万的生产过程参数中辨识出影响产品、生产系统性能等指标的关键参数是生产系统、产品质量优化的关键一环[2-3]。例如,在产品的制造过程中,系统的性能(如准时完工率、产品合格率)受设备状态、原料状态、工艺参数、环境参数等生产要素的综合影响,通过关联分析可以查找出存在于生产系统集合或产品集合之间的频繁模式、关联、相关性或因果结构,找到影响最突出的因素,为系统优化提供重要的支撑。

关联分析的本质问题是如何度量和评价参数之间的关系,在数据参数关系度量方法中,有利用信息熵的方法,根据熵的特性通过计算熵值来判断一个事件的随机性和无序程度;也可以用熵值来判断某个参数的离散程度,离散程度越大,该参数对制造系统的影响就越大。因此,可利用信息熵计算出各个影响参数的权重,为多参数综合评价提供依据。另外,对于频繁项集的挖掘也是最常见的方法之一,产生频繁项集的原始方法是找到所有可能的候选项集,与每个事务比较,计算出支持度计数。此外,格兰杰因果关系作为一种可以度量时间序列之间相互影响关系的方法,适用于解决神经网络科学中的因果关系。同时,针对复杂产品系统中存在多变量耦合的情况,需要选择适当的控制规律将一个多变量系统化为多个独立的单变量系统。本节围绕参数的关联分析,对基于信息熵、基于频繁项集、基于 Granger 因果分析及基于复杂网络的关系解耦 4 种关联分析方法进行详细介绍。

3.2.1 基于信息熵的关联关系度量方法

基于信息熵的关联关系度量方法,通过参数概率分布估计与互信息计算来度量数据之间的关联关系,可实现参数之间的复杂非线性关联关系分析,具有良好的效果[4]。

1. 参数概率分布估计

在基于互信息的关联关系分析中,信息熵方法依据两个参数之间的联合概率分布来计算它们之间的关联关系。在工业数据的分析过程中,诸如每道工序的加工时间、车间在制品数量、设备的利用率与等待队列长度等都是连续参数,难以获得其概率密度函数。因此,首先对连续参数做离散化处理。

本节以等距离方法(Equal Distance Discretization,EDD)为例,对关联分析中的连续参数进行离散化处理并估计其概率分布。

连续参数概率分布估计方法由以下几步构成。

第一步:初始化参数,并确定离散区间数量 n;

第二步:从候选参数集中选择连续参数 i;

第三步:提取所有该连续参数的数据样本,并将数据样本按照数值由小至大增序排列,确定最小值 $i_{\min}$ 与最大值 $i_{\max}$。

第四步:按照 EDD 方法将该参数的所有数据样本分为 n 类,确保每类具有相同宽度($\frac{|i_{\max}-i_{\min}|}{n}$),则第 j 类的区间的下界 d_j 的计算方法如式(3-1)所示,上界 u_j 的计算方法如式(3-2)所示。

$$d_j = i_{\min} + (j-1)\frac{|i_{\max}-i_{\min}|}{n} \tag{3-1}$$

$$u_j = i_{\min} + j\frac{|i_{\max}-i_{\min}|}{n} \tag{3-2}$$

第五步:统计该参数每类区间中的样本数量,并计算其概率分布。

2. 参数之间的互信息计算

在基于信息熵的参数关联关系度量中,通常以两个参数之间的互信息值来度量它们之间的关联关系值。互信息是信息论中的一种信息度量,描述了两个随机变量互相依赖的程度,其对两个变量之间共有信息量的大小进行度量,可以将其看成一个随机变量中包含的关于另一个随机变量的信息量。对于两个随机变量 x 和 y 的互信息 $I(x;y)$ 定义如下:

$$I(x;y) = -\sum_{i=1}^{n}\sum_{j=1}^{n} p(x_i,y_j) \log_2 \frac{p(x_i,y_j)}{p(x_i)p(y_j)} \quad (3-3)$$
$$= H(x) - H(x|y)$$

式中，$x=\{x_1,x_2,\cdots,x_n\}$；$y=\{y_1,y_2,\cdots,y_n\}$；$p(x_i,y_j)$ 是当 $x=x_i$ 且 $y=y_i$ 时的概率；$p(x_i)$ 是当 $x=x_i$ 时的概率；$p(y_j)$ 是当 $y=y_i$ 时的概率。若随机变量 x 与 y 互相独立，有 $p(x_i,y_j)=p(x_i)p(y_j)$，易得 $I(x;y)=0$，表示随机变量 x 与 y 之间不存在相同的信息；反之，若变量 x 与 y 相关性越强，则互信息 $I(x;y)$ 越高，表示随机变量 x 与 y 之间所包含的相同信息量越大。

在式（3-3）中，$H(x)$ 代表信息熵，是随机变量的不确定性度量，它通过事件的发生概率来度量。针对某一随机变量 x 的熵定义如下：

$$H(x) = E\left[\log_2^{p(x_i)}\right] = -\sum_{i=1}^{n} p(x_i) \log_2^{p(x_i)} \quad (3-4)$$

式中，$x=\{x_1,x_2,\cdots,x_n\}$；$p(x_i)$ 是当 $x=x_i$ 时的概率。

在式（3-3）中，$H(x|y)$ 是指参数 x 在已知 y 情况下的条件熵，表示已知 y 变量的情况下，随机变量 x 的不确定性度量。对于随机变量 x 和已知变量 y 的条件熵定义如下：

$$H(x|y) = H(\{x,y\}) - H(y) \quad (3-5)$$

式中，$H(\{x,y\})$ 是指参数 x 与 y 的联合熵，它通过联合事件的发生概率来度量两个随机变量的联合不确定性。联合熵常用于描述自变量与因变量之间关系的确定程度，两者之间的关系越确定，两者的作用规律越明显，联合熵就越高。针对某一随机变量组合 x 和 y 的联合熵的定义如下：

$$H(\{x,y\}) = -\sum_{i=1}^{n}\sum_{j=1}^{n} p(x_i,y_j) \log_2^{p(x_i,y_j)} \quad (3-6)$$

式中，$x=\{x_1,x_2,\cdots,x_n\}$；$y=\{y_1,y_2,\cdots,y_n\}$；$p(x_i,y_j)$ 是当 $x=x_i$ 且 $y=y_i$ 时的概率。

3.2.2 基于频繁项集的关联关系度量方法

基于频繁项集的关联关系度量方法，通过挖掘数据中的频繁项集，利用支持度与置信度来度量数据之间的关联关系，可以实现周期性动态变化数据之间的关联关系分析，如图 3-1 所示。

频繁项集挖掘是数据挖掘研究中一个很重要的研究基础，它可以告诉我们在数据集中经常一起出现的变量,为可能的决策提供一些支持[5]。项集是指若干个项的集合。频繁模式是指数据集中频繁出现的项集、序列或子结构。频繁项集是指支持度大于等于最小支持度(min_sup)的集合。其中支持度是指某个集合在所有事务中出现的频率。置信度是指某个关联规则的概率。

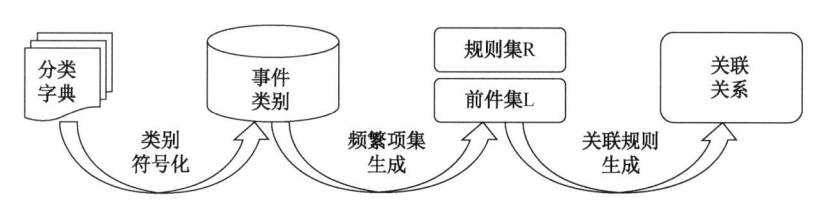

图 3-1 基于频繁项集的关联关系度量方法

我们知道,事件每次发生的时间都有先后顺序,如果在频繁项集挖掘中加入时间序列的概念,将导致时间复杂度大大增加,无疑需要一种新颖的办法解决该问题。在挖掘时间序列的关联规则时,需要给定一个挖掘的基本单位。如果直接将时间序列中的数据作为挖掘对象,不仅计算量大,而且难以发现有意义的规则。为了能够更方便地对时间序列进行规则挖掘,将时间序列中的子序列作为关联规则挖掘的基本单位,采用分类字典中的类别作为挖掘的对象。

将时序数据流分类字典作为一个项集 $I=\{i_1,i_2,\cdots,i_m\}$,I 中的每个时序类别都叫作项(Item),含有 k 个元素的项集称为 k 项集。给定一个时序数据流的集合 D,D 中的每个数据流 T 都是项集且满足 $T\subseteq I$。设 A 和 B 都是项集,$A\subset T$,$B\subset T$,则关联规则的定义如下:

$$A\Rightarrow B, 其中 A\subset I, B\subset I 且 A\cap B=\varnothing \tag{3-7}$$

在关联规则挖掘过程中有两个重要概念:支持度和置信度。其中支持度 $P(A\cup B)$ 表示 A、B 两个项集在数据流集 D 中同时出现的概率,它体现了关联规则的有用性。而置信度 $P(B|A)$ 是一个条件概率,表示数据流集 D 中同时包含项集 A 和项集 B 的概率,它体现了关联规则的确定性。在进行关联规则挖掘时,一般先定义最小支持度阈值 min_sup 和最小置信度阈值 min_conf。满足 min_sup 要求的项集称为频繁项集,同时满足 min_sup 和 min_conf 要求的规则称为强规则。关联规则挖掘首先从数据流集中挖掘出频繁项集,然后由频繁项集生成强关联规则。

关联规则挖掘的第一步是在数据流中挖掘出满足最小支持度阈值的项集，采用逐层搜索的迭代方法来生成频繁项集。每生成一个层次的项集，都需要先生成一个候选集，并通过扫描数据流来计算候选集中每项的支持度。每个频繁项集的非空子集也是频繁的，若一个项集的子集不是频繁的，那么该项集就不是频繁项集。根据这一原理，在对项集进行扫描之前可以先对候选集进行剪枝操作，即对（$k+1$）项集中的每个项集检测其子集是否频繁，丢弃所有子集不在频繁 k 项集中的项集。通过剪枝操作能够显著地缩小搜索范围。在使用频繁 k 项集 L_k 来生成频繁项集 L_{k+1} 时，使用了 k 项集连接规律：若两个 k 项集有（$k-1$）项都是相同的，有且只有一项是不同的，则可以将其连接生成（$k+1$）项集。频繁项集生成算法的伪代码如表 3-1 所示。

表 3-1 频繁项集生成算法伪代码

算法 1：L[k] = generate_frequent_items(datastream, min_support)
输入：数据流 datastream，最小支持度 min_support
输出：频繁 k 项集 L[k]

```
L[1] = search_frequent_items(database) // 扫描数据库生成频繁 1 项集
k = 1
while L[k].empty() == False: // L[k]不为空
    L[k + 1] = [ ]
    C[k + 1] = generate_candidates(L[k]) // 根据频繁 k 项集生成候选 k+1 项集
    prune(C[k + 1]) // 对候选 k+1 项集进行剪枝
    for item in C[k + 1]:
        if support(item) >= min_support: // 计算项集 item 是否满足最小支持度
            L[k + 1].append(item) // 满足最小支持度的才加入频繁 k+1 项集
        end
    end
    k = k + 1
end
return L[k]
```

根据算法生成了频繁 k 项集 L_k，下一步则是根据 L_k 来生成强关联规则。如果存在一条关联规则，它的支持度和置信度都大于预先定义好的最小支持度与置信度，我们就称它为强关联规则。强关联规则可以用来了解项之间的隐藏关系，所以利用置信度阈值，将不满足的置信度都过滤掉，剩下的就是该数据集的强关联规则。对于 L_k 中的每个频繁项 I_k，找

出其所有的非空真子集 S_a。对于 S_a 中的一个元素 S_i，如果满足 $P((S_a-S_i)|S_i) \geqslant \min\_conf$，则认为 $S_i \Rightarrow (S_a-S_i)$ 为一个强关联规则。采用迭代的方法可以找出所有满足最小置信度要求的强规则。关联规则生成算法的伪代码如表 3-2 所示。

表 3-2　关联规则生成算法伪代码

```
算法 2: rule_set = generate_association_rules(L, min_conf)
输入: 频繁 k 项集 L, 最小置信度 min_conf
输出: 关联规则集 rule_set
────────────────────────────────────────
rule_set = [ ] // 将规则集初始化为空
for item in L: // 遍历频繁 k 项集中的每个频繁项
    S = generate_subitem_set(item) // 生成频繁项 item 的所有非空真子集 S
    for sub_set in S:
        if confidence(sub_set, S-sub_set) >= min_conf: // 计算规则置信度
            rule_set.append([sub_set, S-sub_set]) // 添加规则
        end
    end
end
return rule_set
```

3.2.3　基于 Granger 因果分析的关联关系度量方法

Granger 因果分析法是由 Granger 等人[6]提出的一种分析变量之间是否存在因果关系的方法。在多元序列中，影响关系往往表现为非对称的因果关系。变量 Z 中包含影响变量 Y 的信息特征，并且在变化形式上也会对变量 Y 产生影响。

Granger 因果分析法的主要思想如下[7]：假设 Ω_t 是包含到当前时刻 t 为止的所有信息的集合，Z_t 和 Y_t 是两个时间序列。$Z_t(h|\Omega_t)$ 表示在已知信息集 Ω_t 条件下对 Z_t 的 h 步预测，相应的 h 步预测的最小均方误差用 $\sum_Z(h|\Omega_t)$ 表示。如果至少存在一个 h 满足

$$\sum\nolimits_Z(h|\Omega_t) \neq \sum\nolimits_Z(h|\Omega_t \setminus \{Y_s|\ s \leqslant t\}), \quad h=1,2,\cdots \tag{3-8}$$

则称 Y_t 与 Z_t 之间存在 Granger 相关，其中 $\Omega_t \setminus \{Y_s|\ s \leqslant t\}$ 表示在信息集 Ω_t 中除去 Y_t 在 t 时刻及以前的信息之后剩余的信息集合。

对于 Granger 因果相关分析，比较常用的是 Granger-Wald 检验，由以下几步构成。

第一步：将当前的 y 对 y 的所有的滞后项及其他变量（如果有的话）做回归，即 y 对 y 的滞后项 y_{t-1}，y_{t-2}，…，y_{t-q} 及其他变量做回归，但在这一回归中没有把滞后项 x 包括进来，这是一个受约束的回归。然后从此回归中得到受约束的残差平方和 RSSR。

第二步：做一个含有滞后项 x 的回归，即在前面的回归式中加进滞后项 x，这是一个无约束的回归，由此回归得到无约束的残差平方和 RSSUR。

第三步：零假设是 H_0：$\alpha_1 = \alpha_2 = \cdots = \alpha_q = 0$，即滞后项 x 不属于此回归。

第四步：为了检验此假设，使用 F 检验，即

$$F = \frac{(\text{RSS}_R - \text{RSS}_{UR})/q}{\text{RSS}_{UR}/(n-k)} \tag{3-9}$$

它遵循自由度为 q 和 $(n-k)$ 的 F 分布。在式（3-9）中，n 是样本容量；q 是滞后项 x 的个数，即有约束回归方程中待估参数的个数；k 是无约束回归中待估参数的个数。

第五步：如果在选定的显著性水平 α 上计算的 F 值超过临界 F_α 值，则拒绝零假设，这样滞后项 x 就属于此回归，表明 x 是 y 的原因。

第六步：同样，为了检验 y 是否是 x 的原因，可将变量 y 与 x 互换，重复步骤一至五。

3.2.4 基于复杂网络的关系解耦方法

为了能表示大规模的参数之间的关联关系，借鉴复杂网络和信息场的概念并将之引入用来描述产品制造过程参数关联关系网络，类似于引力场，该理论为研究复杂的产品制造系统内部各个参数的相互作用提供了理论基础[8-9]。在产品制造过程参数关联关系网络中，以参数作为网络节点，以参数之间的关联关系作为对应节点之间的连边权重，如果两个参数之间没有关联关系，那么对应的两个节点之间就没有连边，按照这样的规则可以构建出产品制造过程参数关联关系网络模型。

在关联关系网络的构建中，网络中会存在很多节点和边，图 3-2 展示了网络中部分节点之间的关联关系，节点 A、B、C、D、E 之间存在连边 A-B、B-C、C-D、D-E 及 B-E，表明 A 与 C 之间、A 与 D 之间及 B 与 D 之间不存在关联关系。

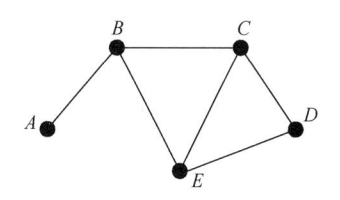

图 3-2 关联关系网络示意

在图 3-2 中，黑色节点表示参数，连边表示对应的参数之间相互关联。如果用一个邻接矩阵来描述网络的话，设图的邻接矩阵为 G，并且 $G = (a_{ij})_{n \times n}$，其中 a_{ij} 为节点 i,j 之间的连边权重，可以用节点 i,j 之间的关联性来表示，关联性可以用 Pearson 相关系数、互信息值等方法来量化评价，本文将以标准化互信息值为量化评价标准，节点 i,j 之间没有连边，则 $a_{ij}=0$，表示节点 i,j 之间没有关联性，那么图 3-2 中的关系网络可以用邻接矩阵表示：

$$G = \begin{pmatrix} a_{AA} & a_{AB} & 0 & 0 & 0 \\ a_{BA} & a_{BB} & a_{BC} & 0 & a_{BE} \\ 0 & a_{CB} & a_{CC} & a_{CD} & a_{CE} \\ 0 & 0 & a_{DC} & a_{DD} & a_{DE} \\ 0 & a_{EB} & a_{EC} & a_{ED} & a_{EE} \end{pmatrix} \tag{3-10}$$

同理，当网络中有 n 个参数节点时，参数之间的关联关系网络可以表示成一个 $n \times n$ 维的邻接矩阵，G 是实对称矩阵。

实际上，如果将一个产品制造系统当作一个信息场，将系统中的每个参数节点当作信息源，那么每个节点之间都可以存在信息交换，然而并不是每个节点之间都存在有直接的信息交换，当我们通过相关性（如 Pearson 相关系数、互信息值等）来观察或评价复杂系统参数的关联性时，往往会因为对系统认识的局限及不足，很可能错误地将观测到的节点之间存在的信息交换作为直接关联，但事实上这可能是虚假关联的噪声。

对应产品制造系统，多工序复杂制造系统中存在多级工序、关联耦合、动态多变等特性，前道工序的偏差随着工序流不断向后道工序传递，表现为制造过程参数之间存在传递耦合效应和虚假关联，即上述构建的制造过程参数关联关系网络中存在传递耦合效应。因此，如何消除关系网络中的传递耦合效应，挖掘制造过程参数之间的真实关联关系，对于指导制造系统优化控制具有重要意义。

在多工序装配过程工序质量间关联传递的关联关系网络中，存在质量参数关联关系中的传递耦合效应。网络去卷积算法是由麻省理工学院的 Manolis Kellis 教授于 2013 年提出的,最初用于消除基因调控网络中的传递噪声问题,目前已应用于蛋白质氨基酸关联网络、基因调控网络、社会工作者关系网络分析中并得到了有效性验证。下面将对参数之间直接与间接关系的解耦方法进行对比介绍。

以图 3-3 所示的关联网络演化为例,图 3-3(a)为网络中参数节点之间的直接关联网络,但是由于参数之间存在传递效应,使得参数节点之间存在间接关联,表现为关联关系网络中存在传递效应,间接关联与直接关联相互叠加最终形成了观测到的关联关系(见图 3-3(c))。

―――― 直接关联   - - - - 由传递效应引起的间接关联

(a) 直接关联网络 G_{dir}

(b) 具有传递效应的关联关系网络 $G_{dir}+G_{indir}$

(c) 观测到的关联关系网络 G_{obs}

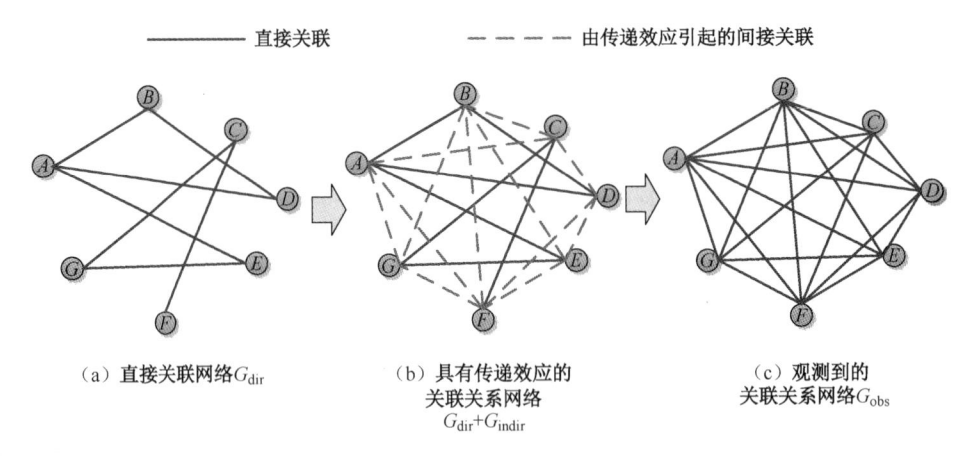

图 3-3 直接关联网络与观测到的关联关系网络演化

如果定义 G_{obs} 为观测到的关联关系网络的邻接矩阵,G_{dir} 为直接关联关系网络的邻接矩阵,G_{indir} 为由传递效应引起的间接关联关系网络的邻接矩阵,通过邻接矩阵来描述出直接关联、间接关联与观测到的关联三者之间的关系,如式(3-11)所示。

$$G_{obs} = G_{dir} + G_{indir} \tag{3-11}$$

由前文的分析可知,间接关联是由网络中的信息传导造成的,以图 3-3 中的直接关联网络 G_{dir} 为例,A、E、G 为其中 3 个节点,A 与 E、E 与 G 存在连边,即直接关联,那么在观测到的关联关系网络 G_{obs} 中,A 与 G 也很有可能存在连边,即 A 与 G 之间可能存在间接关联,信息经过其他节点从 A 传递到 G,那么传递的路径长度 l 满足 $l \in (2, +\infty)$。

将网络中的间接关联按照传导路径长度分为 2 阶链式噪声(如 $A \rightarrow B \rightarrow C$)、3 阶链式噪声（如 $A{\rightarrow}B{\rightarrow}C{\rightarrow}D$）、4阶链式噪声（如 $A{\rightarrow}B{\rightarrow}C{\rightarrow}D{\rightarrow}E$）等高阶链式噪声。在这样的假设下，网络去卷积算法使用邻接矩阵 G 的 k 次方去模拟 k 阶链式噪声，那么间接关联邻接矩阵 G_{indir} 可以用直接关联邻接矩阵 G_{dir} 的 $k(k\in(1,+\infty))$ 次方的和来表示：

$$G_{\text{indir}} = G_{\text{dir}}^2 + G_{\text{dir}}^3 + \cdots + G_{\text{dir}}^n + \cdots \tag{3-12}$$

式中，n 为正整数。

将式（3-11）代入式（3-12），可得 G_{obs} 与 G_{dir} 的关系式：

$$\begin{aligned}G_{\text{obs}} &= G_{\text{dir}} + G_{\text{indir}} \\ &= G_{\text{dir}} + G_{\text{dir}}^2 + G_{\text{dir}}^3 + \cdots + G_{\text{dir}}^n + \cdots\end{aligned} \tag{3-13}$$

若式（3-13）中邻接矩阵元素经过线性缩放可以变换到 $(0,1)$ 区间，那么上述等比序列可以转化为如式（3-14）所示的形式：

$$\begin{cases} G_{\text{obs}} = G_{\text{dir}} + (I - G_{\text{dir}})^{-1} \\ G_{\text{dir}} = G_{\text{obs}} + (I + G_{\text{obs}})^{-1} \end{cases} \tag{3-14}$$

其中 I 为单位矩阵，维数与 G_{dir} 和 G_{obs} 一致。

分别对 G_{dir} 和 G_{obs} 进行特征值分解，假设 G_{dir} 和 G_{obs} 可以被分别分解并表示成如下形式：

$$\begin{cases} G_{\text{dir}} = U \sum_{\text{dir}} U^{-1} \\ G_{\text{obs}} = U \sum_{\text{obs}} U^{-1} \end{cases} \tag{3-15}$$

式中，U 为由特征向量组成的矩阵，U^{-1} 为 U 的逆矩阵，$\sum_{\text{dir}}$ 和 $\sum_{\text{obs}}$ 为分别由 G_{dir} 和 G_{obs} 的特征值 λ_{dir} 和 λ_{obs} 构成的对角矩阵，形式如下：

$$\begin{cases} \sum_{\text{dir}} = \begin{pmatrix} \lambda_{\text{dir}}^1 & \cdots & 0 \\ \vdots & \ddots & \vdots \\ 0 & \cdots & \lambda_{\text{dir}}^L \end{pmatrix} \\ \sum_{\text{obs}} = \begin{pmatrix} \lambda_{\text{obs}}^1 & \cdots & 0 \\ \vdots & \ddots & \vdots \\ 0 & \cdots & \lambda_{\text{obs}}^L \end{pmatrix} \end{cases} \tag{3-16}$$

将式（3-15）代入式（3-16）中，可得：

$$\begin{aligned}
G_{obs} &= G_{dir} + G_{indir} \\
&= G_{dir} + G_{dir}^2 + G_{dir}^3 + \cdots + G_{dir}^n \\
&= (UE_{dir}U^{-1}) + (UE_{dir}^2 U^{-1}) + (UE_{dir}^3 U^{-1}) + \cdots + (UE_{dir}^n U^{-1}) \\
&= U(E_{dir} + E_{dir}^2 + E_{dir}^3 + \cdots + E_{dir}^n)U^{-1} \\
&= U\begin{pmatrix} \sum_{i=1}^{n}(\lambda_{dir}^1)^i & \cdots & 0 \\ \vdots & \ddots & \vdots \\ 0 & \cdots & \sum_{i=1}^{n}(\lambda_{dir}^L)^i \end{pmatrix} U^{-1} \\
&= U\begin{pmatrix} \dfrac{\lambda_{dir}^1}{1-\lambda_{dir}^1} & \cdots & 0 \\ \vdots & \ddots & \vdots \\ 0 & \cdots & \dfrac{\lambda_{dir}^l}{1-\lambda_{dir}^l} \end{pmatrix} U^{-1}
\end{aligned} \qquad (3-17)$$

由此可得 λ_{dir} 与 λ_{obs} 的关系：

$$\begin{cases} \lambda_{obs} = \dfrac{\lambda_{dir}}{1-\lambda_{dir}} \\ \lambda_{dir} = \dfrac{\lambda_{obs}}{1+\lambda_{obs}} \end{cases} \qquad (3-18)$$

式中，λ_{dir} 与 λ_{obs} 分别是直接关联邻接矩阵和观测到的关联邻接矩阵的特征值，这样就得到了直接关联邻接矩阵 G_{dir} 与观测到的关联邻接矩阵 G_{obs} 的对应关系，如图 3-4 所示，这也是网络直接关系去卷积算法的核心部分。

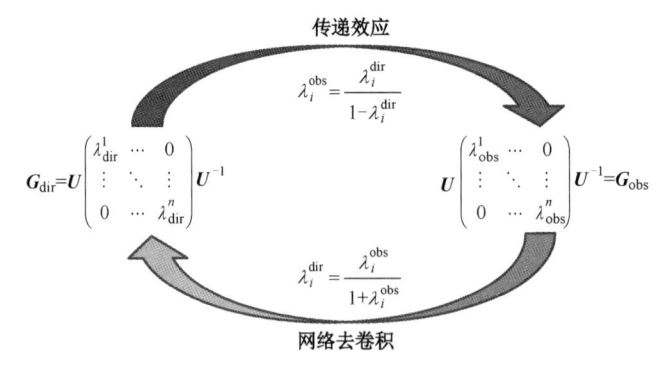

图 3-4 网络去卷积方法

3.3 工业大数据关联分析案例

3.3.1 晶圆工期关键参数识别方法

在动态多变、竞争激烈的市场环境中，晶圆制造企业面临着不断缩短产品交货期、提高按期交付率等要求。对晶圆产品的工期进行预测，可为生产计划提供依据，从而提高晶圆订单的准时交付率[10]。晶圆制造系统具有系统规模大，在制品数量多，产品工序多、工期长、工艺繁、品种多等特点[11]，这使得预测晶圆在制造系统中的制造周期（工期）成为一个大规模、受复杂工艺与环境约束的预测问题。在晶圆的生产过程中，工期受到工艺路线中的设备状态、系统瓶颈状态、在制品数量与分布等参数的综合影响，因而呈现出复杂的波动规律[12]。识别制造系统中的关键参数，可以准确反映晶圆工期的变化情况，是工期的预测中的关键问题。

1. 问题特性分析

通过分析晶圆工期的潜在影响参数，确定工期预测参数筛选所用的候选参数集。工厂物理学[13]认为，产品的工期与制造系统的变动性、利用率、加工时间紧密相关。在晶圆制造中，制造系统的变动性主要体现在设备复杂性的变化、在制品数量的变化、设备前等待队列的变化、晶圆 Lot（晶圆制造中产品流通的最小单位，通常包含 25 枚工艺相同的晶圆片）优先级的变化上；利用率主要体现在每台设备的利用率上；加工时间体现在每道工序的制备时间上。因此，晶圆 Lot 每道工序的历史平均加工时间、晶圆 Lot 的优先级、每台设备的利用率、每台设备的等待队列长度、整个车间的实时在制品数量被列入候选参数集。候选参数的详细描述如表 3-3 所示。

表 3-3 晶圆 Lot 工期预测模型输入候选参数

数据类型	参数	描述	数量（个）
Lot 数据	TP=$\{P_1,\cdots,P_n\}$	对于每类产品每道工序的历史平均加工时间	400
	Pr	当前 Lot 的优先级	1
车间数据	Load=$\{U_1,\cdots,U_n\}$	各个设备的当前负载	400
	Queueing=$\{Q_1,\cdots,Q_n\}$	各个设备的等待队列长度	400
	WIP	在制品数量（片）	1

晶圆制造系统规模大，设备数量多，产品工艺路线长，对晶圆工期存在潜在影响的参数有很多。以本文案例中讨论的晶圆制造系统为例，车间包含 400 个加工站，晶圆具有 400 道工序，其工期潜在影响参数共 1 202 个。

在晶圆工期预测参数的关联关系分析过程中，除了参数之间的相关关系，还存在参数冗余和互补的情况。晶圆工期参数的相关性描述了潜在参数对晶圆工期波动的影响力，参数影响力的大小决定了相关性的大小。例如，在节拍、工艺等参数不变的情况下，车间在制品数量的变化将直接影响产品的工期。两者之间的相关性描述了车间在制品的数量对产品工期的影响力。在具体的场景下，还需要考虑工期参数的冗余性和互补性。例如，某设备的利用率和该设备前等待加工的 Lot 队列长度都描绘了该设备的工作忙碌程度，因此这两个参数相互冗余。而若干台设备的等待队列长度共同描绘了某一晶圆 Lot 周围的物料流动特性，这些等待队列长度参数是互补的。在晶圆 Lot 工期预测中，要协同考虑候选参数之间的相关性、冗余性和互补性，从而实现关键参数的准确识别。

因此，基于信息熵理论，综合考虑候选参数与晶圆工期之间的相关性、冗余性和互补性，度量候选参数与晶圆工期之间的关联关系，并设计关键参数滤取方法，识别影响工期波动的关键参数，以提升晶圆工期的预测精度。

2. 关联关系度量

在综合考虑参数之间的相关性、冗余性和互补性的基础上，设计关键参数的入选测度 $\mathrm{Obj}(f_i)$，其在已知晶圆工期 CT 和当前关键参数子集 S_j 的情况下，对候选参数 f_i 与晶圆工期的关联关系进行度量，计算方法如式（3-19）所示。当候选参数 f_i 为识别的首个参数，即参数子集 S_j 为空集时，仅通过候选参数 f_i 与工期 CT 之间的相关性来对候选参数进行筛选。当关键参数子集 S_j 中含有参数时，通过综合考虑 3 种关联关系来筛选具备最大相关性、最小冗余性、最大互补性的参数作为关键参数。

$$\mathrm{Obj}(f_i) = \begin{cases} \mathrm{Rel}_{f_i}^{\mathrm{CT}} & S_j = \varnothing \\ \alpha \times \mathrm{Rel}_{f_i}^{\mathrm{CT}} - \beta \times \mathrm{Red}_{f_i}^{S} & S_j \neq \varnothing \\ + (1-\alpha-\beta)\left(\mathrm{Com}(f_i, \mathrm{CT}, S_j)\right) & \end{cases} \quad (3\text{-}19)$$

式中，$\mathrm{Rel}_{f_i}^{\mathrm{CT}}$ 表示候选参数 f_i 和晶圆 Lot 工期之间的相关性；$\mathrm{Red}_{f_i}^{S}$ 表示候选参数 f_i 与关键

参数子集 S_j 之间的冗余性；$\text{Com}(f_i, \text{CT}, S_j)$ 表示候选参数 f_i 对于当前关键参数子集 S_j 的互补性；α 和 β 是权值变量，由实验结果分析确定，$\alpha, \beta, (\alpha+\beta) \in [0,1]$。

1) 参数相关性度量方法

在晶圆工期参数关联关系的度量过程中，参数与晶圆工期之间的相关性是指参数对晶圆工期波动的解释能力，其可通过计算参数与晶圆工期之间的互信息值来度量。参数 f_i 与晶圆工期 CT 的相关性 $\text{Rel}_{f_i}^{\text{CT}}$ 定义如式（3-20）所示，其中 $I(f_i; \text{CT})$ 表示参数 f_i 与晶圆工期 CT 的互信息值，可根据式（3-3）进行计算。

$$\text{Rel}_{f_i}^{\text{CT}} = I(f_i; \text{CT}) \tag{3-20}$$

2) 参数冗余性度量方法

在对参数之间的相关性进行分析的基础上，对参数之间的冗余性进行度量。在晶圆工期关键参数的识别过程中，若当前参数 f_i 与关键参数子集之间存在自相似性，则该参数 f_i 的加入会增加关键参数子集内部的信息冗余性。因此，参数的冗余性可通过当前参数与已经入选关键参数子集之间的共有信息量大小来度量。参数 f_i 对于含有 j 个参数的关键参数子集 S_j 的冗余性 $\text{Red}_{f_i}^{S}$ 定义如下：

$$\text{Red}_{f_i}^{\text{CT}} = I(f_i; S_j) \tag{3-21}$$

式中，$I(f_i; S_j)$ 表示当前参数 f_i 与关键参数子集 S_j 之间的互信息，对式（3-21），按照互信息的定义式（3-20）展开可得：

$$\begin{aligned} I(f_i; S_j) &= -\sum_{k=1}^{n}\sum_{t=1} p(f_i^k, S_j^t) \log_2 \frac{p(f_i^k, S_j^t)}{p(f_i^k) p(S_j^t)} \\ &= -\sum_{k=1}^{n}\sum_{b=1}^{n}\sum_{t=1} p(f_i^k, x_j^b, S_{j-1}^t) \log_2 \frac{p(f_i^k, x_j^b, S_{j-1}^t)}{p(f_i^k) p(x_j^b, S_{j-1}^t)} \\ &= -\sum_{k=1}^{n}\cdots\sum_{b_j=1}^{n} p(f_i^k, x_1^{b_1}\ldots x_j^{b_j}) \log_2 \frac{p(f_i^k, x_1^{b_1},\ldots,x_j^{b_j})}{p(f_i^k) p(x_1\ldots x_j^{b_j})} \end{aligned} \tag{3-22}$$

在式（3-22）中，$S_j = \{x_1^{b_1}\ldots x_j^{b_j}\}$ 表示包含 j 个参数的关键参数子集，$p(f_i^k, S_j^t)$ 是当（$f_i = f_i^k$ 且 $S_j = S_j^t$）时的概率，同理 $p(f_i^k, x_j^b, S_{j-1}^t)$ 是当（$f_i = f_i^k$，$x_j = x_j^b$ 且 $S_{j-1} = S_{j-1}^t$）

时的概率，$p\left(f_i^k, x_1^{b_1}\ldots x_j^{b_j}\right)$ 是当（$f_i = f_i^k$，$x_1 = x_1^{b_1}\ldots x_j = x_j^{b_j}$）时的概率。

f_i 与 S_j 的互信息 $I(f_i; S_j)$ 指的是候选参数 f_i 与关键参数子集 S_j 中所有参数的联合互信息，其计算复杂度将随着关键参数子集中参数的增加而呈指数级增长。以 S_j 中含有 10 个参数，每个参数可取 10 个值为例，参数 f_i 与子集 S_j 之间的互信息计算需要考虑 10^{11} 个事件的概率。而晶圆工期的候选参数多，通常有 1 000 多个，因此，需要对 $I(f_i; S_j)$ 做数值计算上的简化。这里，借鉴 Peng 等人[4]的做法，通过计算参数 f_i 与参数子集中所有参数的互信息来计算 $I(f_i; S_j)$，计算方法如式（3-23）所示。其中 $|S_j|$ 表示参数子集 S_j 中的参数数量。

$$I(f_i; S_j) \approx \frac{1}{|S_j|} \sum_{x_j \in S_j} I(f_i; x_j) \tag{3-23}$$

3）参数互补性度量方法

在对参数之间的相关性和冗余性进行度量的基础上，对参数之间的互补性进行度量。在晶圆工期关键参数的识别过程中，除了关键参数子集 S 与晶圆工期 CT 的信息量，若候选参数 f_i 与晶圆工期 CT 之间存在额外的共同信息量，则认为候选参数 f_i 是互补的。参数的互补性定义如下：

$$\mathrm{Com}(f_i, \mathrm{CT}, S_j) = I(f_i, \mathrm{CT} | S_j) \tag{3-24}$$

式（3-24）表示在含有 j 个参数的关键参数子集 S_j 的情况下，参数 f_i 与晶圆工期之间的相关性。按照信息熵理论进行展开，$I(f_i, \mathrm{CT} | S_j)$ 的计算方法如式（3-25）所示。

$$I(f_i, \mathrm{CT} | S_j) = -\sum_{k=1}^{n}\sum_{b=1}^{n}\sum_{t=1}^{n} p\left(f_i^k, \mathrm{CT}^b | S_j^t\right) \log_2 \frac{p\left(f_i^t, \mathrm{CT}^b | S_j^t\right)}{p\left(f_i^k | S_j^t\right) p\left(\mathrm{CT}^b | S_j^t\right)} \tag{3-25}$$

按照式（3-25）直接计算对关键参数子集的互补性，需要计算复杂的联合概率，这将随着关键参数子集中参数的增长带来指数级增长的计算量。为了解决这一难题，对互补性的计算方法进行分解。对于关键参数子集 S_j，其包含 j 个参数：$x_1, x_2, \cdots, x_j$，从关键参数子集 S_j 中剔除一个参数，得到参数子集 S_{j-1}。由于更多的参数会带来多样性与不确定性，所以有 $I(f_i; \mathrm{CT} | S_j) \leqslant I(f_i; \mathrm{CT} | S_{j-1})$。同理，继续从参数子集 S_{j-1} 中剔除一个参数得到参数子集 S_{j-2}，易得 $I(f_i; \mathrm{CT} | S_j) \leqslant I(f_i; \mathrm{CT} | S_{j-1}) \leqslant I(f_i; \mathrm{CT} | S_{j-2})$。按照规则逐级减少参数，直至参

数子集中剩余单个参数 x_i 为止，可得 $I(f_i;\text{CT}|S_j) \leqslant I(f_i;\text{CT}|S_{j-1}) \cdots \leqslant I(f_i;\text{CT}|x_i)$。在参数识别过程中，期望能够选择互补性最强的参数 f_i 进入关键参数子集 S 中，即 $\text{argmax}_{f_i \in F} I(f_i;\text{CT}|S_j)$，$F$ 为当前候选参数子集。在该条件互信息的计算中，本节通过最小化该子集中参数 x_i 的条件互信息值 $I(f_i;\text{CT}|x_i)$ 来达到近似的效果，如式（3-26）所示。通过计算候选参数 f_i 与晶圆工期 CT 以及关键参数 x_i 之间的条件互信息 $\min_{x_i \in S}\left(I(f_i;\text{CT}|x_i)\right)$ 来替代 $I(f_i;\text{CT}|S_j)$。

$$\text{argmax}_{f_i \in F}\left(\min_{x_i \in S}\left(I(f_i;\text{CT}|x_i)\right)\right) \tag{3-26}$$

3. 关键参数滤取

在晶圆工期关键参数识别中，候选参数多达千余个，因此参数识别的时效性成为算法的关键性能指标之一。本节设计过滤式参数识别方法，以提升参数识别的时间效率。在关键参数的过滤过程中，需要设计子集检验方法来检验当前的关键参数子集是否满足过滤的要求。本节采用关键参数子集与晶圆 Lot 工期之间的互信息值 $I(S;\text{CT})$ 与所有参数和晶圆 Lot 之间的互信息值 $I(S;\text{CT})$ 的比值作为子集检验标准来实现参数过滤的终止判断。子集检验方法如式（3-27）所示。

$$\gamma < \frac{I(S;\text{CT})}{I(F;\text{CT})} \approx \frac{\frac{1}{|S|}\sum_{f_s \in S} I(\text{CT};f_s)}{\frac{1}{|F|}\sum_{f_i \in F} I(\text{CT};f_i)} \tag{3-27}$$

最终，基于条件互信息的晶圆 Lot 关键参数过滤流程如下所示（见图 3-5）。

第一步：初始化权重系数 $\alpha = 0$ 与候选参数子集 F。

第二步：初始化权重系数 $\beta = 0$。

第三步：计算所有候选参数的入选测度值 Obj，并将所有候选参数按照 Obj 值从高到低排序，计算所有候选参数与工期的互信息值 $I(F;\text{CT})$。

第四步：初始化计数变量值 $i = 0$，清空关键参数子集中的所有参数。

第五步：将第 i 个参数选入关键参数子集，计算参数子集和工期的互信息值 $I(S;\text{CT})$，计数变量自增 $i = i+1$。

第六步：若满足子集检验条件：$\gamma < \dfrac{I(S_j;CT)}{I(F;CT)}$，或者计数变量 $i \geqslant |F|$（$|F|$ 表示候选参数集中参数的数量），则进入第七步，否则返回第五步。

第七步：存储所有过滤得到的关键参数子集，以及当前的权重系数自增 $\beta = \beta + 0.1$。

第八步：若 $\alpha + \beta \leqslant 1$，返回第三步。若 $\alpha \leqslant 1$，则实现权重系数自增 $\alpha = \alpha + 0.1$，然后返回第二步。否则，执行参数过滤过程，通过筛选最高的 $I(S;CT)$ 值来优化当前所有 α 和 β，其所对应的关键参数子集作为过滤结果用于晶圆 Lot 工期预测。

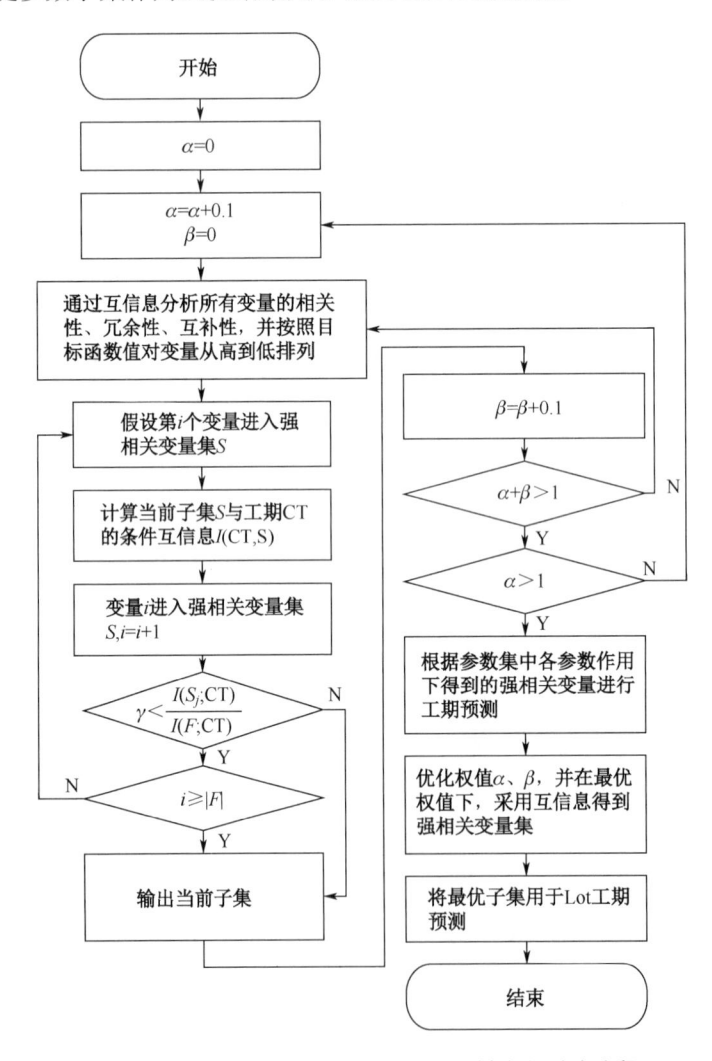

图 3-5 基于条件互信息的晶圆 Lot 关键参数过滤流程

4. 实验案例分析

采用上海某 300mm 晶圆生产线的实际数据对本文提出的关键参数识别方法进行验证。该晶圆制造系统具备 22 个工作区，共有加工机台 754 台，构成 400 个工作站。本节根据该晶圆制造系统生产的某一逻辑电路产品数据进行工期关键参数的识别，并基于所得关键参数进行工期预测，通过预测的效果评价关键参数识别方法的性能。该产品族晶圆的工艺路线包括 400 道含有多重入流的工序。该晶圆 Lot 的工期候选参数包含该产品的优先级、系统在制品数量、每道工序的加工时间、每台设备的利用率与等待队列长度，共计 1 202 个。实验所用的数据来自该生产线 MES 系统的 Wafer lot transaction 数据表，首先对原始数据的缺失值和异常值进行处理，之后对约 800 万条 Wafer lot transaction 记录进行数据提取与转换，得到约 2 000 组完整的晶圆工期数据，如表 3-4 所示。在此基础上进行数据离散化，进行关键参数识别实验。

在数据预处理的基础上，对晶圆工期关键参数识别过程中的参数 $\gamma \in [0,1]$ 进行优化，根据不同 γ 参数下识别得到的关键参数进行工期预测实验。在工期预测中，根据所选的关键参数重构数据集，根据工期预测的精度来优化参数 γ 的值，结果如图 3-6（a）所示。实验结果表明，当 $\gamma = 0.7$ 时，根据识别得到的参数进行工期预测拥有最好的预测效果，其预测精度达到 95%。当 $\gamma = 0.8$ 时，结合响应曲面法对参数 α 和 β 进行优化，结果如图 3-6（b）所示。实验结果表明，当 $\alpha = 0.3$，$\beta = 0.4$ 时，识别得到的关键参数子集与晶圆工期具有最强的相关性，$I(S;CT)$ 达到 2.8。因此，在优化参数条件（$\gamma = 0.7$，$\alpha = 0.3$，$\beta = 0.4$）下，展开关键参数的识别实验。

表 3-4 晶圆工期关键参数识别实验的数据集

No.	工期 (CT, minute)	每道工序的加工时间 (TP, minute)				每个设备的当前利用率 (L)				设备前等待队列长度 (Q, minute)				在制品数量 WIP	晶圆Lot的优先级 Pr
		TP1	TP2	...	TP400	L1	L2	...	L400	Q1	Q2	...	Q400		
1	87 975.82	12.816 67	13.95	...	109.766 7	1.799 653	0.647 87	...	0.40	184	141	...	101	59 695	40
2	90 290.18	132.433 3	13.1	...	4.216 667	1.799 653	0.647 87	...	0.40	184	296	...	1675	59 086	42
3	76 673.37	0.3	25.483 33	...	0	5.311 354	0.530 046	...	0.41	49	111	...	398	53 265	63
4	65 437.47	2	24.316 67	...	118.716 7	0.133 414	0.519 317	...	0.41	72	491	...	2626	59 758	61
5	69 098.03	2.05	13.416 67	...	61.383 33	0.669 583	0.676 91	...	0.41	144	174	...	78	59 758	81
6	69 307.9	0.333 333	25.05	...	91.466 67	0.669 583	0.657 813	...	0.41	323	82	...	1734	56 997	19
...	...	...	...	...	...	...	...	...	...	...	...	...	...	...	...
1993	75 552.07	0.683333	24.683 33	...	97.333 33	0.073 495	0.672 153	...	0.42	173	132	...	2742	55 999	74
1994	83 717.23	0.416 667	24.966 67	...	72.533 33	0.361 088	0.587 037	...	0.42	73	302	...	145	55 817	28
1995	80 046.12	86.35	25.133 33	...	65.3	0.030 613	0.587 037	...	0.42	313	28	...	41	56 662	71
1996	64 078.68	0.716 667	13.983 33	...	6.816 667	5.566 076	0.672 153	...	0.43	53	32	...	3757	57 912	81
1997	91 201.38	0.316 667	13.716 67	...	106.85	0.080 637	0.563 206	...	0.43	91	377	...	99	59 729	23
1998	67 006.22	0.516 667	13.183 33	...	267.233 3	1.799 653	0.647 87	...	0.43	65	419	...	17404	59 715	7
1999	61 431.03	92.933 33	13.2	...	108.466 7	1.799 653	0.657 813	...	0.42	209	43	...	2486	56 513	79
2000	74 059.45	0.45	25.3	...	0	5.566 076	0.899 977	...	0.42	314	128	...	0	55 106	33

(a) γ 参数优化结果

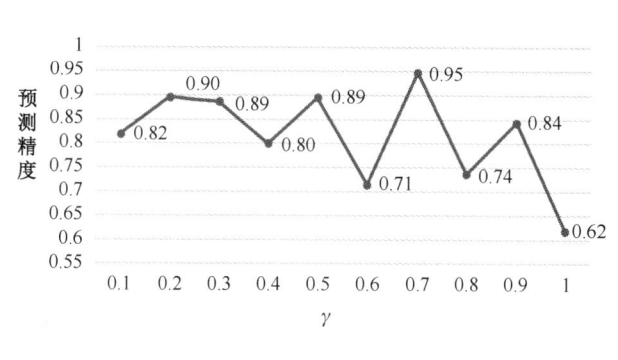

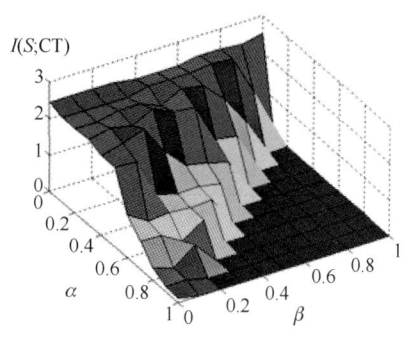

(b) 参数 α 和 β 的优化结果

图 3-6 算法参数优化结果

运用所设计的基于信息熵的关键参数识别方法，从 1 202 个候选参数中过滤得到 78 个关键参数，如表 3-5 所示。其中参数的影响力由参数识别过程中参数带来的测度 $Obj(f_i)$ 的增益计算而得出，参数影响的计算公式如式（3-28）所示。

$$\mathrm{imp}_{f_j} = I(S_j;\mathrm{CT}) - I(S_{j-1};\mathrm{CT}) \tag{3-28}$$

表 3-5 晶圆 Lot 工期关键参数集

序号	参数	参数影响力	注释	序号	参数	参数影响力	注释
1	Pr	4.392	Lot 优先级	40	TP106	1.309	光刻制程 06
2	TP64	1.894	湿法制程 13	41	TP279	1.293	刻蚀制程 18
3	L3	1.877	LAR03-光刻区	42	TP34	1.290	注入制程 03
4	TP58	1.793	湿法制程 10	43	TP18	1.290	热处理制程 05
5	TP73	1.791	扩散制程 16	44	TP342	1.270	刻蚀制程 18
6	TP346	1.790	光刻制程 06	45	TP62	1.263	刻蚀制程 05
7	L10	1.773	RRT02-扩散区	46	TP352	1.263	研磨制程 03
8	TP12	1.691	湿法制程 03	47	TP328	1.254	刻蚀制程 06
9	TP306	1.688	薄膜制程 16	48	TP23	1.245	湿法制程 03
10	TP315	1.653	光刻制程 03	49	TP290	1.243	刻蚀制程 39
11	L12	1.638	RRT03-扩散区	50	TP149	1.242	热处理制程 06
12	TP286	1.635	薄膜制程 18	51	TP296	1.235	光刻制程 06
13	TP46	1.604	湿法制程 10	52	TP299	1.219	湿法制程 01

续表

序号	参数	参数影响力	注释	序号	参数	参数影响力	注释
14	Q3	1.603	LAR03-光刻区	53	TP100	1.216	注入制程 01
15	TP11	1.601	湿法制程 03	54	TP293	1.212	光刻制程 02
16	TP361	1.593	湿法制程 01	55	TP65	1.211	湿法制程 03
17	TP15	1.504	薄膜制程 04	56	TP104	1.209	湿法制程 10
18	TP42	1.492	湿法制程 13	57	TP240	1.199	金属化制程 02
19	TP385	1.491	刻蚀制程 16	58	TP323	1.199	湿法制程 01
20	TP77	1.477	刻蚀制程 24	59	TP239	1.196	湿法制程 12
21	WIP	1.474	WIP	60	Q2	1.193	LAR02-光刻区
22	TP302	1.461	研磨制程 01	61	TP343	1.186	湿法制程 08
23	TP20	1.454	研磨制程 05	62	TP55	1.183	光刻制程 06
24	L6	1.429	LIL01-光刻区	63	TP19	1.181	湿法制程 06
25	TP105	1.424	湿法制程 13	64	TP232	1.176	金属化制程 07
26	TP7	1.418	刻蚀制程 34	65	TP244	1.175	光刻制程 02
27	TP13	1.407	热处理制程 01	66	TP309	1.175	光刻制程 03
28	TP379	1.404	刻蚀制程 20	67	TP111	1.173	湿法制程 13
29	TP284	1.398	薄膜制程 18	68	TP56	1.172	注入制程 03
30	TP283	1.391	研磨制程 03	69	TP9	1.171	湿法制程 06
31	TP327	1.384	湿法制程 08	70	TP348	1.167	刻蚀制程 18
32	TP295	1.376	湿法制程 01	71	Q5	1.138	LAR05-光刻区
33	TP223	1.367	刻蚀制程 17	72	TP308	1.138	湿法制程 01
34	L2	1.355	LAR02-光刻区	73	TP148	1.128	金属化制程 05
35	Q20	1.353	WSC10-刻蚀区	74	L9	1.124	LIL02-光刻区
36	TP29	1.348	热处理制程 05	75	Q9	1.115	LIL02-光刻区
37	Q17	1.341	WSC07-刻蚀区	76	TP345	1.098	湿法制程 01
38	TP256	1.336	湿法制程 02	77	TP95	1.092	注入制程 01
39	TP282	1.330	薄膜制程 14	78	TP66	1.056	热处理制程 05

对晶圆 Lot 工期预测关键参数集进行分析，可得如下结论。

① 从参数的组成来看，属于加工时间类别的关键参数有 64 个，其详细构成如图 3-7 所示。其中主要由 11 道刻蚀制程（参数影响力之和为 14.641）、8 道光刻制程（参数影响力之和为 10.728）、6 道扩散制程（参数影响力之和为 8.131）构成，其余依次为薄膜制程、研磨制程、离子注入制程与金属化制程。这说明该厂的晶圆 Lot 制备中刻蚀、光刻与扩散工序时间对晶圆工期影响较大，这与晶圆厂的实际运行情况是相符的。此外，有 23 道湿法制程对应的加工时间参数入选，该制程对晶圆片表面进行湿法清洗，是光刻、刻蚀、薄膜等关键工序的前道辅助工序。这 23 道工序中，有 7 道发生于薄膜区与光刻区，有 4 道发生于扩散区与刻蚀区，1 道发生于金属化区。这说明薄膜区、光刻区、扩散区与刻蚀区的湿法制程的加工时间波动会对晶圆工期产生较大影响，可通过增配这些区域的湿法清洗设备、设立清洗后的缓冲区来降低影响。

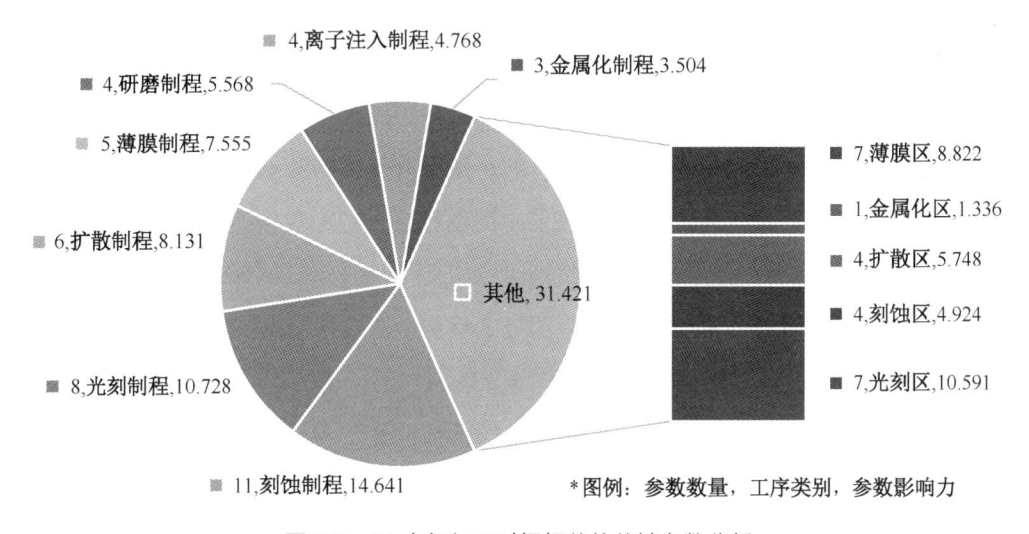

图 3-7　64 个与加工时间相关的关键参数分析

② 在 78 个关键参数中，有 12 个设备相关参数入选，其中 8 个参数来自光刻区域。这 12 个参数的构成如表 3-6 所示。这说明光刻区设备的利用率与等待队列长度将较大程度地影响晶圆工期。这与该晶圆生产线的实际情况也是相吻合的，在晶圆制造中，光刻设备造价极为昂贵，从而被设置为系统的瓶颈，因此光刻设备的状态变化会对产品的工期产生较

大影响。

表 3-6　设备相关的关键参数分析

关键参数	RRT02-扩散区	RRT03-扩散区	WSC10-刻蚀区	WSC07-刻蚀区	LAR03-光刻区	LAR03-光刻区
影响力	1.773	1.638	1.353	1.341	1.877	1.603
关键参数	LIL01-光刻区	LAR02-光刻区	LAR02-光刻区	LAR05-光刻区	LIL02-光刻区	LIL02-光刻区
影响力	1.429	1.355	1.193	1.138	1.124	1.115

③ Lot 优先级的平均影响力为 4.392，远超工序加工时间、设备利用率等其他参数，证明对单个 Lot 而言，调整其优先级可以有效地影响晶圆 Lot 的完工时间。

进一步通过晶圆工期预测精度来评价关键参数的识别效果。工期预测模型采用误差反向传播神经网络方法（Back Propagation Network, BPN），构建增加动量项的 3 层 BPN 模型，对晶圆工期进行预测。在预测实验中，以识别得到的 78 个关键参数作为实验组，构建工期预测模型 BPN-78。参照组 BPN-5 的输入参数采用人工经验确定的 5 个输入参数，分别为产品的优先级、车间的在制品数量、所有设备的平均利用率、设备的平均等待队列长度和产品所有工序的加工时间。除输入参数外，实验组与参照组在其他网络结构与参数设置上保持一致。针对两种不同的模型输入参数，在 6 组不同规模的数据集下，进行晶圆 Lot 工期预测实验，结果如表 3-7 所示。预测效果的测度包括平均绝对偏差和方差两部分。结果表明，BPN-78 方法随着数据规模的增大都呈明显的下降趋势，其中在数据集（D、E、F）规模较大的情况下，相对于 BPN-5 都具有明显的优势。在数据集 D 的工期预测中，采用识别得到的 78 个参数进行工期预测可降低平均误差 33%，降低方差 47%。因此，采用识别得到的参数进行工期预测，在预测精度和稳定性上都要优于通过人工经验确定输入参数的方法。

表 3-7　6 个不同规模的数据集下晶圆工期预测实验结果

模型		BPN-5		BPN-78	
输入参数		5 个		78 个	
数据集	规模（组）	MD	SD	MD	SD
A	50	248.942 1	302.293	258.358 8	245.122 1
B	100	258.030 2	296.715	315.486	384.499 8
C	500	254.197 9	306.715	283.426 3	247.011 4

续表

模型		BPN-5		BPN-78	
输入参数		5 个		78 个	
数据集	规模（组）	MD	SD	MD	SD
D	1 000	252.756 1	305.888	168.484 4	162.457 4
E	1 500	253.972 8	300.725	205.038 7	197.444 2
F	2 000	249.384	298.979	199.384	186.022 5

注：MD 指绝对偏差的平均，SD 指绝对误差的方差。

3.3.2 柴油发动机功率一致性关键参数识别方法

当前我国柴油发动机产业规模不断扩大，但功率一致性（同一生产批次发动机在标定工况下的修正功率与额定功率的偏差在一定范围内的比例）较差仍是制约国产柴油发动机的市场竞争力的因素之一。柴油发动机作为典型的复杂机械产品，涉及零部件数目众多，装配工艺关联复杂且存在传递耦合效应，主要表现为装配质量波动随着工序流不断向下一道工序传递、累积，最终共同影响整机质量。然而，传统的理论建模、仿真分析等方法一方面无法准确刻画复杂的生产过程，难以量化制造过程参数与产品质量的关系；另一方面在动态生产环境下往往会出现制造过程参数符合工艺规范但产品性能达不到要求的情况，表明传统方法并不能有效地预测误差累积和传递[14]。因此，如何有效量化分析制造过程参数与功率质量之间的关联关系，准确定位关键影响因素，指导生产过程参数的优化控制，是柴油发动机功率一致性控制过程中的难点。

1. 问题特性分析

柴油发动机制造过程涵盖研发设计、零部件加工、整机装配及台架测试等多个阶段，各个阶段都会对柴油发动机的最终质量产生重要的影响[15]。通常在产品研发设计阶段较少考虑加工装配工艺对产品质量的影响，对加工装配工艺缺乏足够的认识，导致难以确定加工装配过程中关键工艺质量参数并量化各工艺质量参数对产品质量有怎样的影响。事实上，在生产装配阶段，柴油发动机生产工艺参数的设置较大程度上依赖经验知识和对同类型产品的参考，质量控制也主要依赖工人的生产经验和台架测试检验。由此可见，当前柴油发动机加工装配过程质量管理理念相对落后，难以准确定位生产过程中关键质量特性因素，难以有效地降低发动机生产过程中生产要素波动对发动机质量的影响,也正是这些原因导致目前柴油发动机质量控制水平较低,特别是同一批次柴油机之间有着较大的质量差异。

在多工序的柴油发动机加工装配过程中,当前工序的加工质量既受到当前工序操作的影响,同时也与前序的加工质量相关,即柴油发动机加工装配过程的工序之间存在传递耦合效应。另外,加工装配过程中存在诸多影响加工质量的误差源,它们共同影响了柴油发动机产品的最终质量和性能,这就使得柴油发动机制造过程变得异常复杂。

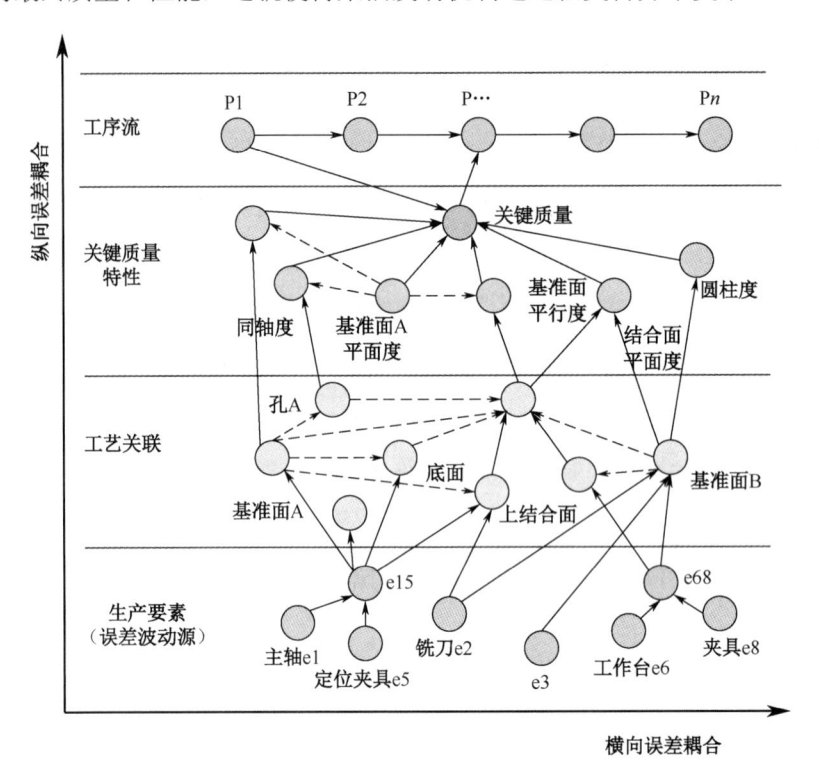

图 3-8 复杂制造过程中的误差传递耦合效应

如图 3-8 所示,生产过程中广泛存在机床主轴偏差、定位夹具定位误差、工作台偏差等生产要素波动,在利用不同的生产要素进行某一工序的加工时,来自不同生产要素的误差会共同作用于产品上,造成同轴度误差、平面度误差等质量偏差,若干质量偏差会造成某道工序(如 P1)的质量偏差。随着工序流的不断进行,生产要素的误差同样也会作用于后道工序,同时前道工序的偏差也会随着工序流不断向后道工序传递,这样就在制造过程中形成了传递耦合效应。

正是由于传递耦合效应的存在，才导致关联关系中存在虚假关联的噪声。基于互信息的方法计算出来的互信息值，即使在使用估计的阈值去掉部分较小的互信息值的情况下，仍然会产生大量的假阳性噪声[16]。目前已有大量学者在消除链式噪声方面进行了深入研究，如使用矩阵求逆[17]、使用波茨模型[18]的方法、使用偏相关方法[19]、基于概率的方法（如最大熵模型）[20]等。

尽管上述方法可以削弱部分链式噪声，然而在网络节点较多的情况下，这些基于建模、计算概率分布的方法大都有计算成本高、适用范围小等局限性。此外，这些方法并没有从根源上去滤除链式噪声。2013 年，麻省理工学院的 Manolis Kellis[21]教授提出了网络去卷积方法，用于去除基于相关性构建的关联关系网络中的链式噪声，在蛋白质氨基酸关联网络、基因调控网络及社会工作者网络中验证并取得了良好的精度。该方法计算简单，准确率较高，适用范围较为广泛。

2. 关联关系度量

本节将利用国内某柴油发动机企业 2015 年 8 月至 2016 年 7 月的 3 219 台柴油机生产过程数据对上述方法进行实验研究。在柴油发动机装配线上包括 100 多个装配工位，共检测包括曲轴回转力矩、轴向间隙、活塞突出高度等在内的 172 项装配特性参数。柴油机在装配下线后进入台架测试阶段，台架测试检验了包括功率、扭矩、排气温度、排气压力等在内的性能参数。如图 3-9 所示为部分数据样本。

发动机编号	缸套突出高度01	缸套突出高度02	缸套突出高度03	缸套突出高度04	缸套突出高度05	缸套突出高度06	运行扭矩	轴向间隙	启动扭矩	活塞突出高度01	活塞突出高度02	活塞突出高度03	活塞突出高度04	活塞突出高度05	活塞突出高度06	曲轴回转力矩	标定工况功率
L6AL1G00227	0.141	0.145	0.145	0.143	0.14633	0.15967	5.274	0.215	10.9	-0.141	-0.067	-0.12	-0.115	-0.134	-0.094	35.7	253.8
L6AL1G00347	0.125	0.12867	0.12133	0.123	0.12	0.124	4.89	0.166	17.138	-0.155	-0.163	-0.117	-0.151	-0.117	-0.075	35.302	256.4
L6AL1G00178	0.12133	0.135	0.14333	0.12767	0.123	0.13533	6.017	0.232	12.036	-0.125	-0.11	-0.13	-0.124	-0.117	-0.091	36.583	253.5
L6AL1G00259	0.14	0.131	0.146	0.138	0.14233	0.14233	6.269	0.199	13.33	-0.175	-0.179	-0.125	-0.076	-0.125	-0.106	32.22	250.3
L6AL1G00252	0.144	0.15667	0.15533	0.15133	0.16267	0.14467	5.57	0.204	11.303	-0.141	-0.087	-0.16	-0.119	-0.164	-0.118	31.13	251
L6AL1G00257	0.12167	0.124	0.12133	0.123	0.13	0.12467	6.304	0.193	13.012	0	0	0	0	0	0	31.399	250.2
L6AL1G00254	0.13333	0.13467	0.13833	0.152	0.14433	0.137	6.31	0.197	16.748	-0.152	-0.095	-0.165	-0.117	-0.164	-0.082	33.262	251.3
L6AL1G00192	0.131	0.13367	0.12967	0.12767	0.12667	0.129	6.02	0.175	12.121	-0.114	-0.048	-0.119	-0.096	-0.141	-0.082	33.946	257.3
L6AL1G00261	0.139	0.14167	0.13833	0.13567	0.147	0.13233	6.073	0.168	16.809	-0.175	-0.067	-0.194	-0.109	-0.142	-0.039	33.953	257.3
L6AL1G00263	0.13633	0.132	0.13333	0.12067	0.13267	0.13933	6.188	0.196	26.917	-0.08	-0.036	-0.107	-0.066	-0.086	-0.029	32.615	249.7
L6AL1G00236	0.138	0.14567	0.14567	0.15133	0.147	0.143	5.712	0.22	11.254	-0.174	-0.129	-0.157	-0.149	-0.106	0	31.287	256.9
L6AL1G00229	0.11567	0.11867	0.12	0.11767	0.11833	0.116	5.425	0.22	10.51	-0.189	-0.089	-0.177	-0.108	-0.132	-0.089	33.61	254.5
L6AL1G00361	0.131	0.13733	0.13533	0.13967	0.13833	0.13267	5.319	0.195	0	-0.185	-0.181	-0.194	-0.163	-0.175	-0.138	32.774	252.7
L6AL1G00322	0.127	0.12533	0.136	0.13033	0.139	0.138	5.357	0.147	17.114	-0.167	-0.096	-0.167	-0.109	-0.169	-0.075	4.108	256
L6AL1G00239	0.129	0.129	0.111	0.13133	0.11967	0.13833	5.893	0.125	18.005	-0.125	-0.075	-0.141	-0.106	-0.097	-0.043	30.441	256.1
L6AL1G00241	0.12933	0.132	0.13333	0.135	0.12567	0.12233	6.586	0.198	12.146	-0.116	-0.068	-0.139	-0.094	-0.123	-0.058	34.213	252.6
L6AL1G00271	0.10733	0.12267	0.11633	0.125	0.12533	0.11033	5.494	0.173	9.688	-0.111	-0.043	-0.131	-0.064	-0.133	-0.057	33.81	253.2
L6AL1G00275	0.134	0.15233	0.131	0.13933	0.15467	0.14333	6.298	0.191	10.754	-0.175	-0.068	-0.164	-0.09	-0.144	-0.057	31.766	254.2
L6AL1G00267	0.127	0.13067	0.132	0.141	0.14533	0.14367	6.466	0.184	9.301	0	0	0	0	-0.029	0	32.072	255.7
L6AL1G00362	0.13133	0.138	0.139	0.135	0.134	0.129	5.124	0.2	9.899	-0.165	-0.11	-0.16	-0.143	-0.141	-0.092	34.019	257.8

图 3-9 数据样本

该型号柴油发动机的额定功率为254kW。如果某台柴油机台架测试功率偏差超过额定功率的±3%，则认为该台柴油发动机功率质量不合格，否则认为该柴油发动机是合格品。为提升批产柴油发动机功率一致性，首要任务就是挖掘柴油发动机装配生产过程中与功率直接相关的因素，指导生产过程优化控制。

运用基于信息熵的关联关系度量方法，获得柴油发动机生产过程参数之间的标准化互信息，构建观察网络的邻接矩阵 G_{obs}。其中 $G_{obs}=(a_{ij})_{n\times n}$，$a_{ij}$ 表示第 i 个参数 x_i 与第 j 个参数 x_j 之间的关联关系。在本节中，a_{ij} 等于参数 x_i 与参数 x_j 之间的互信息值 $I(x_i;x_j)$。由于观察网络的邻接矩阵维度过大，表3-8只展示了观察邻接矩阵 G_{obs} 的一部分。

表3-8 邻接矩阵 G_{obs}（部分）

运行扭矩（N·m）	启动扭矩（N·m）	曲轴回转力矩（N·m）	功率（kW）	活塞漏气量（L/min）	进气温度（℃）	扭矩（N·m）	排气温度（℃）	燃油消耗率（%）	中冷前温（℃）
1.00	0.91	0.91	0.88	0.89	0.90	0.86	0.89	0.90	0.89
0.91	1.00	0.90	0.84	0.85	0.88	0.81	0.85	0.89	0.88
0.91	0.90	1.00	0.77	0.91	0.91	0.90	0.73	0.81	0.91
0.88	0.84	0.77	1.00	0.78	0.84	1.00	0.77	0.88	0.84
0.89	0.85	0.91	0.78	1.00	0.86	0.74	0.81	0.89	0.86
0.90	0.88	0.91	0.84	0.86	1.00	0.81	0.86	0.90	0.88
0.86	0.81	0.90	1.00	0.74	0.81	1.00	0.72	0.86	0.81
0.89	0.85	0.73	0.77	0.81	0.86	0.72	1.00	0.89	0.85
0.90	0.89	0.81	0.88	0.89	0.90	0.86	0.89	1.00	0.90
0.89	0.88	0.91	0.84	0.86	0.88	0.81	0.85	0.90	1.00

从表3-8中可以发现，曲轴回转力矩、进气温度、扭矩与功率有着较强的关联性。同时，大多数参数之间都存在较强的关联性。例如，一些随机参数之间也呈现出强关联，如进气温度与曲轴回转力矩的关联性达到了0.91。事实上，进气温度作为台架测试的可控参数，通过调节进气空调可以人为改变进气温度的高低，而曲轴回转力矩是柴油发动机装配过程中的一个质量控制点参数，两者之间应当不存在强关联性，造成上述结果的原因可能是观测到的关联关系中包含了由链式影响造成的虚假相关。

3. 关键参数识别

为了消除间接关联关系传递带来的链式噪声，采用 3.2 节提出的参数之间直接与间接关联关系解耦方法，对上述由标准化互信息得出的邻接矩阵 G_{obs} 进行网络去卷积操作，消除链式噪声后得到包含直接关联关系的邻接矩阵 G_{dir}，如表 3-9 所示为 G_{dir} 的一部分。

表 3-9　网络去卷积后的邻接矩阵 G_{dir}（部分）

运行扭矩 (N·m)	启动扭矩 (N·m)	曲轴回转力矩 (N·m)	功率 (kW)	活塞漏气量 (L/min)	进气温度 (℃)	扭矩 (N·m)	排气温度 (℃)	燃油消耗率 (%)	中冷前温 (℃)
0	0.88	0.96	0.62	0.78	0.87	0.64	0.77	0.92	0.86
0.88	0	0.90	0.65	0.71	0.81	0.56	0.70	0.86	0.80
0.96	0.90	0	0.87	0.82	0.71	0.70	0.82	0.96	0.90
0.62	0.65	0.87	0	0.53	0.84	0.98	0.52	0.81	0.85
0.78	0.71	0.82	0.53	0	0.71	0.45	0.59	0.78	0.71
0.87	0.81	0.71	0.84	0.71	0	0.57	0.71	0.87	0.81
0.64	0.56	0.70	0.98	0.45	0.57	0	0.42	0.64	0.56
0.77	0.70	0.82	0.52	0.59	0.71	0.42	0	0.77	0.70
0.92	0.86	0.96	0.81	0.78	0.87	0.64	0.77	0	0.86
0.86	0.80	0.90	0.85	0.71	0.81	0.56	0.70	0.86	0

通过对比表 3-8 和表 3-9 可以看出，网络去卷积方法可以有效消除大部分关联关系，包括一些因间接关联关系而产生的虚假关联，如进气温度与曲轴回转力矩之间的关联强度已经被削弱，从 0.91 降低至 0.71。相反地，另一些关联关系被增强，如曲轴回转力矩与功率之间的关联强度由 0.77 增至 0.88。

根据所得的直接关联关系，确定与功率强相关的参数有扭矩、曲轴回转力矩、燃油消耗量、进气温度、中冷前温，如表 3-10 所示。

表 3-10　与功率强相关的参数

参数	NMI-ND
扭矩	0.98
曲轴回转力矩	0.87
中冷前温	0.85
进气温度	0.84
燃油消耗率	0.81

可以利用网络图来更加直观地表示柴油发动机制造过程参数之间的关联关系，如图 3-10 所示是基于信息熵观测得到的参数关联关系网络模型。从图中可以看出，各参数节点几乎与其他所有节点之间都有不弱的关联性，其中包括运行原理层的关联，也包括许多随机变量之间的关联，如进气温度与进水温度关联。显然这些观察到的关联关系中包含了制造过程中的传递耦合带来的链式噪声。如图 3-11 所示是经过网络去卷积的参数关联关系网络模型。经过网络去卷积，原观测到的邻接矩阵中一部分关联关系得到了增强，另一部分被削弱，其中大部分随机变量之间的关联关系都被削弱，如原进气温度与进水温度两个随机变量之间的关联关系被削弱。

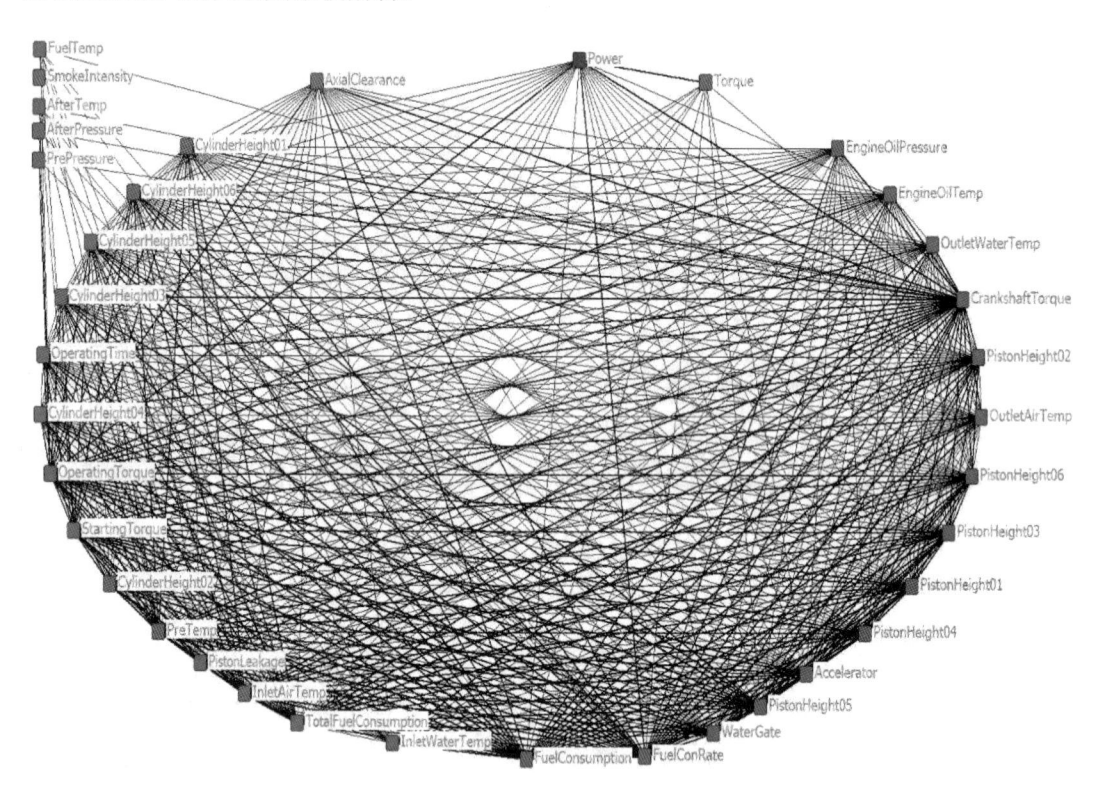

图 3-10 观测到的参数关联关系网络模型

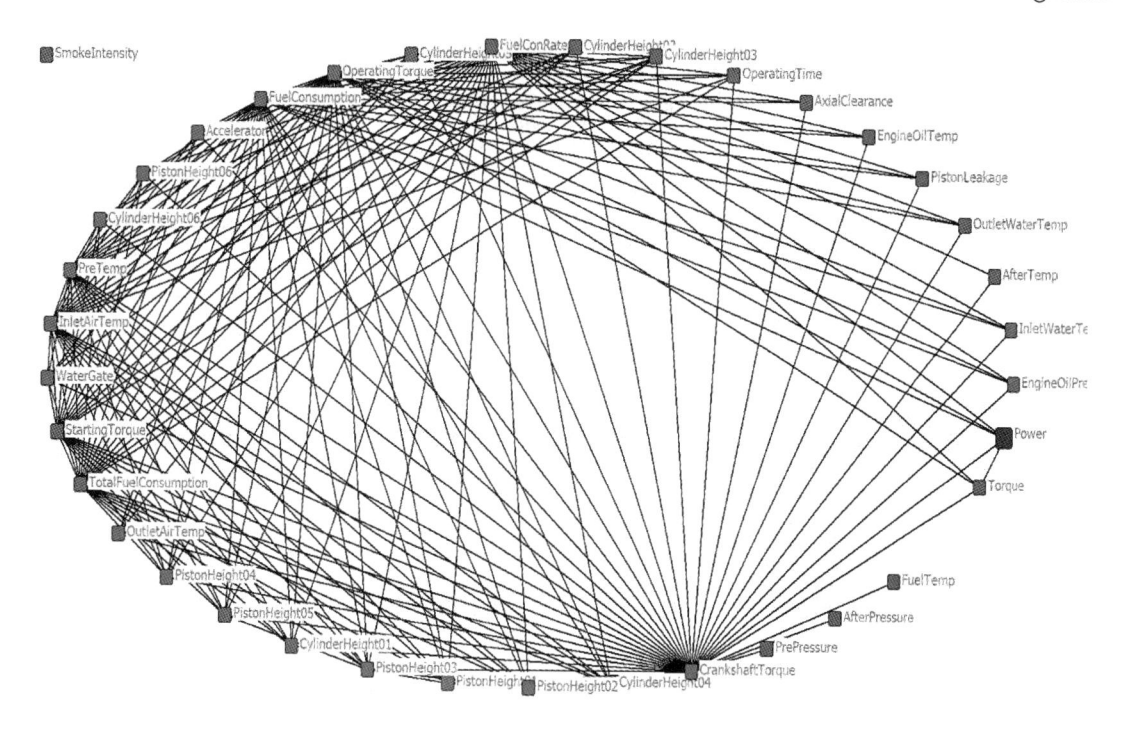

图 3-11 网络去卷积后的参数关联关系网络模型

3.4 本章小结

本章从人工经验到数据关联的工业生产过程关键参数辨识的概念和发展趋势，给出了工业场景比较实用的 4 种工业大数据关联分析方法，结合晶圆工期预测和柴油发动机制造过程数据 2 个实际案例，运用关联关系分析方法确定工期预测参数，从而提高工期预测精准度，挖掘出在柴油发动机制造过程中真正影响柴油发动机功率质量的因素。不同的读者可能面临不同的生产系统、不同的优化目标及不同的生产参数和关联关系，通过本章的介绍，希望可以启发读者根据生产系统的特点，因地制宜地选择恰当的关联分析方法。

参 考 文 献

[1] 徐仁佐，张健. 软件可靠性专家系统（SRES）中经验模型析奇异性问题与参数估计方法[J]. 计算机学报，1998.

[2] 章红波. 工业大数据挖掘分析及应用前景研究[J]. 科技创新与应用，2016，000(024):90-90.

[3] 张洁，汪俊亮，吕佑龙，鲍劲松. 大数据驱动的智能制造[J]. 中国机械工程，2019，30(02):127-133+158.

[4] Peng H, Long F, Ding C. Feature selection based on mutual information criteria of max-dependency, max-relevance, and min-redundancy[J]. IEEE Transactions on Pattern Analysis & Machine Intelligence, 2005, 27(8):1226-1238.

[5] Leskovec J, Rajaraman A, Ullman J D. Mining of Massive Datasets: Frequent Itemsets[J]. 2014, 10.1017/CBO9781139924801(6):191-227.

[6] Granger C W J. Investigating causal relations by econometric models and cross spectral methods[J]. Econometrica, 1969, 37(3): 424-438.

[7] Marinazzo D, Pellicoro M, Stramaglia S. Nonlinear parametric model for Granger causality of time series[J]. Physical Review E, 2006, 73(6): 066216.

[8] 刘军. 面向复杂网络的节点重要性排序和级联失效研究[D]. 重庆大学，2016.

[9] 龚思丞，黄文焘等. 基于复杂网络的电热微网拓扑综合评估方法[J]. 电力系统自动化，2019，43(23):173-189.

[10] Chung S, Huang H. Cycle time estimation for wafer fab with engineering lots[J]. IIE Transactions. 2002, 34(2): 105-118.

[11] W Jia, Z Jiang, Y Li. 2015, 51(12): 192-201.(In Chinese)

[12] J Zhang, W Zhai, J Yan, et al. 2005, 41(10): 75-79.(In Chinese)

[13] Hopp W J S M L. Factory Physics[M]. Waveland Press, 2011.

[14] 骆自超. 基于数据挖掘的发动机缸盖燃烧室容积制造误差控制方法研究[D]. 上海交通

大学，2014.

[15] 黄海燕，肖建华，阎东林. 汽车发动机试验学教程[J]. 北京：清华大学出版社. 2009.

[16] Margolin A. A., Nemenman I., Basso K., et al. ARACNE: an algorithm for the reconstruction of gene regulatory networks in a mammalian cellular context [J]. BMC Bioinformatics, 2006, 7(Suppl 1): S7.

[17] Jones D. T., Buchan D. W., Cozzetto D., et al. PSICOV: precise structural contact prediction using sparse inverse covariance estimation on large multiple sequence alignments [J]. Bioinformatics, 2012, 28(2): 184-190.

[18] Morcos F., Pagnani A., Lunt B., et al. Direct-coupling analysis of residue co-evolution captures native contacts across many protein families [J]. Proceedings of the National Academy of Sciences, 2011, 108(49): 1293-1301.

[19] De La Fuente A, Bing N, Hoeschele I, et al. Discovery of meaningful associations in genomic data using partial correlation coefficients[J]. Bioinformatics, 2004, 20(18): 3565-3574.

[20] Hopf T A, Colwell L J, Sheridan R, et al. Three-dimensional structures of membrane proteins from genomic sequencing[J]. Cell, 2012, 149(7): 1607-1621.

[21] Feizi S, Marbach D, Médard M, et al. Network deconvolution as a general method to distinguish direct dependencies in networks[J]. Nature biotechnology, 2013, 31(8): 726-733.

第 4 章

工业大数据预测方法：
从精确求解到近似推演

4.1 引言

预见未来是大数据最核心的应用。在"大数据"的概念出现之前，产品生产过程的运行分析与决策依赖所建立的系统运行模型，并采用数学方法求得精确解。随着系统越来越复杂，其运行规律越来越难以精确刻画，传统的精确求解模式举步维艰。大数据方法将制造过程的因果关系视为一个黑箱，基于数据间的作用规律对目标进行预测，拟合出状态参数与系统响应之间的关系。随着深度学习等新一代人工智能方法的提出，通过数据刻画规律的能力进一步增强，大数据方法逐渐具备辨识与预测复杂系统演化行为的能力。通过构建系统输出参数的预测模型，依靠海量数据的训练，拟合系统输入与输出间的关系，实现复杂系统性能的精准预测，成为研究的热点。

本章将围绕工业大数据预测方法，简析工业生产中的预测概念和大数据预测方法的发展历程，重点介绍主流工业大数据预测方法，最后通过石油化工泵的故障预测和晶圆工期预测两个实际案例详细介绍大数据预测方法在工业领域的应用。

4.2 大数据预测任务

随着智能传感技术、工业互联网技术的发展，工业生产过程中产生的大量设备、工艺、产品等生产过程数据已能被有效采集，这为工业大数据预测方法在制造业的应用提供了可能。如何利用车间生产过程中产生的海量数据，从中挖掘有价值的信息来预测设备、产品性能等指标，从而为车间运行优化提供指导，近年来引起了学术界和工业界的极大关注。利用工业大数据预测技术，发现生产相关数据和最终产品、运营等性能之间的关联关系，将可能发生的问题杜绝在源头上。通过大数据预测方法对生产过程中所产生的数据进行处理，灵活地与其他现有工业数据流互动和对比，并产生实时决策结果，让传统制造业从被动的工业运营模式转向主动预测模式。本节将工业中的预测任务分成了时序预测任务和因果预测任务，但需要说明的是两者并不是完全对立的关系，有些因果预测任务中同样需要考虑时间序列变量。之所以如此区分，是为了便于读者界定自己遇到的问题，因地制宜地选择合适的预测方法。

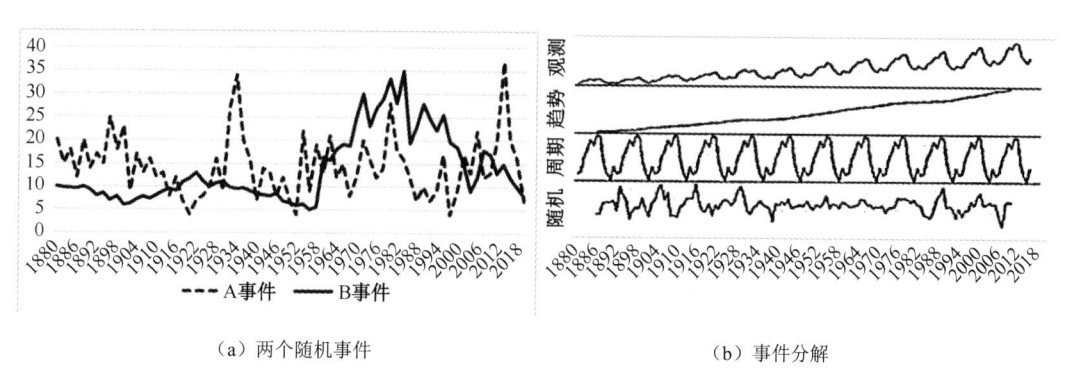

4.1.1 时序预测任务

时序预测任务是基于事物发展的延续性，运用过去的时间序列数据进行统计分析，从而推测出事物的发展趋势[1]。时序预测在工业应用中有着非常重要的作用，如交通流量预测、楼宇用电耗能预测、产品质量预测等。时序预测任务主要是在数据中发现时变的规律，如图4-1所示。在图4-1（a）中，两个随机性比较强的时间序列可以使用图4-1（b）中的事件分解来发现规律。图4-1（b）中第一行是事件观测，它可以分解成趋势、周期性的信号和一些随机的因素。

（a）两个随机事件

（b）事件分解

图4-1　时序预测任务

设定 Y_t 为事件预测结果，t 为时间，则时序预测表示如式（4-1）所示。式中，根据采样时间记录过去 t 时间的数据，$f(\cdot)$ 是根据每个 t 时间发生的事件建立的函数，用来预测未来某个时刻的情况。

$$Y_{t+1} = f(Y_1, Y_2, \cdots, Y_t) \tag{4-1}$$

例如，在刀具磨损量预测任务中，利用长短期记忆单元编码器计算历史磨损量对未来磨损量的影响，并生成一个状态张量。在接下来的预测任务中，以上一段时间的刀具磨损量数据作为输入，分析并预测刀具磨损状况，可以在刀具磨钝前及时采取相应的措施。

4.1.2 因果预测任务

因果预测任务是指由一系列系统状态参数来对系统性能指标进行预测，其本质是构建系统状态参数与性能指标之间因果作用关系的近似模型。设定 Y 为某一系统的性能指标，通过观察多个系统状态参数 x_i 来预测 Y 即可被认为是因果预测任务。其中，任务的核心是建立如式（4-2）所描述的 Y 和 x_i 之间的映射函数 $f(\cdot)$。

$$Y = f(x_1, x_2, \cdots x_i, i \in N^*) \tag{4-2}$$

在工业领域精确求解因果关系数学模型是非常困难的。例如，在切削钢件时，切削量直接影响钢件的表面粗糙度，虽然切削用量三要素切削速度 V、进给量 f、背吃刀量 α_p 都存在各自固定的计算公式，但是表面粗糙度依旧无法用定量的数学公式计算得到。这是因为除了切削用量的主要影响，刀具切削刃本身的几何形状、参数、粗糙度等因素也会对表面粗糙度的最终质量造成影响。这些因素的影响程度不定，只有通过对采集到的一系列过程数据进行分析与计算，先建立因果关系式，然后才能进行预测。

4.2 工业大数据预测方法

在大数据驱动的分析预测方法中，基于深度学习的分析预测方法因其善于分析多维数据中错综复杂的关系而得到了普遍认可。20 世纪 80 年代中期，David Runelhart、Geoffrey Hinton 和 Ronald W-llians、David Parker 等人发现了误差反向传播算法（Error Back Propagation Training），简称 BP 算法[2]。BP 算法解决了多层神经网络隐含层连接权学习问题,并在数学上给出了完整的推导,给机器学习带来了希望,掀起了基于统计模型的机器学习热潮。人们发现,利用 BP 算法可以让一个人工神经网络模型从大量训练样本中学习出统计规律,从而对未知事件做预测。这种基于统计的机器学习方法比起过去基于人工规则的系统,在很多方面显示出其优越性。这个时候的人工神经网络虽然也被称作多层感知机(Multi Layer Perceptron,MLP),但实际上是一种只含有一层隐层节点的浅层模型。

20 世纪 90 年代,由于神经网络的问题,其他各种各样的浅层机器学习模型相继被提出,如支持向量机[3]、逻辑回归等。这些模型无论是在理论分析上还是在应用上都获得了巨大的成功。与此同时,作为机器学习分支之一的深度学习因为神经网络过拟合、硬件训练速度慢等限制,慢慢淡出了研究。直到 2006 年,加拿大多伦多大学教授、机器学习领域泰斗,Geoffrey Hinton 和他的学生 Ruslan Salakhutdinov 在顶尖学术刊物《科学》上发表了一篇文章,提出一个实际可行的深度学习框架[4],开启了深度学习在学术界和工业界的研究和应用浪潮。

自 2006 年以来,深度学习在学术界持续升温。今天,谷歌、微软、百度等知名的拥有大数据的高科技公司争相投入资源,占领深度学习的技术制高点,原因正是它们都看到了在大数据时代,更加复杂、更加强大的深度学习模型能深刻揭示海量数据中所承载的复杂而丰富的信息,并对未来或未知事件做更精准的预测。

当前多数分类、回归等学习方法都是浅层结构算法,其局限性在于有限样本和计算单元情况下对复杂函数的表示能力有限,针对复杂的分类问题,其泛化能力受到一定的制约。深度学习可以通过学习一种深层非线性网络结构来实现复杂函数逼近,表征输入数据分布式表示,并展现了强大的从少数样本集中学习数据集本质特征的能力。

4.2.1 浅层机器学习预测方法

本小节主要介绍以统计学习方法为基础的前馈神经网络、K 邻近结点算法、逻辑回归、支持向量机、决策树、随机森林这几种具有代表性的浅层机器学习预测方法。

1. 前馈神经网络

前馈神经网络在深度学习中应用广泛,可以说是所有深度学习的基础。神经网络是一个由输入层、隐藏层、输出层 3 部分组成的网络,如图 4-2 所示。数据从输入层经过权重值和偏置项的线性变换处理，再通过激活层，得到隐藏层的输出，即下一层的输入；数据从隐藏层经过权重值和偏置项的线性变换，之后通过激活层，得到输出层。

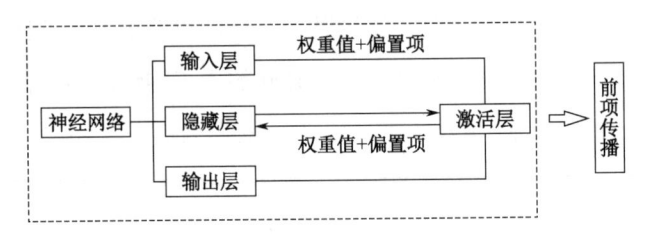

图 4-2 前馈神经网络流程

如图 4-3 所示是一个三层前馈神经网络：一个输入层，一个隐藏层，一个输出层。隐藏单元为 5，记输入层到隐藏层的权重值为 W，W^T 为转置矩阵，偏置项为 b_1，激活函数为 g_1，隐藏层到输出层的权重值为 V，偏置项为 b_2，激活函数为 g_2，则图 4-3 中的模型可用式（4-3）表示：

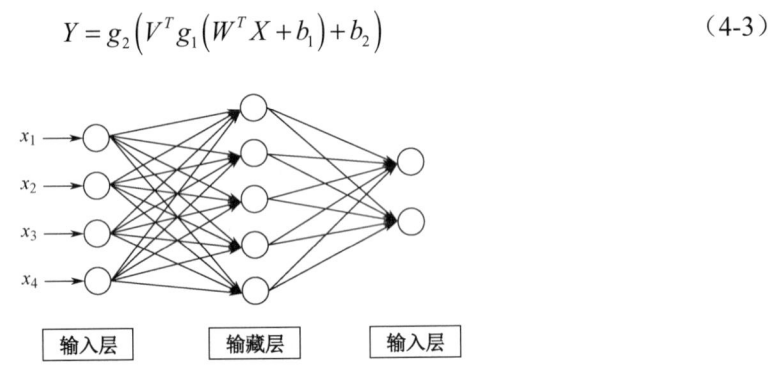

$$Y = g_2\left(V^T g_1\left(W^T X + b_1\right) + b_2\right) \tag{4-3}$$

图 4-3 三层前馈神经网络示意图

通常的神经网络是具有多个隐藏层的网络，如图 4-4 所示的神经网络中，隐藏层的个数为 N，每层隐藏单元数为 5（整个神经网络有 N 层，$N-2$ 个隐藏层的前后各有 1 层，加起来总共 N 层）。

在 BP 神经网络中，每层都是全连接的，假如输入是一幅 1 000×1 000 的二维图像，则整个神经网络的运算量将非常巨大，这会导致训练困难。为此，卷积神经网络提出了权值共享概念，即同一个卷积层内，所有神经元的权值都是相同的，也就是用同一个卷积核生成卷积层上的所有节点，这样就大大减少了运算量。

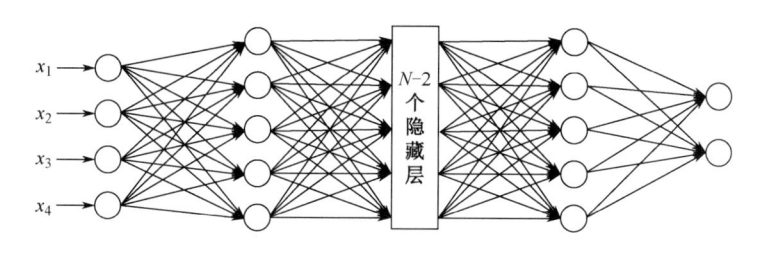

图 4-4　多层神经网络

2. K邻近结点算法

K邻近（K-Nearest Neighbor，KNN）结点算法是分类和预测算法中的一种。KNN通过与新数据点最邻近的 k 个数据点的距离来对新数据进行分类和预测[5]，计算距离的方法有很多，可以选择欧氏距离、曼哈顿距离和闵可夫斯基距离等。

欧氏距离（欧几里德距离）的计算公式为：

$$D = \sqrt{(x_1 - y_1)^2 + (x_2 - y_2)^2} \tag{4-4}$$

式中，D 为点 (x_1, y_1) 与点 (x_2, y_2) 之间的欧氏距离，通过分别计算新增数据与历史数据在 X 和 Y 两个维度上的差值之和来获得距离值。

3. 逻辑回归

如图4-5所示，线性回归可以拟合 X 与 Y 之间的关系，但回归模型中 Y 值是连续的，如果换成一个二分类标签，Y 只能取0、1两个值，无法用线性回归表示，由此产生了逻辑回归。

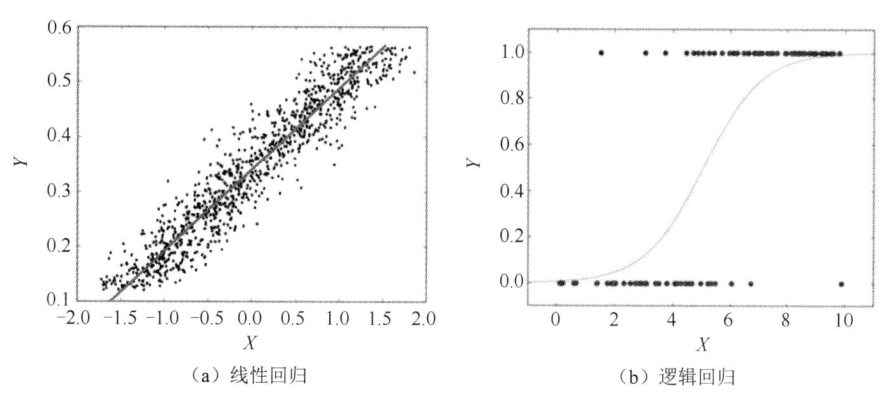

（a）线性回归　　　　　　　　　（b）逻辑回归

图 4-5　线性回归与逻辑回归

针对 Y 的值域在区间[0，1]的问题，找到一条完美的 S 形曲线用于拟合二分类模型，这条曲线叫 Sigmoid 曲线，如图 4-6 所示，可以用式（4-5）表达。

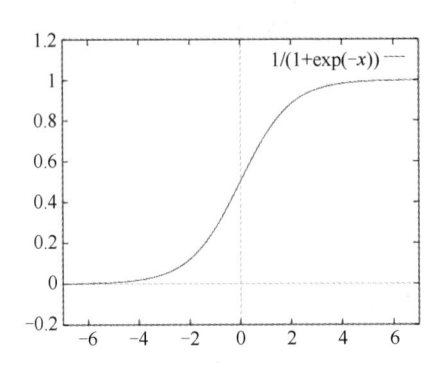

图 4-6　Sigmoid 曲线

$$f(x)=\frac{1}{1+e^{-x}} \tag{4-5}$$

Sigmoid 曲线具有如下特性：当 x 趋向 $+\infty$ 时，$f(x)$ 趋向 1；当 x 趋向 $-\infty$ 时，$f(x)$ 趋向 0；当 $x=0$ 时，$f(x)=0.5$。逻辑回归的核心原理是在线性回归的基础上加上一个 Sigmoid 函数，把训练数据通过 Sigmoid 函数映射到[0，1]区间。

逻辑回归的损失函数公式如下：

$$\begin{aligned} l(\theta) &= \log L(\theta) \\ &= \sum_{i=1}^{m}\left(y^{(i)}\log h_{\theta}\left(x^{(i)}\right)+\left(1-y^{(i)}\right)\log\left(1-h_{\theta}\left(x^{(i)}\right)\right)\right) \end{aligned} \tag{4-6}$$

逻辑回归只能用梯度下降法来求解参数 w,b，主要解决分类问题，是最经典和最常用的一种分类算法。

4．支持向量机

支持向量机（Support Vector Machines，SVM）的思想和线性回归很相似，两者都是寻找一条最佳直线，但是它们对最佳直线的定义方法不一样：线性回归要求的是直线到各个点的距离最近，SVM 要求的是直线与两边的点之间的距离尽量大。SVM 的原理如图 4-7 所示，其本质是距离测度，即把点的坐标转换成点到几个固定点的距离，从而实现升维。

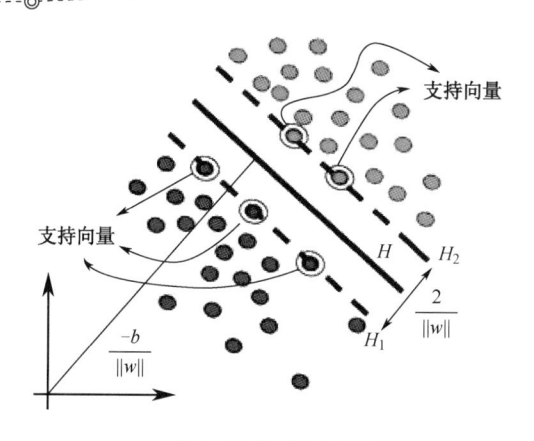

图 4-7 SVM 的原理

因为 SVM 要映射到高维空间，再来求分离超平面，但是这样的话，运算量会非常庞大，又因为上面的核函数和映射到高维空间的解类似，所以求 SVM 分离超平面时，可以用求核函数方法代替在高维空间中的计算，从而实现在一维平面上计算达到高维空间计算的效果。常用的核函数有以下几种

多项式核函数：

$$k(x_1,x_2)=(x_1,x_2+C)^n \tag{4-7}$$

高斯核函数：

$$k(x_1,x_2)=\exp\left(-\frac{\|x_1-x_2\|^2}{2\sigma^2}\right) \tag{4-8}$$

线性核函数：

$$k(x_1,x_2)=\langle x_1,x_2\rangle \tag{4-9}$$

5. 决策树

决策树是一种通过对历史数据进行测算实现对新数据进行分类和预测的算法[6]。简单来说，决策树算法就是通过对已有明确结果的历史数据进行分析，寻找数据中的特征，并以此为依据对新产生的数据结果进行预测。

如图 4-8 所示，决策树由 3 个主要部分组成，分别为决策节点、分支和叶子节点。其中，决策树顶部的决策节点是根决策节点，每个分支都有一个新的决策节点，决策节点下面是叶子节点。每个决策节点表示一个待分类的数据类别或属性，每个叶子节点表示一种结果。整个决策的过程从根决策节点开始，从上到下，根据数据的分类在每个决策节点给出不同的结果。

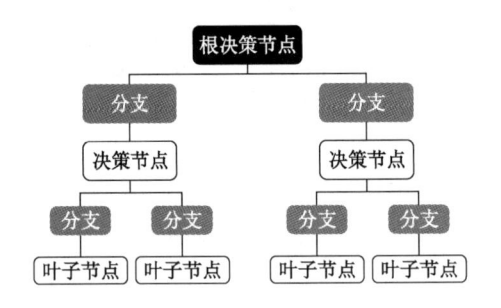

图 4-8 决策树结构

6. 随机森林

随机森林是一种灵活的、便于使用的机器学习算法，即使没有超参数调整，大多数情况下也会带来好的结果，其结构如图 4-9 所示。决策树往往会产生过拟合问题，随机森林阻止了这类问题的发生，因为它是多重决策树的组合。随机森林算法可以用来执行分类和回归任务[7]：针对回归问题，模型中的决策树会预测 Y 的值（输出值），通过所有决策树预测值的平均值计算得出最终预测值；针对分类问题，随机森林中的每棵决策树都会预测最新数据属于哪个类型，最终预测为概率最大的一类。因此，随机森林是一种在拥有 m 个特征的决策树中随机选择 k 个特征组成 n 棵决策树，再选择预测结果的分类模式（如果是回归问题，则选择平均值）。

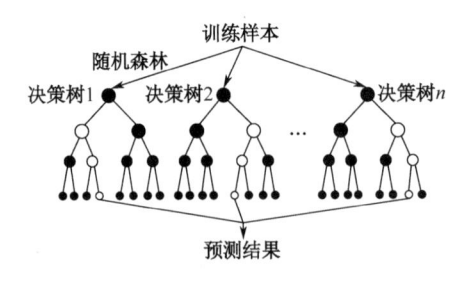

图 4-9 随机森林的结构

4.2.2 深度学习预测方法

进入 21 世纪，深度神经网络被提出[8]，连接主义卷土重来，随着数据量和计算能力的不断提升，以深度学习[9]为基础的诸多 AI 应用逐渐成熟。深度学习是指在多层神经网络上运用各种机器学习算法解决图像、文本等各种问题的算法集合[10]。深度学习从大类上可以归入神经网络[11]，不过在具体实现上有许多变化。深度学习的核心是特征学习，旨在通过分层网络获取分层次的特征信息，从而解决以往需要人工设计特征的重要难题。深度学习是一个框架，包含多个重要算法，本节选取深度学习中的几个代表算法：卷积神经网络[14]、生成对抗网络[16]、长短期记忆人工神经网络[17]展开介绍。

1. 卷积神经网络

卷积神经网络（Convolutional Neural Networks，CNN）的创始人是著名的计算机科学家 Yann LeCun，他是第一个通过 CNN 在 MNIST 数据集上解决手写数字问题的人[8]。CNN 是多层感知机的变种，由生物学家休博尔和维瑟尔早期对猫视觉皮层的研究发展而来，它仿造生物的视知觉机制构建，可以进行监督学习和非监督学习。CNN 隐含层内的卷积核参数共享和层间连接的稀疏性，使其能够以较小的计算量对格点化特征（如像素和音频）进行学习，有稳定的效果，且对数据没有额外的特征工程要求。

简而言之，CNN 是一种深度学习模型或类似于人工神经网络的多层感知器，常用来分析视觉图像。其本质是一种输入到输出的映射，能够学习海量输入与输出之间的映射关系，而不需要任何输入和输出之间精确的数学表达式，只要用已知的模型结构对卷积网络加以训练，网络就具有输入与输出之间的映射能力。

工业数据中的图像数据具有维度高的特点，一般的数据处理都需要进行复杂的数据重建工作，而 CNN 以其局部权值共享的特殊结构在语音识别和图像处理方面有着独特的优越性，可以直接输入网络，避免了特征提取和分类过程中数据重建的复杂度，工业上主要用来识别位移、缩放及其他形式扭曲不变性的图像类型数据。

CNN 依旧是层级网络，只是层的功能和形式有所变化，可以说是传统神经网络的一个改进。CNN 结构如图 4-10 所示，卷积神经网络架构与常规人工神经网络结构非常相似，特别是在网络的最后一层,即全连接层。此外,CNN 能够接受多个特征图作为输入,而不是向量。

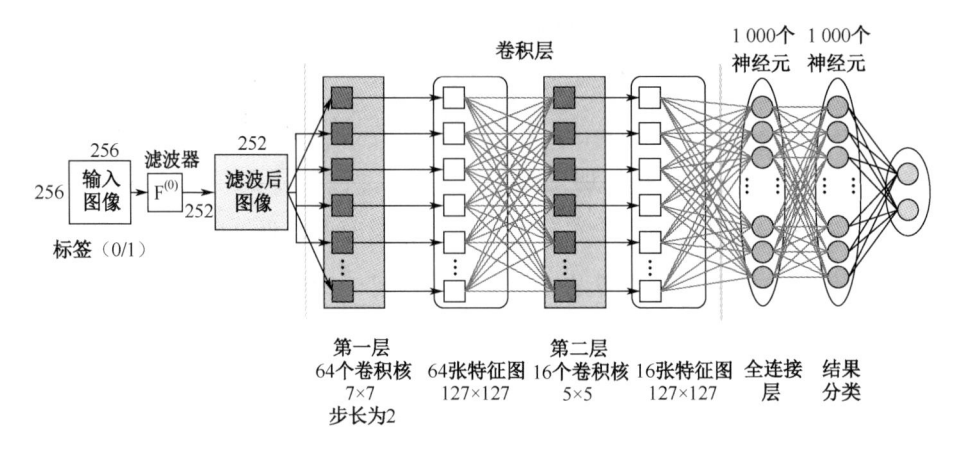

图 4-10　CNN 结构

卷积神经网络的层级结构如下。

1) 数据输入层(Input layer)

数据输入层主要对原始图像数据进行预处理,具体包括以下几项。

① 去均值:把输入数据的各个维度都中心化为 0,其目的就是把样本的中心拉回到坐标系原点上。

② 归一化:幅度归一化到同样的范围,目的是减少因各维度数据取值范围的差异而带来的干扰。例如,有两个维度的特征 A 和 B,A 的取值范围是 $0\sim10$,B 的取值范围是 $0\sim10\,000$,如果直接使用这两个特征是有问题的,好的做法就是将它们归一化,即将 A 和 B 的数据都映射到[0,1]范围内。

③ PCA/白化:用 PCA 降维,白化是对数据各个特征轴上的幅度进行归一化。

2) 卷积计算层(CONV layer)

卷积计算是 CNN 最重要的一个层,也是 CNN 一词的由来,其构成如图 4-11 所示。在卷积计算层有两个关键操作:局部关联,每个神经元都被看作一个滤波器,滤波器对局部数据进行计算;窗口滑动,滤波器不断移动,对全局数据进行计算。

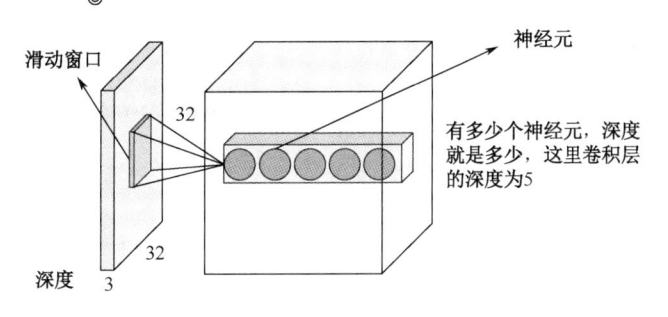

图 4-11 卷积计算层构成

先介绍卷积计算层涉及的几个名词。

①步长（stride）：窗口一次滑动的长度。

②填充值（zero-padding）：假设有一张 5×5 的图片[11]（一个格子代表 1 像素），滑动窗口，取 2×2，步长取 2，那么还剩下 1 行／列像素未被处理。于是在原先的矩阵上加了一层填充值，使其变成 6×6 的矩阵，那么窗口就刚好把所有像素遍历完，这就是填充值的作用。

卷积的计算如图 4-12 所示（注意，图中矩阵 1 周围有一圈灰色的框，它们就是上文所说的填充值）。图中的矩阵 1 是输入的图像；矩阵 2 是卷积层的卷积核，这里表示有两个卷积核（$W0, W1$）；矩阵 3 是经过卷积运算后的输出矩阵，这里的步长设置为 2。矩阵 1（输入图像）对矩阵 2（滤波器）进行矩阵内积计算，并将 3 个内积运算的结果与偏置值 b 相加，计算后的值就是矩阵 3 中的一个元素（矩阵 3 中左上角带边框的小方框）。

此外，CNN 中存在参数共享机制，在卷积层中每个神经元连接数据窗的权重都是固定的，每个神经元只关注一个特性。神经元就是图像处理中的滤波器（卷积核），如边缘检测专用的 Sobel 滤波器。也就是说，卷积层的每个滤波器都有各自所关注的一个图像特征，如垂直边缘、水平边缘、颜色、纹理等。所有神经元加起来就是整张图像的特征提取器集合。

3）激励层（ReLU layer）

激励层的作用是把卷积层输出的结果做非线性映射。CNN 采用的激励函数一般为修正线性单元（Rectified Linear Unit，ReLU），它的特点是收敛快，求梯度简单，但较脆弱（见图 4-13）。

图 4-12 卷积的计算

注：□代表矩阵1；▨代表矩阵2；▨代表矩阵3。

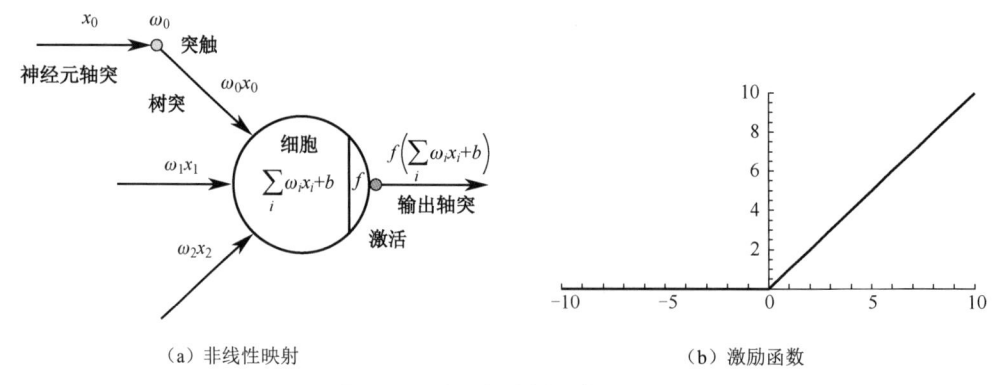

(a) 非线性映射　　　　　　　　(b) 激励函数

图 4-13 非线性映射及激励函数

4）池化层（Pooling layer）

池化层夹在连续的卷积层中间，用于压缩数据和参数的量，减小过拟合。简而言之，如果输入是图像的话，那么池化层的最主要作用就是压缩图像。

池化层的具体作用有以下 3 个。

- 特征不变性，也就是我们在图像处理中经常提到的特征的尺度不变性。池化操作就是重置图像的尺寸。例如，一张狗的图像被缩小了一半，但我们还能认出这是一张狗的照片，说明这张图像中仍保留着狗最重要的特征，让我们一眼就能判断图像中是一只狗。图像压缩时去掉的只是一些无关紧要的信息，留下的信息则是具有尺度不变性的特征，也是最能表达图像的特征。
- 特征降维。我们知道一幅图像中含有的信息很大，特征也很多，但是有些信息对我们做图像任务没有太多用处或有重复。因此，我们可以把这类冗余信息去除，把最重要的特征抽取出来，这也是池化操作的一大作用。
- 在一定程度上防止过拟合，更方便优化。

池化层使用的方法有最大池化和平均池化两种，实际中用的较多的是最大池化。

最大池化的原理非常简单。如图 4-14 所示，对于每个 2×2 的窗口选出最大的数作为输出矩阵的相应元素的值。例如，输入矩阵第一个 2×2 窗口中最大的数是 6，那么输出矩阵的第一个元素就是 6，以此类推。

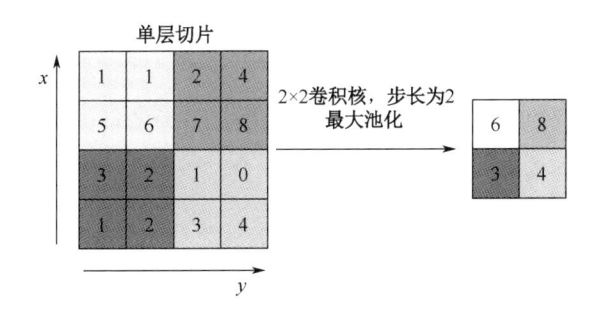

图 4-14 最大池化的原理

5）全连接层（FC layer）

两层之间所有的神经元都有权重连接，通常全连接层在 CNN 的尾部，也就是与传统的神经网络神经元的连接方式是一样的。

CNN 的一个非常重要的特点就是"头重脚轻"（越靠近输入层，权值越少；越靠近输出层，权值越多），呈现出一个倒三角的形态，这就很好地避免了 BP 神经网络中反向传播时梯度损失太快的情况。

CNN 主要用来识别位移、缩放及其他形式扭曲不变性的二维图形。由于 CNN 的特征检测层通过训练数据进行学习，所以在使用 CNN 时，避免了显式的特征抽取，而隐式地从训练数据中进行学习。此外，由于同一特征映射面上的神经元权值相同，所以网络可以并行学习，这也是 CNN 相对于神经元彼此相连网络的一大优势。CNN 以其局部权值共享的特殊结构在语音识别和图像处理方面有着独特的优越性，其布局更接近实际的生物神经网络，权值共享降低了网络的复杂性，特别是多维输入向量的图像可以直接输入网络这一特点避免了特征提取和分类过程中数据重建的复杂度。

2. 对抗生成网络

在众多工业领域，人们希望采用适用性更加广泛的深度学习方法，但是深度学习模型训练成功的先决条件就是拥有丰富、大量的人工标注数据，而制作数据集的过程不仅成本很高，而且过程烦琐。除此之外，在数据集制作过程中，完全凭借人工经验判断样本的好坏，无法客观衡量数据的有效性。而对抗生成网络（Generative Adversarial Networks，GAN）能自动完成数据集丰富过程，且可以不断优化，这是一种效率非常高且成本很低的方式。那么，GAN 是如何实现自动化的呢？

GAN 是最近几年很热门的一种无监督算法，它能生成非常逼真的照片、图像甚至视频。我们手机里的照片处理软件就会使用这一技术。GAN 学习特征的能力很强，适应性也很强。GAN 由 2 个重要的部分构成，如图 4-15 所示。

- 生成器（Generator，G）：通过机器生成数据（大部分情况下生成的是图像），目的是"骗过"判别器。
- 判别器（Discriminator，D）：判断某张图像是真实的还是机器生成的，目的是找出生成器做的"假数据"。

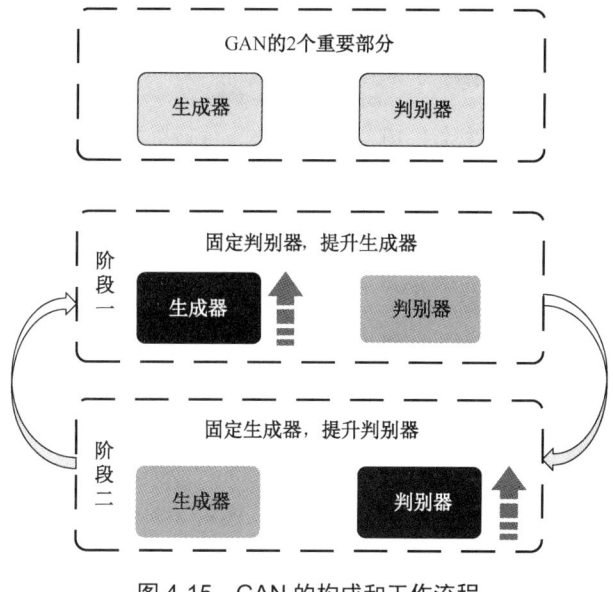

图 4-15 GAN 的构成和工作流程

GAN 的工作流程如下。

1）固定判别器 D，训练生成器 G

使用一个初始状况良好的判别器 D，让一个生成器 G 不断生成"假数据"，然后让判别器 D 去判断。一开始，生成器 G 还很弱，所以很容易被判别器 D 识别出来是假样本。但是随着不断训练，生成器 G 技能不断提升，最终"骗过"了判别器 D。此时判别器 D 基本属于瞎猜的状态，判断假数据的概率为 50%。

2）固定生成器 G，训练判别器 D

通过了第一阶段之后，继续训练生成器 G 就没有意义了。这个时候可以固定生成器 G，开始训练判别器 D。判别器 D 通过不断训练，提高了自己的鉴别能力，最终可以准确地判断出所有的假图片。到了这个时候，生成器 G 已经无法"骗过"判别器 D 了。

3）循环阶段一和阶段二

通过不断循环，生成器 G 和判别器 D 的能力都越来越强。最终，我们得到了一个效果非常好的生成器 G，可以用它来生成我们想要的图片。

3. 长短期记忆人工神经网络

在某些问题中，数据的顺序会影响结果。例如，自然语言处理（语音识别、机器翻译等），文字的上下文是有一定的关联的；时间序列数据，如连续几天的天气状况，当日的天气情况与过去的几天有某些联系。在考虑这些和时间轴相关的问题时，传统的神经网络就无能为力了，因此就有了循环神经网络（Recurrent neural network，RNN）。下面先介绍 RNN 的基本原理，为重点内容——长短时记忆神经网络（Long Short Term Memory，LSTM）做铺垫。

时间序列模型最常用也是最强大的工具就是 RNN。RNN 架构如图 4-16 所示。与普通神经网络的各计算结果之间相互独立的特点相比，RNN 的每次隐含层的计算结果都与当前输入及上一次的隐含层结果相关。通过这种方法，RNN 的计算结果便具备了记忆之前几次结果的特点。

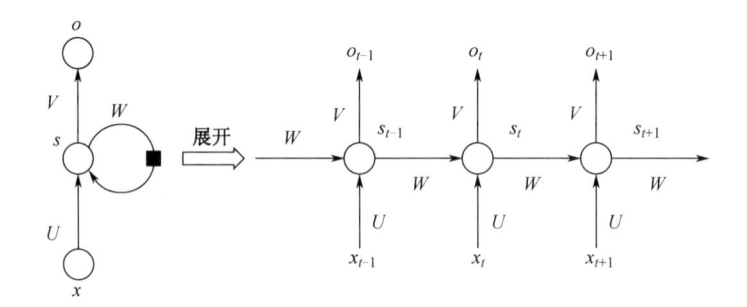

图 4-16　RNN 架构

在图 4-16 中，x 为输入层，o 为输出层，s 为隐含层，而 t 为次数，V、W、U 为权重，其中计算第 t 次的隐含层状态时的公式如下：

$$S_t = f(U \times X_t + W \times S_t - 1) \tag{4-10}$$

通过计算实现当前输入结果与之前的计算挂钩的目的。如果 RNN 模型想实现长期记忆，需要将当前隐含层状态的计算与前 n 次的计算挂钩，计算公式如下：

$$S_t = f(U \times X_t + W_1 \times S_t - 1 + W_2 \times S_t - 2 + \cdots + W_n \times S_t - n) \tag{4-11}$$

计算量会呈指数级增长，导致模型训练的时间大幅增加，因此 RNN 模型一般直接用来进行长期记忆的计算。

LSTM 模型是 RNN 的一种变形，最早由 Juergen Schmidhuber 提出，经典的 LSTM 模型结构如图 4-17 所示。

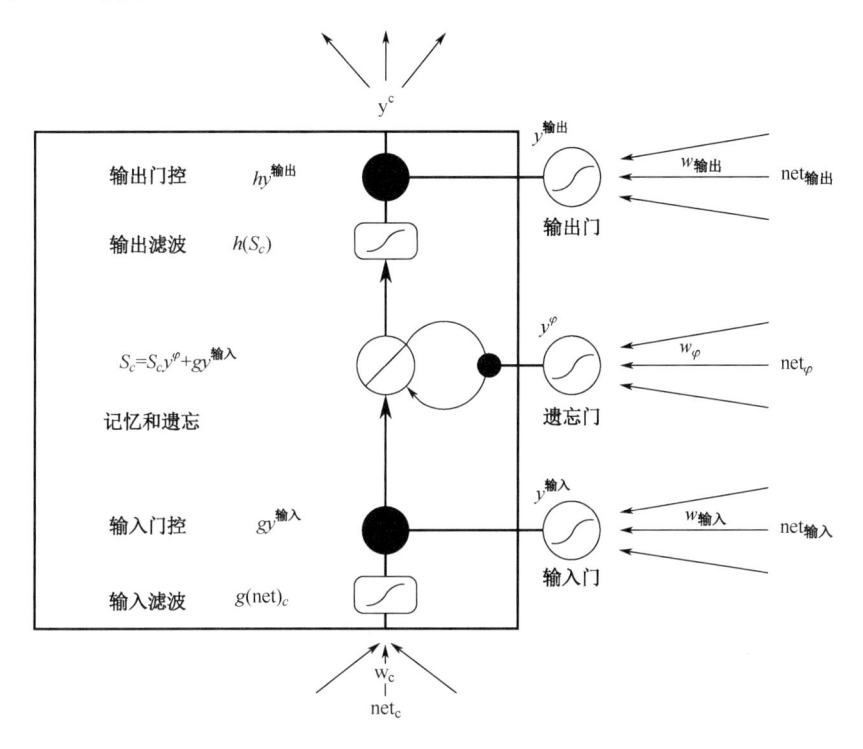

图 4-17 经典的 LSTM 模型结构

LSTM 模型的记忆功能就是由图 4-17 中的这些阀门节点实现的：当阀门打开时，之前模型的训练结果就会关联到当前的模型计算；当阀门关闭时，之前的计算结果就不再影响当前的计算。因此，通过调节阀门的开关，可以实现早期序列对最终结果的影响。当不希望之前的结果对之后的结果产生影响时，如自然语言处理中开始分析新段落或新章节，只需把阀门关闭即可。

图 4-18 具体演示了阀门是如何工作的：通过阀门控制使时间序列 1 输入的变量影响了时间序列 4 和 6 的变量的计算结果。黑色实心圆代表对该节点的计算结果输出到下一层或下一次计算；空心圆则表示该节点的计算结果没有输入到网络或没有从上一次收到信号。

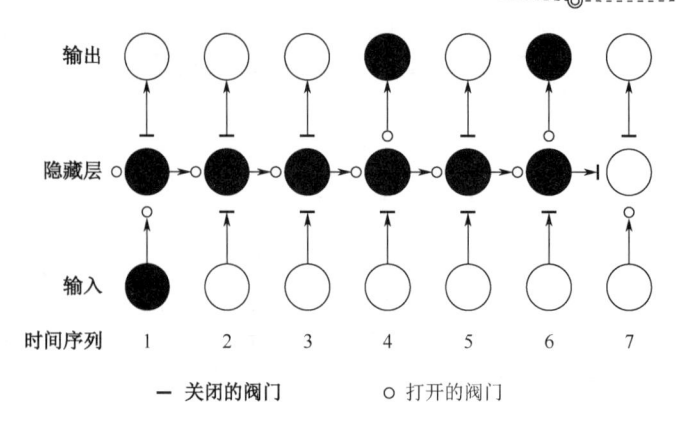

图 4-18 LSTM 模型的记忆功能工作原理

4.3 工业大数据预测案例

工业大数据贯穿产品的全生命周期,对工业大数据进行分析,对产品质量预测、故障预测与诊断、产品工期管控等方面具有重要意义。然而,由于实际工业生产环境中采集的数据维度高、体量大,无法精确找到任务对应的因果关系,所以需要设计基于深度学习方法的算法模型,对工业领域的产品质量、设备故障、产品工期等任务进行预测。本节从两个实际的工业场景出发,介绍工业大数据预测在智能制造中的典型应用。

4.3.1 石油化工泵的故障预测

1. 问题特性分析

在石油工业中,预测健康管理(Prognostic Health Management,PHM)对安全生产至关重要。众所周知,石化企业的生产环境具有高温、高压的特点,原材料和中间产品具有剧毒、易燃、易爆和强腐蚀的特点,因此非常需要监视设备的状态并为设备故障提供预警。检测到机器异常状态数据的故障检测是设备故障预警的核心,对石化生产具有重要意义。在过去的几十年中,由于控制图易于执行,在故障检测中被广泛采用。当发生故障时,某些值将超出正常范围,获取警告界限是构建控制图时最困难的问题。

本章提出了一种基于区间预测卷积神经网络(IFCNN,Interval Forecast Convolutional

Neural Networks)时间序列预测模型的自适应故障检测方法,首先介绍基于 IFCNN 的自适应故障检测过程,包括模型和损失函数的设计。接着使用提出的基于 IFCNN 的自适应故障检测方法对石化设备数据集的故障检测进行案例研究。最后给出实验结果和分析。

2. 基于 IFCNN 的自适应故障检测方法

自适应故障检测方法是围绕以下思想设计的:生成自适应控制间隔,并将所有正常监视数据保留在该间隔中,将所有异常监视数据保留在该间隔之外。自适应故障检测方法由两部分组成:基于 CNN 的改进间隔预测模型和自适应间隔生成模型。该方法的原理如图 4-19 所示。

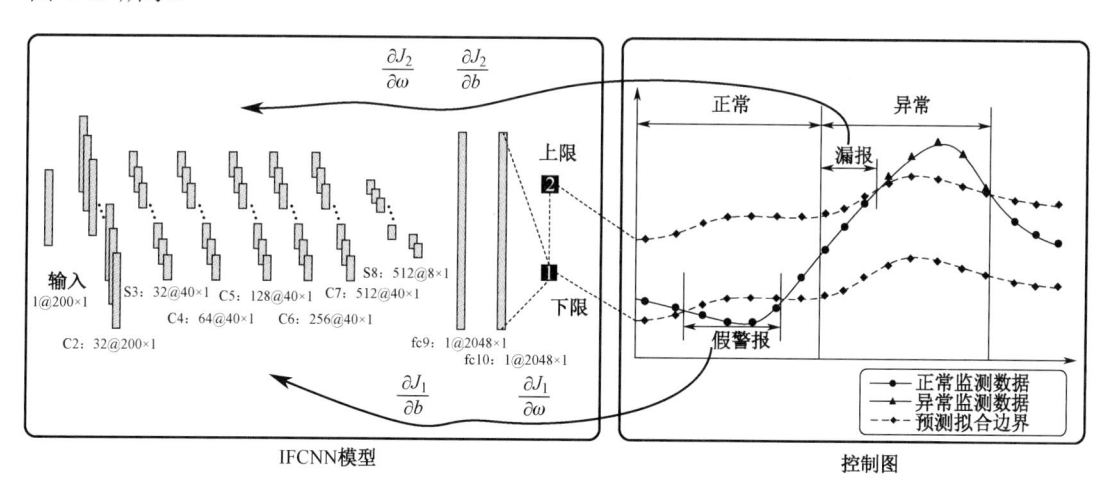

图 4-19 基于 IFCNN 的故障检测方法的原理

1)基于 CNN 的改进间隔预测模型

基于 CNN 的改进间隔预测模型本质上是具有双输出信号的 CNN 模型,输出以时间序列数据作为输入的上限和下限。

(1)时间序列数据的采样方法

IFCNN 模型根据过去的时间序列数据 x 预测将来的控制范围。为了确定输入数据的大小,设计了一种滑动窗口采样方法,如图 4-20 所示,从时间序列信号中获取输入数据。

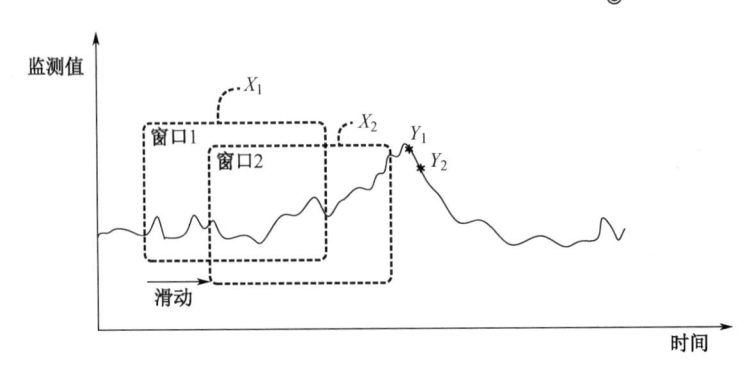

图 4-20 时间序列窗口

为了减少计算成本,滑动窗口的尺寸应尽可能小。但是,如果时间序列太短,则时间序列无法提供足够的信息来预测时间间隔。本文通过重复实验获得了合适的长度 $n = 200$。

(2) 神经网络结构

如图 4-21 所示为 IFCNN(基于 CNN 的时间间隔预测)模型的结构。该模型包含 11 个层,包括输入层、输出层和 9 个隐藏层,输入数据序列的长度为 $n = 200$。在该模型中,首先添加卷积层,卷积核 32 @ 5×1 的描述表示存在 32 个核,大小为 5×1。然后在随后的 S3 子采样层中应用合并操作,这导致相同数量的 S3 1-D 特征图具有第五个长度。再将大小为 64 @ 5×1、128 @ 5×1、256 @ 5×1 和 512 @ 5×1 的卷积内核分别应用于 C4、C5、C6 和 C7。接下来,在最大池化层 S8 上施加 5×1 池化区域。最后,将 S8 的输出展平为 F9 中的一维特征图,并添加了完全连接的神经网络。为了生成间隔,输出层与时间序列预测模型不同,时间序列预测模型始终只设计一个神经元来输出预测值。在该模型中,我们在输出层设计了两个神经元,神经元 1 输出下限,定义为 y_{lower},它与 fc10 完全连接;神经元 2 输出上限,定义为 y_{upper},它的计算公式为:

$$y_{\text{upper}} = y_{\text{lower}} + \text{diff} \tag{4-12}$$

式中,diff 是参数,表示间隔的固定宽度。

整流线性单位(ReLU)函数用作激活函数来激活卷积层,这是因为其具有计算简单和收敛迅速而无饱和的优点。ReLU 函数定义为:

$$\text{Relu}(x) = \begin{cases} 0, & \text{if } z < 0 \\ z, & \text{otherwise.} \end{cases} \tag{4-13}$$

式中，z 是激活前的值。通过 ReLU 功能可以将所有负值都变为零并保持正值不变的特性，隐藏单元被稀疏激活。

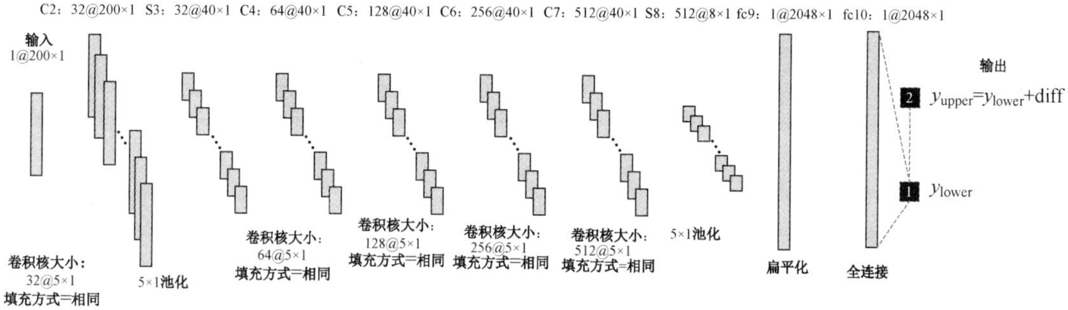

图 4-21　IFCNN 模型结构

至此，正向传播已经完成，但是在训练阶段，我们只知道数据是否正常，这并不能直接指导模型预测下一个信号值的正常间隔，因为信号序列和故障信息的下一时刻与下一时刻的正常间隔具有复杂的关系。

2）自适应间隔生成模型

利用所提出的 IFCNN 模型，可以使用不间断的时间序列输入数据连续获得两个控制范围。同时，对 IFCNN 模型进行训练以优化两个控制范围，以保持较高的检测精度。自适应控制范围可以通过 4 个步骤生成和优化。

（1）迭代过程中的 4 种情况

通常，工厂工程师是数据的监视者，并且系统的正常性是已知的，这意味着数据已被标记。监视数据值的正常性由状态参数 S 表示，$S=0$ 表示该值是正常的；相反，$S=1$ 表示该值是异常的。对于迭代过程的每个步骤，模型都可以判断该值是否正常。因此，我们定义了一个参数 S_{temp}，$S_{temp}=0$ 表示模型判断该值是正常的；$S_{temp}=1$ 则表示模型判断该值是异常的。

数据序列中有两种信号状态：正常和异常。对于正常数据，其距离间隔的中心越近，效果越好；对于异常数据，其距离间隔中心越近，效果越差。因此，每种状态的损失计算方法必须不同。如表 4-1 所示，在迭代过程中有 4 种不同的情况。

表 4-1　迭代过程中的 4 种不同情况

	$S_{\text{temp}} = 0$	$S_{\text{temp}} = 1$
$S = 0$	区间内数据正常，正确	区间外数据正常，错误
$S = 1$	区间内数据异常，错误	区间外数据异常，正确

（2）实时状态参数的计算

为了便于计算不同情况下的损耗，需要使用参数 S_{temp} 来计算全局损耗。参数 S_{temp} 与距离有关。定义从信号值到预测间隔中心的距离为：

$$\text{dis}_{\text{center}} = y - y_{\text{Low}} + \frac{\text{diff}}{2} \tag{4-14}$$

式中，y 是输入数据序列之后的信号的实际值。

定义从信号值到最近的间隔边界的距离为：

$$\text{dis}_{\text{bound}} = \left| \text{dis}_{\text{center}} - \frac{\text{diff}}{2} \right| \tag{4-15}$$

利用式（4-16）计算 S_{temp}，其图形如图 4-22（a）所示。

$$S_{\text{temp}} = \begin{cases} 1, & \text{if } \text{dis}_{\text{center}} > \dfrac{\text{diff}}{2} \\ 0, & \text{otherwise} \end{cases} \tag{4-16}$$

众所周知，式（4-16）是一个分段函数，不可微分。但是，我们必须使用梯度下降训练模型。因此，改进的 tanh 函数被设计为重新计算 S_{temp}。tanh 函数的定义如式（4-17）所示，其图形如图 4-22（b）所示。

$$\tanh(x) = \frac{e^x - e^{-x}}{e^x + e^{-x}} \tag{4-17}$$

显然，S_{temp} 的图形类似于 $\tanh(x)$ 的图形。我们设计了改进的 tanh 函数，如式（4-18）所示，其图形如图 4-22（c）所示。

$$S_{\text{temp}}(\text{dis}_{\text{center}}) = 0.5 \times \tanh\left[300 \times \left(\text{dis}_{\text{center}} - \frac{\text{diff}}{2}\right)\right] + 0.5 \tag{4-18}$$

(a) 定义 S_{temp} 图形　　(b) tanh 函数图　　(c) 改进的 tanh 函数

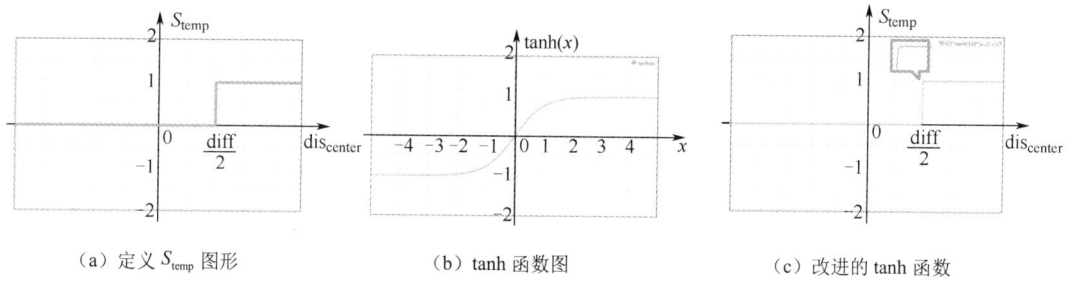

图 4-22　全局损耗参数设计

（3）设计损失函数

设计的损失函数为：

$$J_1\left(\text{dis}_{\text{bound}}^{(i)}\right) = k \times \text{dis}_{\text{bound}}^{(i)} \times \left(1 - S_{\text{temp}}^{(i)}\right) \tag{4-19}$$

$$J_o\left(\text{dis}_{\text{center}}^{(i)}\right) = \text{dis}_{\text{center}}^{(i)\,2} \tag{4-20}$$

$$J(\omega,b) = \frac{1}{m}\sum_{i=1}^{m}(1-S) \times J_o\left(\text{dis}_{\text{center}}^{(i)}\right) + S \times J_1\left(\text{dis}_{\text{bound}}^{(i)}\right) \tag{4-21}$$

在式（4-19）～式（4-21）中，k 是权重因子，m 是样本数，$J_o\left(\text{dis}_{\text{center}}^{(i)}\right)$ 表示正常数据的损失函数，$J_1\left(\text{dis}_{\text{bound}}^{(i)}\right)$ 代表异常数据的损失函数，$J(w,b)$ 代表损失函数的平均值。对于正常数据，$S=0$ 导致 J_1 对 J 无贡献，均方误差用于将区间中心拟合为实际值；对于异常数据，$S=1$ 导致 J_1 没有贡献给 J。我们使用 S_{temp} – weighted $\text{dis}_{\text{bound}}^2$ 来计算异常点的损失，因此如果异常数据在区间内，距离间隔中心越近，损失将越大。如果异常点超出间隔，则 S_{temp} 将接近 1，在这种情况下，损耗 $J(w,b)$ 将接近 0。

（4）误差反向传播

根据梯度下降的想法，更新参数值，其中 α 表示训练过程中 IFCNN 模型的学习率：

$$\omega_{i,l}^{t+1} = \omega_{i,l}^{t} - \alpha \frac{\partial J}{\partial \omega_{i,l}^{t}} \tag{4-22}$$

$$b_{i,l}^{t+1} = b_{i,l}^{t} - \alpha \frac{\partial J}{\partial b_{i,l}^{t}} \tag{4-23}$$

在训练过程中，我们使用了深度学习中的 Dropout 技术来改善神经网络的过度拟合，这是因为特定层上的一半神经元将在训练过程中失活，迫使各层使用不同的神经元学习相同的概念以提高泛化性。在预测过程中，不使用 Dropout。为了加速模型的收敛，在训练过程中先加载预训练模型，预训练使间隔的中心适合信号值。训练前过程损失函数如（4-19）所示。接下来，使用自定义损失 J 训练模型，并迭代 100 次左右以收敛。

$$J_{\text{pre}}(\omega,b) = \frac{1}{m} \times \sum_{i=1}^{m} J_o\left(\text{dis}_{\text{center}}^{(i)}\right) \tag{4-24}$$

综上所述，由于增加了 IFCNN 的间隔输出层，因此该模型可以输出间隔，并且可以使用 IFCNN 模型来提取序列特征。定制的损失函数使 IFCNN 模型能够了解下一个正常间隔输出与输入序列之间的关系。此外，间隔是直接自适应生成的，这是一个巨大的创新。

3. 实验结果与分析

本研究设计了一种基于 IFCNN 时间序列预测模型的自适应故障检测方法，选用抽水设备数据集对模型的有效性和可靠性进行验证。

将 IFCNN 的性能与石化设备中广泛使用的静态阈值和自适应阈值进行了比较，在对比实验中使用了来自中国石化厂的抽水设备数据集。我们对压差传感器（SDP）35PDI20003.PV 进行了研究。由于高温化学腐蚀、磨损、泵送介质变化和噪声等因素，通过 SDP 进行故障检测变得具有挑战性。为了评估基于故障检测方法的 IFCNN 模型的鲁棒性，测试了 2015 年全年收集的数据（未使用，用于培训过程）。泵监控数据具有典型的时间序列特征，数据的采样频率是每 6 分钟一次。2019 年有两个故障，一个是从样本 64 000 到 68 300，另一个样本是从样本 72 137 到 80 000。使用以下性能指标来评估所提方法的鲁棒性。

- 错误警报（Percent of False Alarms，FA）的百分比，即信号值超出系统正常时间间隔的时间百分比。
- 未命中警报的百分比（Percent of Miss Alarms，MA），即系统异常时信号值未超过时间间隔的时间百分比。

在该实验中，滑动窗口的长度为 200，加权因子 $k=10$。我们将结果与固定阈值和采用指数加权移动平均值的自适应区间方法进行了比较。

表 4-2 显示了 3 种不同方法的故障检测性能。可以看出，根据工厂参数设置的传统固定阈值间隔导致较高的 FA 和 MA。由于阈值是由先验知识确定的，因此已经警告了 20 000～25 000 的小波动，并且在检测到实际故障时出现了一段时间的故障[见图 4-23（a）]。自适应阈值方法可以生成随监视值而变化的阈值[见图 4-23（b）]，但是由于动态过程数据的复

杂性和不确定性,该方法几乎没有故障检测能力。对于所提出的 IFCNN（见图 4-24），通过自学习直接生成的边界可以明显地随监视值而变化,大多数法线点位于间隔的中心。当故障即将发生时,真实值逐渐接近间隔的边界并触发警报。毫无疑问,基于 IFCNN 的建议方法具有最佳性能。图 4-25 表明,IFCNN 模型对动态过程数据具有容错能力,并且能够检测到故障。图 4-26 表明,所提出的方法具有较少的误报,这对故障检测具有鲁棒性。

表 4-2　固定阈值、自适应阈值和本文提出方法的性能对比实验

性能	固定阈值	自适应阈值	本案例方法
MA	0.0606	0.9949	0.0101
FA	0.4698	0.0034	0.1274

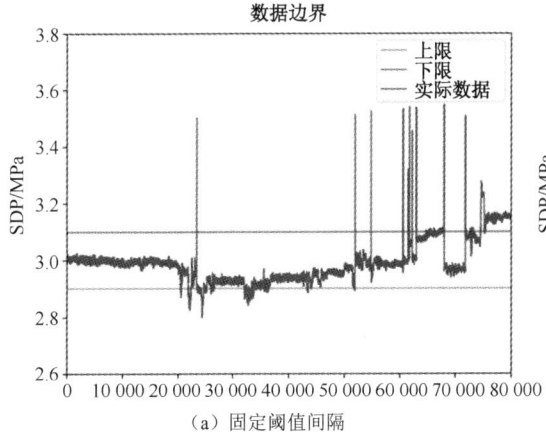

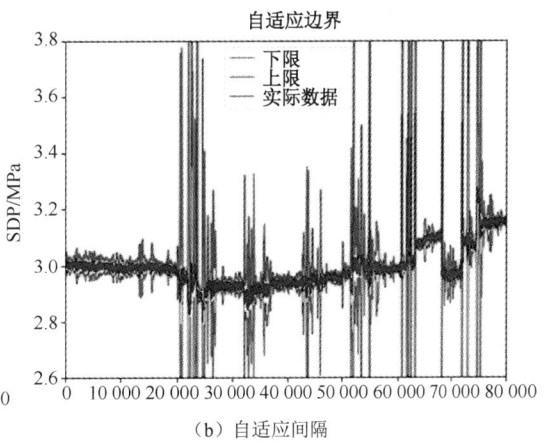

图 4-23　阈值间隔设定

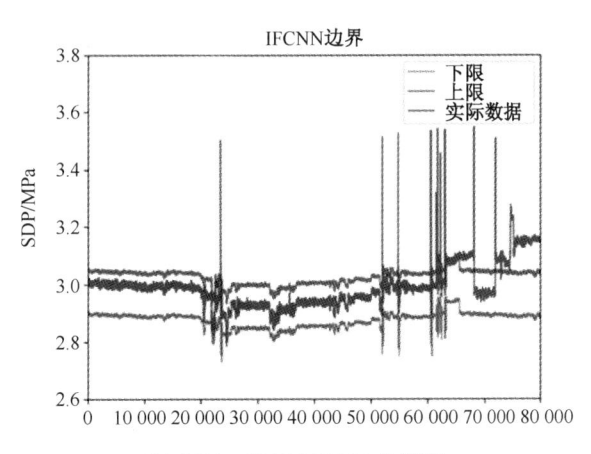

图 4-24　基于 IFCNN 的间隔

静态边界警报   自适应边界警报

（a）固定门限报警   （b）自适应间隔报警

图 4-25   边界警报设定

IFCNN边界警报

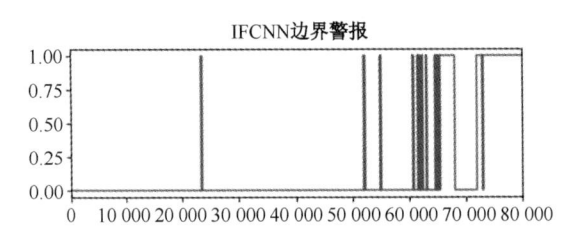

图 4-26   基于 IFCNN 的间隔的警报

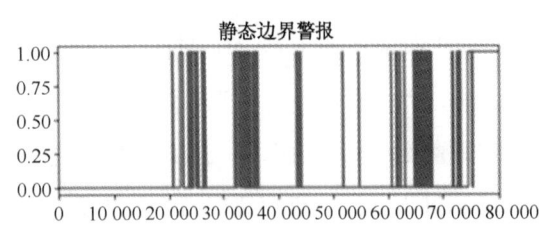

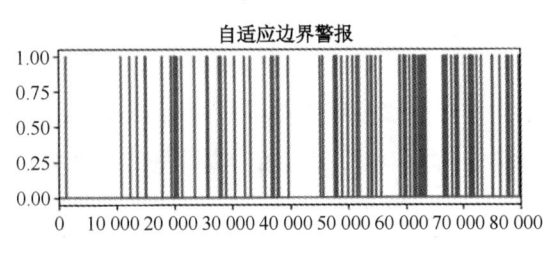

为了提高故障检测的准确性，提出了一种自适应区间预测 CNN 方法。与传统方法相比，该方法可以在设计的 IFCNN 模型下直接自动生成间隔，输出层设计有两个警告界限。损失函数是围绕将所有正常数据保留在间隔中间及将所有异常数据加入间隔的想法提出。因此，可以在模型学习期间使用输入的时间序列数据自适应调整警告间隔，并且同步优化所有参数。

4.3.2   晶圆工期预测方法

1. 问题描述与特点分析

1）问题描述

晶圆的单层工期是指每个晶圆 Lot 在某层电路制备中第一道工序的开始时间和下一层电路制备中首道工序的开始时间之间的流经时间。晶圆卡 t 第 i 层电路制备过程的单层工期定义如下：

$$CT_t^i = ts_t^{i+1} - ts_t^i = \sum_{j \in P_t^i} (\text{Transfer}T_j + \text{Wait}T_j + \text{Setup}T_j + \text{Process}T_j + \text{Test}T_j + \text{Rework}T_j) \quad (4\text{-}25)$$

从晶圆的工期组成来说,晶圆的单层工期为该层所有工序的加工时间、工件在缓冲区的等待时间、设备到设备之间的运输时间、工序的启动时间、工件的检测时间和工件返工时间之和。在式(4-25)中,P_t^i 表示晶圆卡 t 第 i 层电路制备的工序集,$TransferT_j$ 表示该晶圆卡在完成第 $j-1$ 道与第 j 道工序之间由自动化搬运系统完成的运输作业时间,$WaitT_j$ 表示晶圆卡在完成第 j 道工序之前由于没有空闲设备而在缓冲区存储的等待时间,$SetupT_j$ 表示晶圆卡在完成第 j 道工序之前的启动换模时间,$ProcessT_j$ 表示晶圆卡在完成第 j 道工序时的加工时间,$TestT_j$ 表示晶圆卡在第 j 道工序后的质检时间,$ReworkT_j$ 表示晶圆卡的第 j 道工序未通过质检而造成返工所花的时间。由于昂贵的造价与高设备折旧费用,晶圆制造系统通常满负荷甚至超负荷运转,以保持较高的设备利用率。晶圆在重点设备前通常有较长的等待队列,需要较长的等待时间。因此,在晶圆工期的组成中,晶圆的等待时间 $WaitT_j$ 通常占据最主要的部分,其次是晶圆的加工时间 $ProcessT_j$、检测时间 $TestT_j$、换模时间 $SetupT_j$、运输时间 $TransferT_j$ 与返工时间 $ReworkT_j$。

2)层次传递效应与晶圆传递效应分析

随着制备工艺的发展,集成电路的面积逐渐增大,目前正从 300mm 向 450mm 发展,制备工艺越来越先进,业界领先的台积电正在突破 7nm 的制程技术。按照摩尔定律的发展规律,每 18 个月单位面积硅片上的电路数量就会增加 1,功耗降低一半。如图 4-27 所示为集成电路多层堆叠结构,随着单位面积硅片上的电路数量大幅增加,晶圆制备过程受到设备专用约束与工具专属约束的影响越来越大。

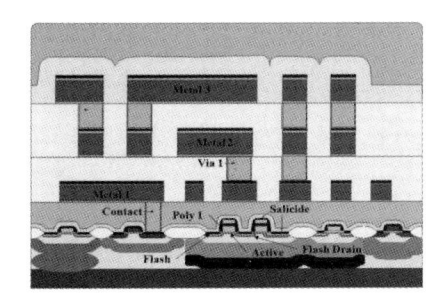

图 4-27 集成电路多层堆叠结构

设备专用约束是指在晶圆制备过程中,多次重入过程中的关键工序要由同一台设备来完成。在晶圆制造过程中,集成电路由多层电路堆叠形成,多次重入过程制备的单层电路需要准确定位与连接，形成最终的立体电路。如图 4-28 所示为晶圆光刻工艺流程。在目前 7～100nm 的线宽要求下，晶圆在多次重入过程中的图形化工艺中的光刻工序必须由同一台光刻设备完成，以消除设备之间的系统误差，从而确保多层电路之间能够准确连接。因此，当晶圆在某台光刻机上完成了首次光刻工序之后，晶圆会在后续的重入工序中反复来到该光刻设备完成光刻工序。由于采用了同一台设备进行光刻加工，该晶圆在多次重入中的光刻工序将具备相似的准备时间、制程时间，从而具备相似的工序加工时间。由于光刻机造价高昂，工序执行过程异常复杂，该道工序逐渐成为整个晶圆制造系统中的瓶颈设备。由于晶圆具有多次重入特性，晶圆按照单次重入的周期有规律地到达，从而在光刻区域形成了相对稳定的等待光刻工序的队列长度。因此，同一个晶圆在不同次重入过程中的光刻工序将具备相似的等待时间。光刻工序是晶圆制备过程中最重要的工序之一，晶圆片在光刻工序中的等待时间与加工时间对晶圆的完工周期具有重要的影响。一个 300mm 的普通晶圆片在光刻区域流转的时间将占生产周期的 25%～40%。因此，同一个晶圆卡在多次重入过程中完成多层电路的制备周期之间存在相关关联，这种关联关系定义如下。

（1）层次传递效应

设备专用约束规定了晶圆在多次重入中反复历经同一光刻设备来完成一层电路的图形化工序，因而同一个晶圆卡不同层电路的制备过程中具备相似的等待时间和加工时间，从而使得同一晶圆片不同层电路的完工周期存在关联性，这种关联性被定义为层次传递效应。

（2）晶圆传递效应

由于同一种类的晶圆卡具备相同的制程参数，使得同一种类的两个晶圆卡在工序的完工时间上具备相似性。因此，在晶圆的逐层制造过程中，同一种类的不同晶圆卡在同一层电路的制备周期上也存在关联性，这种关联性被定义为晶圆传递效应。

2．晶圆工期预测模型

本案例在经典的 Vanilla LSTM 循环神经网络的基础上，提出了 Bilateral LSTM 晶圆单层工期预测模型，在 LSTM 单元中引入双递归流（hw_{t-1}^{i} 和 hl_{t}^{i-1}），实现晶圆传递效应与层次传递效应的双向传递，如图 4-29 所示。其中 hw_{t-1}^{i} 表示同一层次两个相邻产出的晶圆卡之间的工期关联关系；hl_{t}^{i-1} 表示同一晶圆相邻两个晶圆层的工期的关联关系。

(a) 光刻工艺模块示意

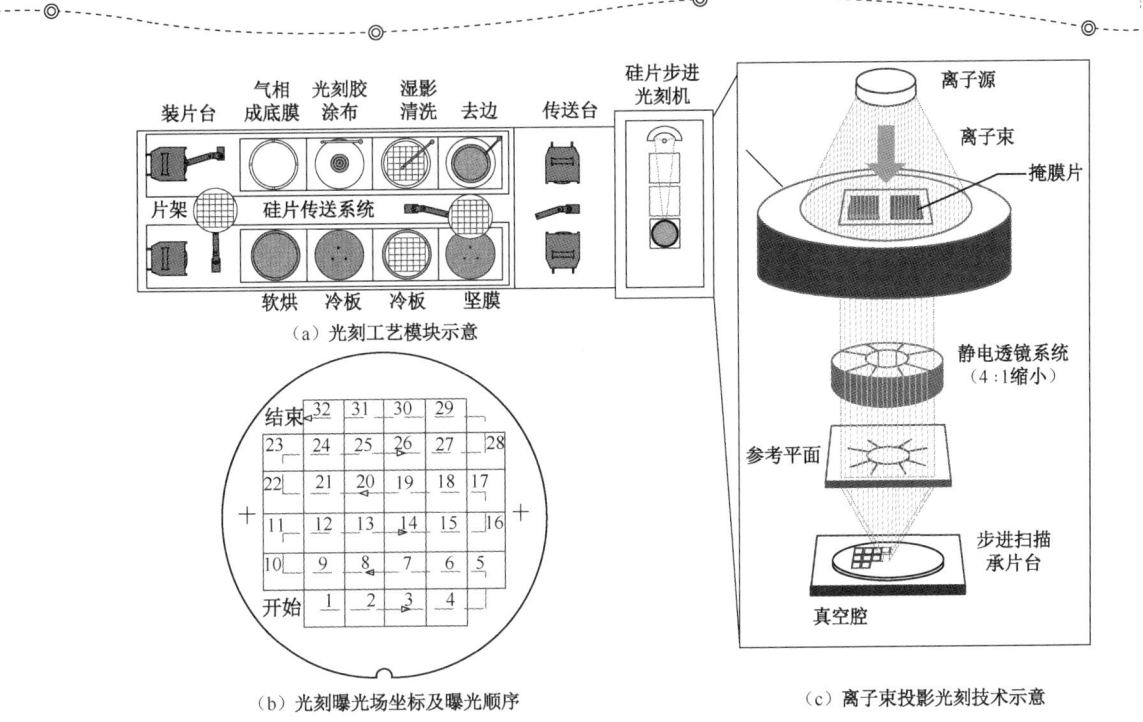

(b) 光刻曝光场坐标及曝光顺序

(c) 离子束投影光刻技术示意

图 4-28 晶圆光刻工艺流程

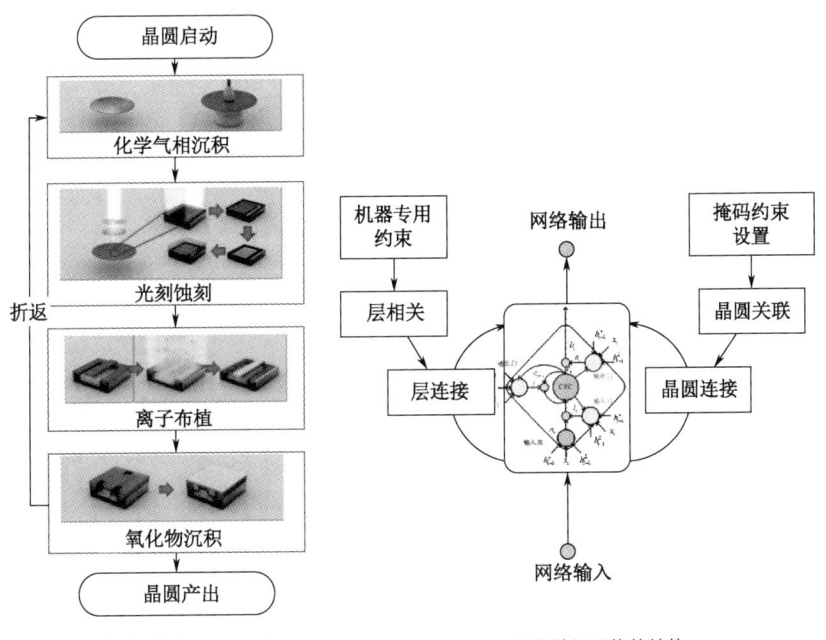

(a) 晶圆厂的折返工艺路线

(b) 递归神经网络的结构

图 4-29 晶圆制造中的重入工艺与循环神经网络

晶圆工期数据的多样化特性一直是晶圆工期预测与调控中的难题。为了从多样化的预测数据中挖掘知识，从而进行工期的精准预测，国内外学者进行了充分的研究，并逐渐形成了"分类+预测"的方法。该方法通过对晶圆工期数据进行分类来纯化数据，降低类内的数据多样性，并针对每一类单独构建预测模型，对晶圆工期进行预测。而在 Vanilla LSTM 循环神经网络中，其 CEC 存储单元采用单维数组存储网络隐单元的状态，难以实现多样化晶圆工期数据的存储与表达。通过借鉴"分类+预测"方法中对多样化数据分而治之的思想，提出了带多维度存储结构的隐单元，根据数据的相似性将循环神经网络中的隐单元存储于 Multi-CEC 结构中，并设计 Multi-CEC 状态读取与更新算法，实现多样化的晶圆工期数据的存储与表达。

本案例提出的面向晶圆单层工期预测的 Bilateral LSTM 神经网络模型如图 4-30 所示。在式（4-26）中，x_t^i 是预测的输入参数集，包含晶圆卡的优先级、设备的等待队列长度、在制品数量等；hw_{t-1}^i 表示 Bilateral LSTM 神经网络模型的晶圆递归流，其值与第 $t-1^{th}$ 个晶圆卡的第 i^{th} 层工期预测的 LSTM 模型的隐单元输出相等，如式（4-27）所示；hl_t^{i-1} 表示 Bilateral LSTM 模型的层次递归流，其值与第 t^{th} 个晶圆卡的第 $i-1^{th}$ 层工期预测的 LSTM 模型的隐单元输出相等，如式（4-28）所示；$f_t^{r\,i}(\cdot)$ 表示对 t^{th} 个晶圆卡的第 $i-1^{th}$ 层工期预测的 Bilateral LSTM 神经网络模型。模型内部的前向参数更新机理如式（4-26）~（4-28）所示。

$$\text{CT}_t^i = W_{\text{cth}} f_t^{r\,i}\left(x_t^i, \text{hw}_{t-1}^i, \text{hl}_t^{i-1}\right) \tag{4-26}$$

$$\text{hw}_{t-1}^i = f_{t-1}^{r\,i}\left(x_{t-1}^i, \text{hw}_{t-2}^i, \text{hl}_{t-1}^{i-1}\right) \tag{4-27}$$

$$\text{hl}_t^{i-1} = f_t^{r\,i-1}\left(x_t^{i-1}, \text{hw}_{t-1}^{i-1}, \text{hl}_t^{i-2}\right) \tag{4-28}$$

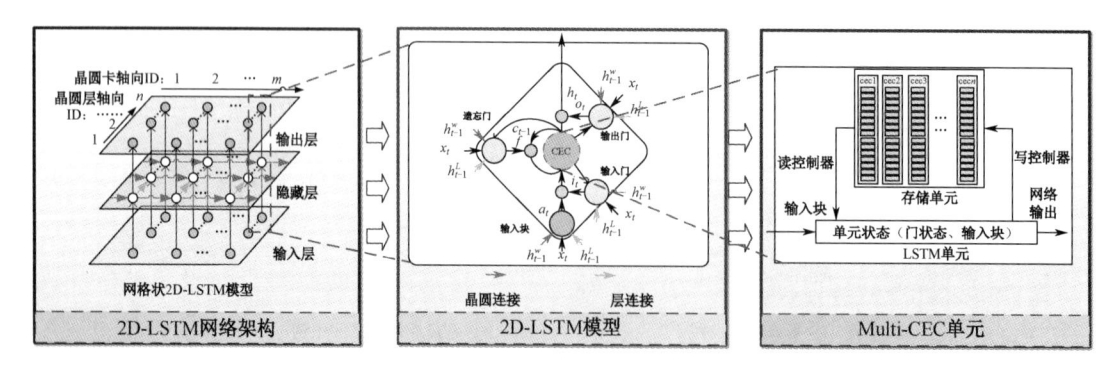

图 4-30 Bilateral LSTM 神经网络模型结构

1）二维网络拓扑结构

为了表征晶圆单层工期预测中的两种关联关系形成的双向信息传递，本节设计的双向循环神经网络单元 2D-LSTM，在传统的三层神经网络中植入双向递归流，如图 4-31（a）所示，使得 2D-LSTM 单元可沿着晶圆卡轴向和晶圆层轴向两个方向进行展开，如图 4-31（b）所示。其中，晶圆卡轴向表示对于不同晶圆卡的同一层电路制备工期预测模型之间存在递归流连接。在同一晶圆卡轴向上的 LSTM 神经网络单元为 $\cdots f_t^{r^i}(\cdot), f_n^{r^i}(\cdot), f_k^{r^i}(\cdot), \cdots$，其中 $f_t^{r^i}(\cdot), f_n^{r^i}(\cdot), f_k^{r^i}(\cdot)$ 分别为用于晶圆卡 t, n, k 第 i 层电路工期的预测。在该序列中，晶圆卡 t, n, k 在第 $i-1$ 层电路的制备上相邻产出，因此按照该层产出的顺序，对下一层电路（第 i 层）的制备周期进行预测。这种连接使得不同的晶圆卡在同一层电路制备过程中的 LSTM 单元沿着产出的顺序相互连接，从而使得不同晶圆卡在同一层电路制备过程中的晶圆传递效应得以互相传递。晶圆层轴向表示同一晶圆卡不同层的工期预测模型之间沿着晶圆层编号相互连接。在同一晶圆层轴上的 LSTM 神经网络单元为 $f_t^{r^1}(\cdot), f_t^{r^2}(\cdot), f_t^{r^3}(\cdot), \cdots f_t^{r^n}(\cdot)$，其中的各个元素分别用于晶圆卡 t 在各层制备过程中的连接（该晶圆卡共有 n 层电路）。在晶圆层轴向上，用于同一晶圆卡不同层电路工期预测的神经网络单元相互连接，使得同一晶圆卡不同层电路的制备工期之间的层次传递效应得以互相传递。这两种连接的存在，使得 2D-LSTM 单元可沿晶圆卡轴向和晶圆层轴向进行展开，形成二维的网络结构，如图 4-31（c）所示。

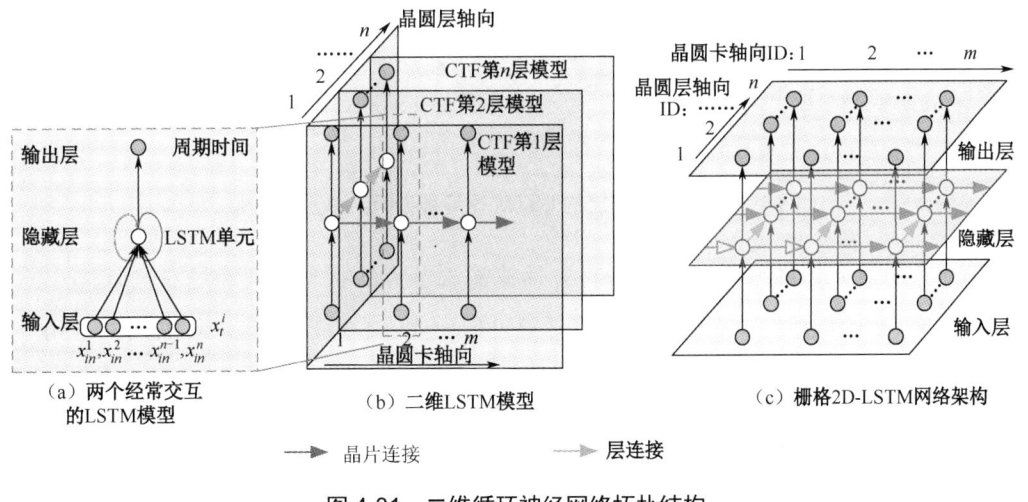

图 4-31 二维循环神经网络拓扑结构

在所设计的 2D-LSTM 中，每个 LSTM 神经网络单元 $f{'}_t^i(\cdot)$ 都用于某一晶圆卡某一层电路制备过程的工期预测，其中每一 LSTM 单元 $f{'}_t^i(\cdot)$ 都包含 3 个逻辑门的值、1 个 CEC 存储单元与 1 个块状输入。从网络拓扑结构来看，$f{'}_t^i(\cdot)$ 是一种带双递归流的 3 层神经网络模型，其用于对 t^{th} 个晶圆卡的第 t^{th} 层工期进行预测。该双向循环网络单元的结构如图 4-32 所示，单元的输入块由 x_t^i、hw_{t-1}^i 和 hl_t^{i-1} 3 部分构成。其中 x_t^i 表示当前的新输入；hw_{t-1}^i 表示沿着晶圆卡轴向传递的晶圆递归流；hl_t^{i-1} 表示沿着晶圆层轴向传递的层次递归流。单元的输入可从块状输入、输入门、遗忘门、输出门进入 2D-LSTM 单元。其中，输入门用于控制输入对网络存储单元 MCEC 的影响；遗忘门用于控制上一时刻的网络隐单元 MCEC 对下一时刻网络隐单元的影响；输出门用于控制网络隐单元对 2D-LSTM 单元输出的影响。

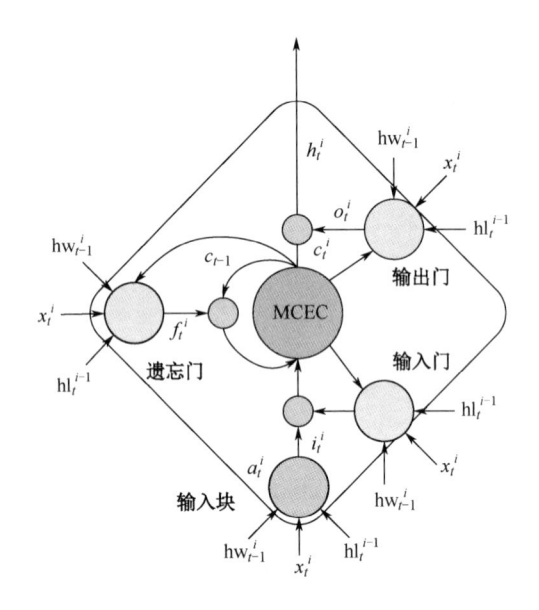

图 4-32 带双递归流的 LSTM 循环神经网络单元的结构

在网络的前向传播过程中，模型首先计算输入节点的状态，其通过对输入块（x_t^i，hw_{t-1}^i，hl_t^{i-1}）进行加权计算可得。具体计算过程如式（4-29）所示。其中，W_{xa}、W_{hwa}、W_{hla} 为加权矩阵；b_a 为偏置矩阵；$g(\cdot)$ 为激活函数，在本模型中为双曲正切函数 $\tanh(x)$。

$$\overline{a}_t^i = W_{xa}x_t^i + W_{hwa}hw_{t-1}^i + W_{hla}hl_t^{i-1} + b_a \quad a_t^i = g(\overline{a}_t^i) \tag{4-29}$$

在模型输入门的状态更新中，其输入不仅包括输入块（x_t^i，hw_{t-1}^i，hl_t^{i-1}）中的 3 部分元素，还包括隐单元与 3 个门结构的状态连接。具体计算过程如式（4-30）所示。其中，W_{xi}、W_{hwi}、W_{hli}、W_{ci} 为加权矩阵；b_i 为偏置矩阵；$\sigma(x)$ 为激活函数，在本模型中为 sigimoid 函数。

$$\bar{i}_t^i = W_{xi}x_t^i + W_{hwi}\text{hw}_{t-1}^i + W_{hli}\text{hl}_t^{i-1} + W_{ci}c_{t-1}^i + b_i i_t^i = \sigma\left(\bar{i}_t^i\right) \tag{4-30}$$

模型的遗忘门状态更新与输入门相似，其输入包括输入块（x_t^i，hw_{t-1}^i，hl_t^{i-1}）中的 3 部分元素和上一时刻的隐单元状态 c_{t-1}^i。具体计算过程如式（4-31）所示。其中，W_{xf}、W_{hwf}、W_{hlf}、W_{cf} 为加权矩阵；b_f 为偏置矩阵；$\sigma(x)$ 为 sigimoid 激活函数。

$$\bar{f}_t^i = W_{xf}x_t^i + W_{hwf}\text{hw}_{t-1}^i + W_{hlf}\text{hl}_t^{i-1} + W_{cf}c_{t-1}^i + b_f f_t^i = \sigma\left(\bar{f}_t^i\right) \tag{4-31}$$

在完成输入节点、输入门、遗忘门的状态更新之后，模型开始更新隐单元的状态，其计算过程如式（4-32）所示。在 Bilateral LSTM 模型中，为存储和表达多样化的晶圆工期关联关系，引入多维度的隐单元存储结构，在式（4-32）中，$f^{mr}(\cdot)$ 为隐单元状态计算函数，其基于多维度隐单元 M_t^i、输入节点 a_t^i、输入门 i_t^i、遗忘门 f_t^i 的状态对隐单元的状态进行更新。

$$\text{Memory status: } c_t^i = f^{mr}\left(M_t^i, a_t^i, i_t^i, f_t^i\right) \tag{4-32}$$

在完成了隐单元的状态更新之后，模型根据输入块（x_t^i，hw_{t-1}^i，hl_t^{i-1}）中的 3 部分元素和隐单元 c_t^i 对输出门的状态进行更新。具体计算过程如式（4-33）所示。其中，W_{xo}、W_{hwo}、W_{hlo}、W_{co} 为加权矩阵；b_o 为偏置矩阵；$\sigma(x)$ 为激活函数，在本模型中为 sigimoid 函数。其隐单元的状态由输出门和 CEC 结构的状态计算可得，计算过程如式（4-34）所示。其中，$\phi(\cdot)$ 为双曲正切函数 $\tanh(x)$。

$$\bar{o}_t^i = W_{xo}x_t^i + W_{hwo}\text{hw}_{t-1}^i + W_{hlo}\text{hl}_t^{i-1} + W_{co}c_t^i + b_o o_t^i = \sigma\left(\bar{o}_t^i\right) \tag{4-33}$$

$$h_t^i = o_t^i \cdot \phi\left(c_t^i\right) \tag{4-34}$$

2）多维度记忆单元结构

为了存储晶圆工期预测中的复杂关联关系，借鉴神经图灵机的思想，引入多维度的记忆单元结构（Multi-CEC，MCEC），对复杂关联关系进行存储。MCEC 结构引入多个与单维度 CEC 等长的 CEC 向量（$\text{cec}_1, \text{cec}_2 \cdots \text{cec}_n$）来存储关联关系，其通过状态读取控制器和状态更新控制器来与 LSTM 单元进行交互。多维度记忆单元结构如图 4-33 所示。

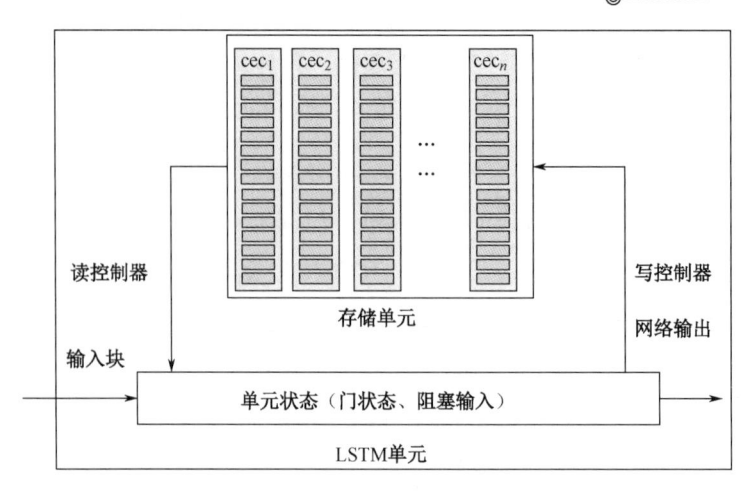

图 4-33 多维度记忆单元结构

（1）状态读取控制器

多维度记忆单元 M_t 本质上是一个 $M\times N$ 的矩阵，其中 M 是 CEC 向量的长度，N 是 CEC 向量的数量。在前向状态更新过程中，状态读取控制器将通过加权 t 时刻的 CEC 向量 $\text{cec}_t^1,\text{cec}_t^2\cdots\text{cec}_t^n$ 来得到 t 时刻的记忆单元状态。在加权过程中，对 j 个 CEC 向量的权重 $w_{\text{mc}j}$ 通过衡量当前 CEC 向量 cec_t^j 与单元的输入 i_t^i 之间的相似性来决定，其计算方式如式（4-35）和式（4-36）所示。

$$c_t^i = f^{\text{mr}}\left(M_t^i, a_t^i, i_t^i, f_t^i\right) = M_t^i W_{\text{CM}}$$
$$= \left[\text{cec}_t^1, \text{cec}_t^2 \cdots \text{cec}_t^n\right]\left[w_{\text{mc}1}, w_{\text{mc}2} \cdots w_{\text{mc}n}\right]^T \tag{4-35}$$

$$w_{\text{mc}j} = \frac{\text{cec}_t^j i_t^i}{\left|\text{cec}_t^j\right|\times\left|i_t^i\right|} \times \left(\sum_{j=1}^{n}\frac{\left|\text{cec}_t^j\right|\left\|i_t^i\right\|}{\text{cec}_t^j i_t^i}\right) \tag{4-36}$$

（2）状态更新控制器

MCEC 单元的状态更新是 2D-LSTM 单元运行中的重要环节，借鉴 Vanilla LSTM 中单维记忆单元的状态更新方法，提出了多维度记忆单元的状态更新方法，如式（4-37）所示。在 MCEC 状态更新过程中，对单个 CEC 向量分别进行状态更新，首先引入遗忘门状态 f_t^i，通过 f_t^i 与 cec_{t-1}^j 的点积确定 $t-1$ 代 CEC 向量对 t 代 CEC 向量的影响。然后通过输入参数 a_t^i 与输入门 i_t^i 的点积计算输入对 MCEC 单元的影响，通过与当前 CEC 向量的权值 $w_{\text{mc}j}$ 可得模型的输入对当前 CEC 向量 cec_t^j 的影响。将两者相加即可综合 $t-1$ 代 CEC 向量对 t 代 CEC

向量的影响及当前模型输入对 CEC 向量的影响，得到 t 代各 CEC 向量的值，从而实现 MCEC 单元的状态的更新

$$\text{cec}_t^j = f_t^i \cdot \text{cec}_{t-1}^j + \left(i_t^i \cdot a_t^i\right) \cdot w_{mcj} \tag{4-37}$$

3. 实验与结果分析

根据上海某晶圆厂的 3 种晶圆产品（a、b 和 c）的实际工艺数据和设备配置信息，构建晶圆制造系统的仿真模型，以固定的投料速度进行均匀投料，获取 3 种晶圆的工期数据进行预测实验。在 Bilateral LSTM 模型中，3 个控制门状态向量的长度和记忆存储单元的维度和数据特性与问题规模密切相关。在 Bilateral LSTM 模型中，输入门、输出门和遗忘门的状态向量的长度应当等长，以维持模型的一致性。因此设计先导实验，对控制门状态向量的长度和 MCEC 结构的维度进行优化。实验结果（见图 4-34）表明，在控制门状态向量长度为 8，MCEC 结构维度为 5 时，Bilateral LSTM 模型拥有较好的预测效果。

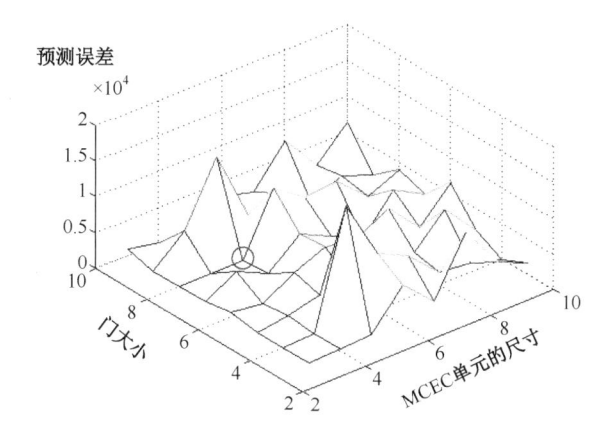

图 4-34 模型超参数优选实验

针对 3 种不同的晶圆，采用各 300 个晶圆卡的各层工期数据进行工期预测实验，其中晶圆 a 共有 20 次重入工艺，包含 20 层工期预测数据；晶圆 b 共有 17 次重入工艺，包含 17 层重入工艺；晶圆 c 共有 27 次重入工艺，包含 27 层工期预测数据。在工期预测过程中，以 ShaM、TirkelM 和 WangM 作为参照方法，与本节提出的 Bilateral LSTM 模型进行工期预测效果对比。在预测过程中，采用 80% 的数据作为训练集，20% 的数据作为验证集，并根据验证集的预测效果进行分析。

在对 Bilateral LSTM 模型进行训练的基础上，采用验证数据对晶圆单层工期的预测效果进行分析。晶圆单层工期预测的平均相对误差（Mean Relative Error，MRE）如图 4-35 所示。实验结果表明，Bilateral LSTM 模型在平均相对误差上要全面优于 ShaM、TirkelM 和 WangM 方法。在晶圆单层工期的预测中，3 种参照方法的平均相对误差波动较大。其中，WangM 方法在晶圆 b 的第二层工期预测中，MRE 达到 1.62，而在该类晶圆的第 13 层工期预测中，MRE 达到 0.24。本案例设计的 Bilateral LSTM 模型则在晶圆的各层工期预测中都具备相对稳定的 MRE。

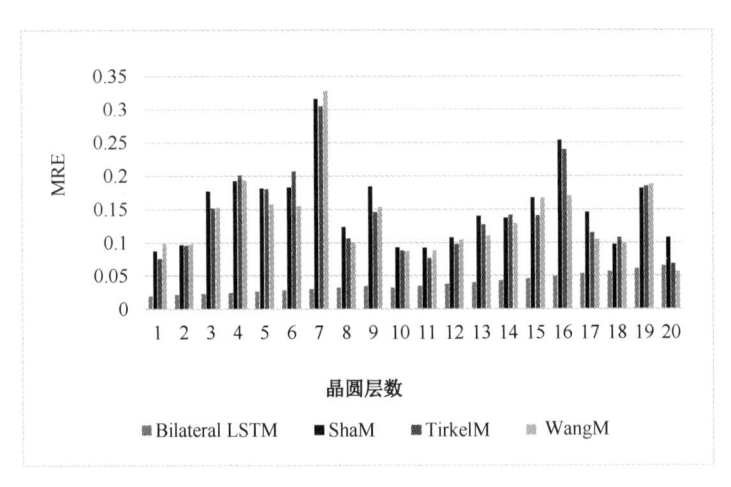

（a）晶圆 a 的单层工期预测 MRE

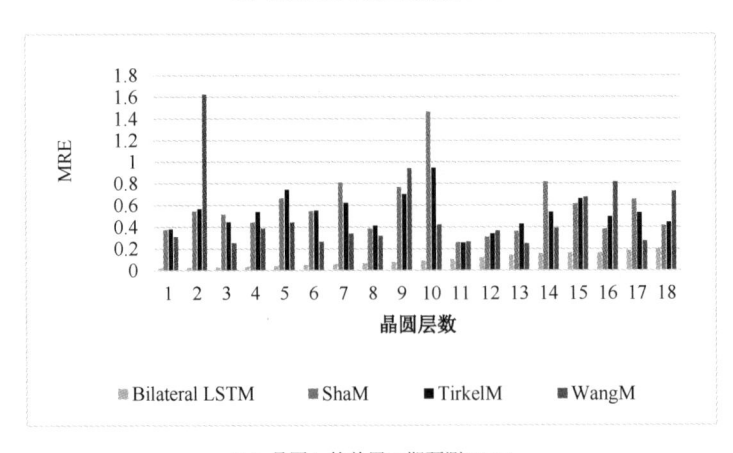

（b）晶圆 b 的单层工期预测 MRE

图 4-35 Bilateral LSTM、ShaM、TirkelM、WangM 方法对晶圆单层工期预测的 MRE 对比

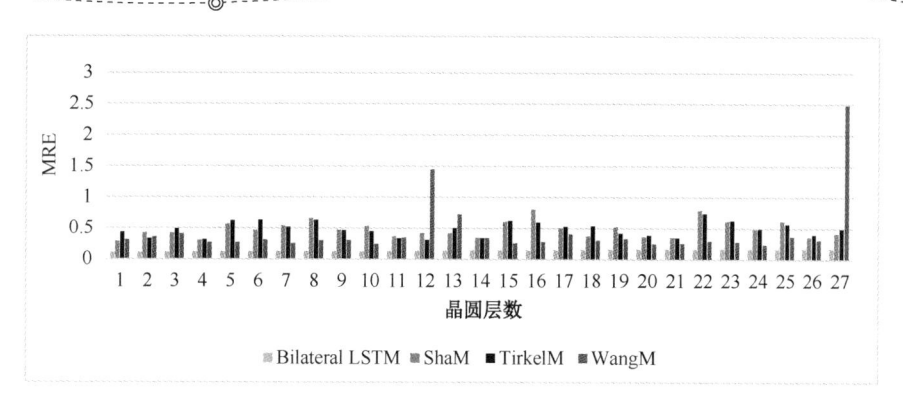

(c) 晶圆 c 的单层工期预测 MRE

图 4-35 Bilateral LSTM、ShaM、TirkelM、WangM 方法对晶圆单层工期预测的 MRE 对比（续）

在预测结果相对误差的标准差（Standard Deviation of the Relative Error，SDRE）上，Bilateral LSTM 模型也具备优异的预测性能。如图 4-36 所示，Bilateral LSTM 模型在 3 种晶圆单层工期预测的 SDRE 指标上要全面优于 3 种参照方法。在晶圆 c 的工期预测中，Bilateral LSTM 模型在所有 27 层工期预测中都具有较小的 SDRE 值，远优于 ShaM、TirkelM 和 WangM 方法。

在与 ShaM、TirkelM 和 WangM 等工期预测方法的对比中，具备二维结构和多维度记忆存储单元的 Bilateral LSTM 模型展现了极其优异的预测性能，其在绝大多数晶圆层的工期预测中在精度和稳定性上都优于 3 种对比算法。为了探究模型结构对预测性能的影响，进一步将 Bilateral LSTM 模型与 LSTM-MCEC 和 2D-LSTM 模型进行预测性能对比。其中，LSTM-MCEC 模型是指带单个递归流，多维度 CEC 单元的 LSTM 循环神经网络模型；2D-LSTM 是指带两个递归流，单维度 CEC 单元的循环神经网络模型。3 种模型的晶圆工期预测结果如图 4-37 所示。在工期预测的 MRE 上，Bilateral LSTM 模型在晶圆 a 的 19 层、晶圆 b 的 11 层、晶圆 c 的 5 层工期预测中优于 LSTM-MCEC 模型，这说明双递归流形成的二维网络结构能够带来预测性能的提升。

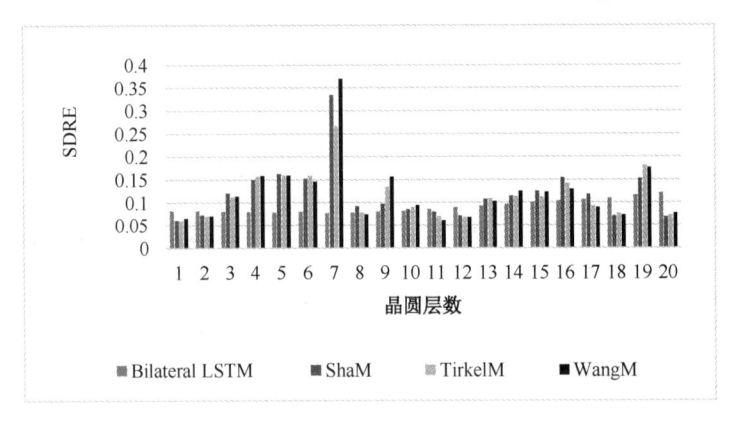

（a）晶圆 a 的单层工期预测 SDRE

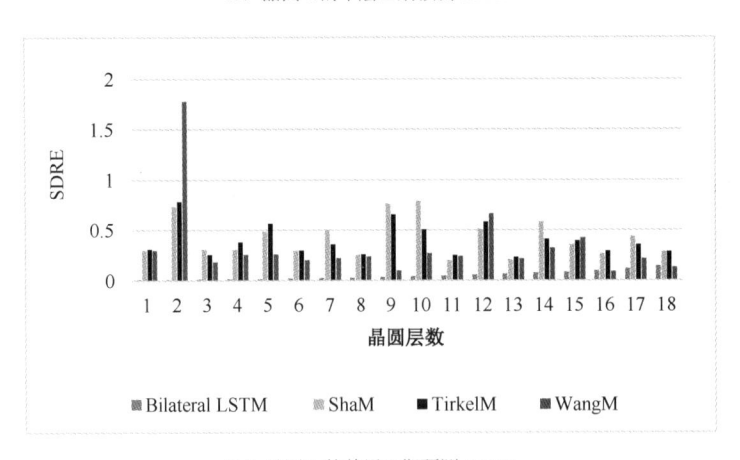

（b）晶圆 b 的单层工期预测 SDRE

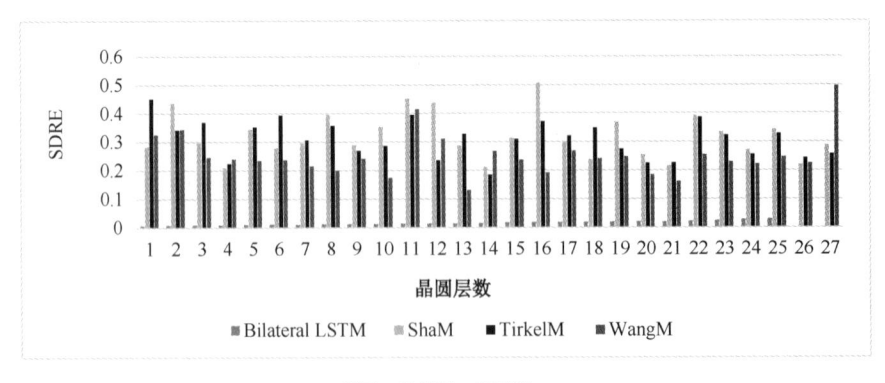

（c）晶圆 c 的单层工期预测 SDRE

图 4-36　Bilateral LSTM、ShaM、TirkelM、WangM 方法对晶圆单层工期预测的 SDRE 对比

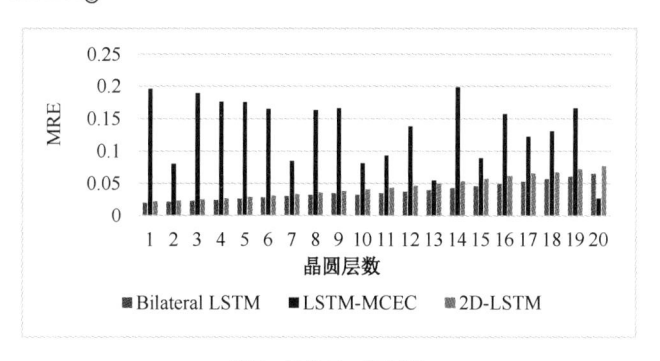

（a）晶圆 a 的单层工期预测 MRE

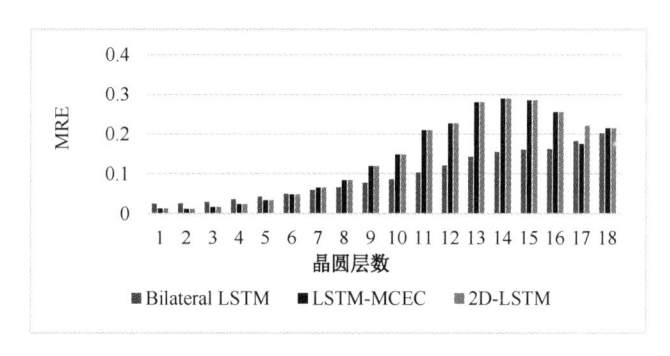

（b）晶圆 b 的单层工期预测 MRE

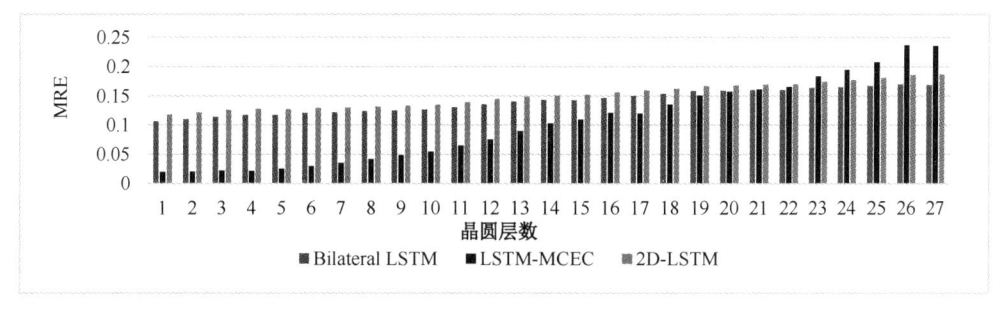

（c）晶圆 c 的单层工期预测 MRE

图 4-37　Bilateral LSTM、LSTM-MCEC、2D-LSTM 模型对单层工期预测的 MRE 对比

LSTM 模型中传递的关联关系存储在记忆单元 CEC 中，为探究多维度 CEC 单元对预测性能的影响，将 Bilateral LSTM 模型与 2D-LSTM 模型进行预测性能对比，结果如图 4-38 所示。在晶圆 a 和 b 的 15 层、晶圆 c 的 27 层工期预测中，Bilateral LSTM 模型在 SDRE 性能上优于 2D-LSTM 模型。这意味着带有 MCEC 结构的 Bilateral LSTM 模型在预测的稳定性上要优于 2D-LSTM 模型。

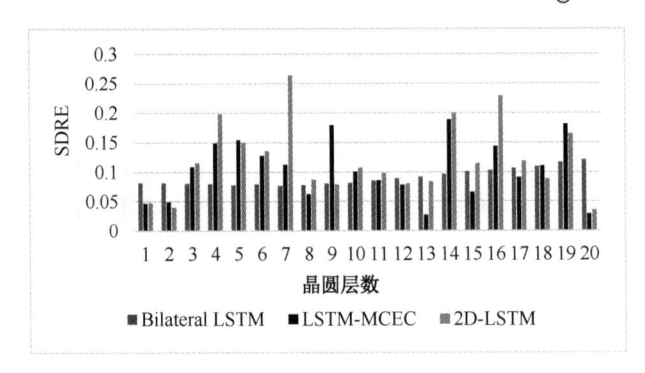

(a)晶圆 a 的单层工期预测 SDRE

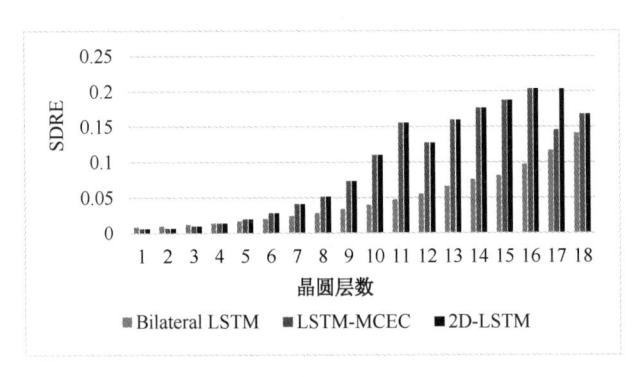

(b)晶圆 b 的单层工期预测 SDRE

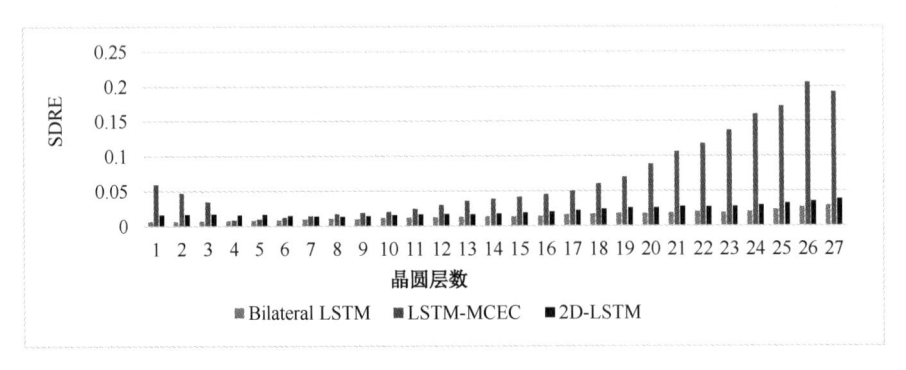

(c)晶圆 c 的单层工期预测 SDRE

图 4-38　Bilateral LSTM、LSTM-MCEC、2D-LSTM 模型对单层工期预测的 SDRE 对比

4.4　本章小结

本章主要介绍了工业领域中从精确求解到近似预测的发展历程，将工业预测任务分成

了时序预测任务和因果预测任务两类，并重点分析了应对这两类任务的主流工业大数据预测方法，包括早期的浅层机器学习预测算法及近期发展迅猛的深度学习预测方法。最后，以石油化工泵的故障预测实际案例给出了时序预测任务的解决方案，以晶圆工期预测实际案例给出了因果预测任务的解决方案。不难看出，没有最好的算法，只有最适合问题特点的算法。通过本章的介绍，期望启发读者结合具体的工程问题特点，设计妥帖合理的工业预测方法。

参 考 文 献

[1] 柳天虹. 工业大数据时间序列预测方法研究及应用[D]. 东南大学，2018.

[2] Timothy P. Lillicrap, Adam Santoro, Luke Marris, Colin J. Akerman, Geoffrey Hinton. Backpropagation and the brain[J]. Nature Reviews Neuroscience, 2020, 21(6).

[3] Cortes C, VAPNIK V. Support-vector Networks[J]. Machine Learning. 1995, 30(3):273-297.

[4] Hinton G E, Salakhutdinov R R. Reducing the dimensionality of data with neural networks[J]. Science. 2006, 313(5786): 504-507.

[5] 毋雪雁，王水花，张煜东. K 最近邻算法理论与应用综述[J]. 计算机工程与应用，2017，53(21):1-7.

[6] Quinlan J R. Induction of decision trees[J]. Machine Learning, 1986, (1): 81-106

[7] Breiman L. Random Forests[J]. Machine Learning, 2001, 45 (1).

[8] Lecun Y, Bengio Y, Hinton G. Deep learning[J]. Nature, 2015, 521(7553):436.

[9] G. E. Hinton, R. R. Salakhutdinov. Reducing the dimensionality of data with neural networks[J]. Science, 2006, 313 (57867).

[10] 于凯，贾磊，陈宇强，等. 深度学习的昨天、今天和明天[J]. 计算机研究与发，50(9):1799-1804.

[11] Bengio Y, Lamblin P, Popovici D, et al. Greedy layer-wise training of deep networks[C]// Advances in Neural Information Processing Systems 19, Proceedings of the Twentieth Annual Conference on Neural Information Processing Systems, Vancouver, British

Columbia, Canada, December 4-7, 2006. DBLP, 2007.

[12] Ranzato M, Poultney C, Chopra S, et al. Efficient learning of sparse representations with an energy-based model[C]. Advances in Neural Information Processing Systems (NIPS 2006). 2007:1137-1144.

[13] Erhan D, Bengio Y, Courville A, et al. Why does unsupervised pre-training help deep learning?[J]. Journal of Machine Learning Research, 2010, 11 (3) :625-660.

[14] LeCun Y, Bottou L, Bengio Y, et al. Gradient-based learning applied to document recognition[J]. Proceedings of the IEEE, 1998, 86 (11) :2278-2324.

[15] LeCun Y, Boser B, Denker J S, et al. Backpropagation applied to handwritten zip code recognition[J]. Neural Computation, 1989, 11 (4) :541-551.

[16] Goodfellow I J, Pouget-Abadie J, Mirza M, et al. Generative Adversarial Networks[J]. Advances in Neural Information Processing Systems, 2014, 3:2672-2680.

[17] Hochreiter S, Schmidhuber J. Long Short-Term Memory[J]. Neural Computation, 1997, 9(8):1735-1780.

[18] Gao Li-Gang, Chen Pai-Yu, Yu Shi-Meng. Demonstration of convolution kernel operation on resistive cross-point array[J]. IEEE Electron Device Letters, 2016, 37 (7) :870-873.

第 5 章

不平衡工业大数据分析方法：从量变到质变

5.1 引言

工业大数据技术目前被广泛应用于设备预测性维护、产品缺陷检测等，而在实际应用中，传感器采集的设备数据与产品状态数据具备典型的不平衡性，即异常样本或缺陷样本往往只占总体样本的极少部分。以晶圆缺陷分析数据为例，同批生产的 10 万余片晶圆中，具有区位型缺陷的晶圆约有 2 000 片，具有整片型缺陷的晶圆约有 40 片，只占所有缺陷的极少部分。这体现了大数据的低价值密度特性，即海量数据中仅有极少部分的数据含有重要价值。数据"量"上的差异，会带来"质"的变化。在大数据分析过程中，机器学习模型往往会偏向于数据量多的数据集，而无法充分学习数据量小的数据集，从而产生分析性能上的差异。

因此，本章从大数据的不平衡性出发，围绕不平衡性的定义、不平衡学习方法与典型应用，着重阐述对不平衡工业大数据的分析方法。首先围绕大数据不平衡性的定义、不平衡学习问题的分类与性能评价准则，阐明不平衡学习中的关键问题、指标。然后主要介绍基于采样的不平衡学习方法、基于代价敏感的不平衡学习方法、基于主动学习的不平衡学习方法。在典型应用中，围绕晶圆的缺陷模式识别、三维点云的分割问题，给出了不平衡学习在实际工业中的应用。

5.2　大数据的不平衡性学习问题

5.2.1　大数据的不平衡性

当数据集中至少存在一类（称为少数类）数据远少于其他类时，则称该数据集为不平衡数据集[1]。在大数据技术中，特别是在工业大数据的应用中，这类问题通常被称为"类别不平衡问题"。在类别不平衡问题中，通常将包含多数类的样本称为负类，将包含少数类的样本称为正类。

如图 5-1 所示，在晶圆图缺陷检测的数据集中，不同种类缺陷的数据存在明显的不平衡。图中横坐标表示晶圆图的各个缺陷模式，纵坐标表示各个缺陷模式的数量比例。从图中可以看出，左边 4 种缺陷模式的数量要远远多于右边 4 种，其中数量最多的 Edge-Ring 模式的数量达到数量最少的 Near-full 模式的 65 倍[2]。

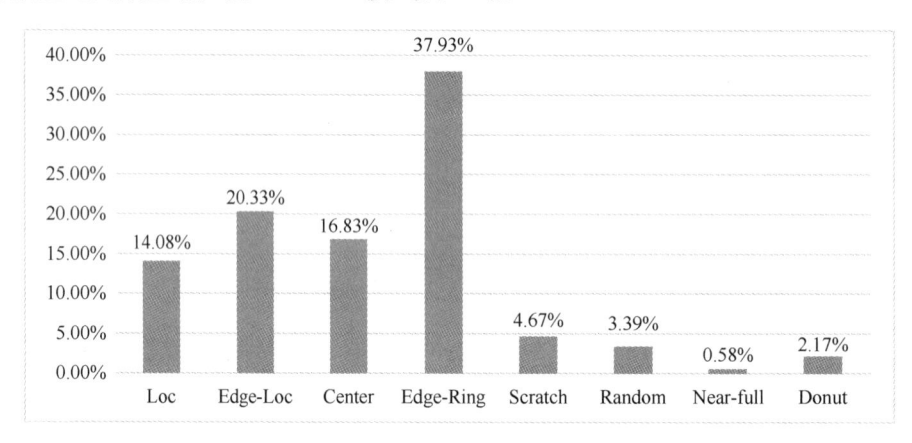

图 5-1　晶圆图缺陷模式数量比例

少数类数据在工业生产系统的复杂问题中往往具有重要价值。例如，在化纤纺丝车间的多条生产线中，绝大多数设备都处于正常运转状态，只有极少数设备会发生运行故障，这些故障设备的数据在生产线流程数据中所占比例极小。若利用传统的分类算法而不考虑数据不平衡性的影响，往往会造成分类结果不精确而导致对生产线设备健康状态的误判，不利于设备的健康运维乃至整个生产线的正常运行。因此，不平衡数据集上的高精度分类成为新的挑战。

在类不平衡问题中，负类样本与正类样本的比率通常被称为不平衡率（Imbalanced Ratio，IR），对于数据不平衡性的描述，如式（5-1）所示：

$$\text{IR} = \frac{N_{\text{positive class}}}{N_{\text{negative class}}} \tag{5-1}$$

IR 值越大，就意味着数据分布越不平衡，用传统的分类方法训练出来的模型越不准确，对工业生产过程的影响也就越大。

5.2.2　不平衡学习问题分类

根据不同的划分标准，不平衡学习问题可以被分为不同的类别。

1．根据类别数量划分

根据类别的数量，可以将不平衡学习问题划分为二分类不平衡学习问题和多分类不平衡学习问题[3]。实际中，不平衡学习问题以二分类居多，对多分类不平衡学习问题的研究也往往会转化为二分类不平衡学习问题。

2．根据 IR 划分

根据 IR，可以将数据的不平衡程度分为 3 个级别[4]：轻度不平衡（IR 值为 1.5～3）、中度不平衡（IR 值为 3～9）、极度不平衡（IR 值大于 9）。随着不平衡率的增加，分类算法的性能逐渐受到影响，在极度不平衡情况下甚至完全失效。

3．根据范围划分

根据范围不同，可以将不平衡学习问题划分为类间不平衡学习问题和类内不平衡学习问题。类间不平衡学习问题即传统意义上的不同类之间的不平衡学习问题；类内不平衡学习问题通常反映为同类样本内存在小析取状况，即少数类各子类之间样本数量不平衡。类间不平衡学习问题和类内不平衡学习问题有时候会同时出现，给分类过程带来了更大的挑战[5]。

5.2.3　不平衡学习的效果评价准则

在不平衡学习问题中，分类模型的性能可通过分类结果混淆矩阵来描述，如表 5-1 所示。

表 5-1　分类结果混淆矩阵

项　　目	预测的正类	预测的负类
真实的正类	TP（真正率）	FN（假负率）
真实的负类	FP（假正率）	TN（真负率）

在表 5-1 中，TP 和 TN 分别表示真实样本是正类/负类时，被预测为正类/负类的样本数量；FP 和 FN 分别表示真实样本是负类/正类时，被预测为正类/负类的样本数量。从表中可以很容易发现这样的关系：TP+TN 等于预测正确的样本数，FP+FN 等于预测错误的样本数，那么 TP+TN+FP+FN 就等于样本总数。

根据混淆矩阵中的 4 个关键参数，不平衡学习的性能效果可用分类准确度 Acc、查准率 Precision、召回率 Recall（也称查全率，真正率）、和真负率 TNR 来评价，计算方法如下：

$$Acc = \frac{TP+TN}{TP+TN+FP+FN} \tag{5-2}$$

$$Precision = \frac{TP}{TP+FP} \tag{5-3}$$

$$Recall = TPR = \frac{TP}{TP+FN} \tag{5-4}$$

$$TNR = \frac{TN}{TN+FP} \tag{5-5}$$

在这 4 个性能评价指标中，Precision 与 Recall 是一对矛盾的指标，当其中一个较高时，另一个则较低。当两者的值相对均衡时，则为较理想的状态。两者的平衡关系还可以用 F-measure 来评价，计算方法如下：

$$F\text{-measure} = \frac{2 \times Precision \times Recall}{Precision + Recall} \tag{5-6}$$

TPR 与 TNR 之间的平衡关系也可以用 G-mean 来衡量，计算方法如下：

$$G\text{-mean} = \sqrt{TPR \times TNR} \tag{5-7}$$

与 F-measure 类似，当 TPR 与 TNR 的值比较接近时，G-mean 接近峰值。

上述测度均适用于二分类问题，在多分类问题中，需要对 F-measure 和 G-mean 进行变换。在多分类问题中，Precision 与 Recall 的平衡关系可用 F-score 测度来评价，计算方法如下：

$$\text{F-score} = \frac{\sum_{i=1}^{M} \text{F-measure}_i}{M} \tag{5-8}$$

式中，M 为所需分类个数，F-score 相当于将多分类问题转化为多个二分类问题，在每个二分类上计算 F-measure，再对它们求平均值。

同理，G-mean 也反映了各类样本分类精度的几何平均值，其测度可以表示为：

$$\text{G-mean} = \left(\prod_{i=1}^{M} \text{Acc}_i \right)^{1/M} \tag{5-9}$$

除了上述的不平衡测度之外，还可用接收者操纵特征曲线下面积（Area Under the Receiver Operating Characteristic Curve，AUC）指标来评价学习效果。接收者操作特征曲线（Receiver Operating Characteristic Curve，ROC）如图 5-2 所示。ROC 是由第二次世界大战中的电子工程师和雷达工程师发明的用来侦测战场上敌军载具（飞机、船舰）的指标，属于信号检测理论。ROC 的横坐标是伪阳性率（也叫假正类率，False Positive Rate，FPR），其计算方法如式（5-10）所示；纵坐标是真阳性率（也叫真正类率，True Positive Rate，TPR），其计算方法如式（5-11）所示。

$$\text{FPR} = \frac{\text{FP}}{\text{TN} + \text{FP}} \tag{5-10}$$

$$\text{TPR} = \frac{\text{TP}}{\text{FN} + \text{TP}} \tag{5-11}$$

在图 5-2 中可以看到，阴影部分的面积即为 ROC 的曲线下面积。它可以被视为不同 FPR 情况下 TPR 的表现值。通常情况下，如果一个分类模型的 AUC 评价测度越高，则该分类模型在不平衡数据集下的表现越好。

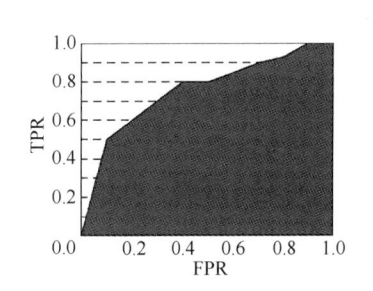

图 5-2 ROC 示例

5.3 不平衡学习方法

自 20 世纪 90 年代以来，类别不平衡问题一直是机器学习与数据挖掘领域的难点与热点问题，形成了数据采样、主动学习、代价敏感等代表性不平衡学习方法。不平衡学习问题主要有两类解决方法：基于采样的方法和基于学习的方法。基于采样的方法从数据量的角度来解决不平衡学习问题,通常包含过欠采样方法和采样方法;基于学习的方法通过改进模型的学习过程来解决不平衡学习问题,通常包含代价敏感方法、主动学习方法等。

5.3.1 基于采样的不平衡学习方法

基于采样的不平衡学习方法是指通过对样本中的少数类进行增加或对多数类进行减少的方式,使得原本分布不平衡的样本达到一种新的平衡,继而对其进行分类训练[6]。从本质上说,该方法是一种对数据进行预处理的方法,其最本质的特点就是与之后选择何种分类算法无关。对少数类样本进行增加的方法称为过采样,对多数类样本进行删减的方法称为降采样。也有过采样和降采样同时进行的混合采样方法。如图 5-3 所示分别给出了数据集进行过采样和降采样之后的分布情况。

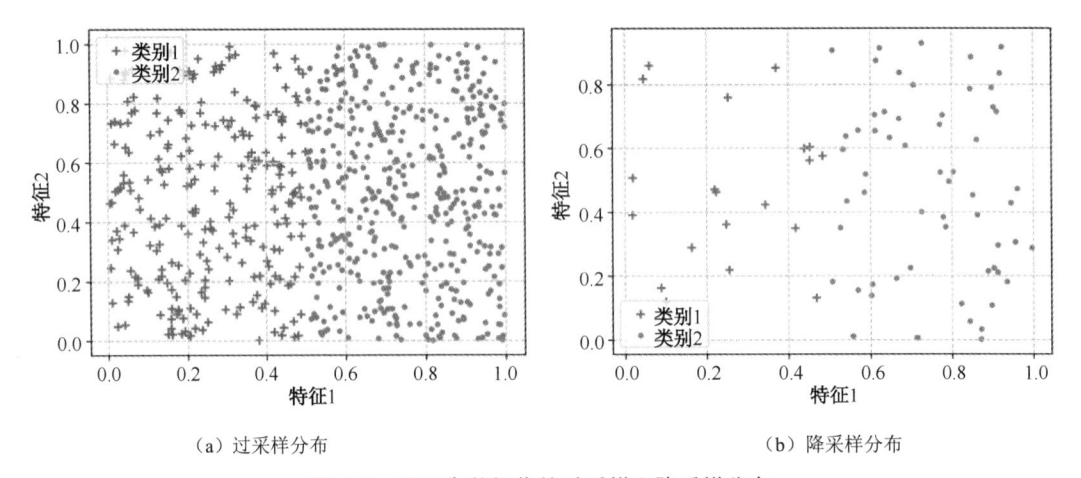

(a)过采样分布　　　　　　　　　(b)降采样分布

图 5-3　不平衡数据集的过采样和降采样分布

在介绍具体的采样方法之前,需要对采样率(Sampling Rate,SR)有一些必要的了解。假设某个二分类不平衡样本集含有 N 个训练样本,少数类样本个数为 N^+,多数类样本个数为 N^-,$N=N^+ + N^-$。那么过采样时,需要对样本进行 $N^+ \times SR$ 变换,降采样时,需要对样本进行 $N^- \times SR/(SR+1)$ 变换。SR 可以取(0, IR-1)之间的数。当 SR=SR-1 时,样本进行采样后会达到平衡,即 $N^+ = N^-$。

1. 欠采样方法

在欠采样方法中,随机欠采样(Random Under-Sampling,RUS)是简单的一种采样技术,它通过随机地去掉一定数量的多数类样本来降低不平衡程度[7]。下面对该方法进行举例说明。RUS 方法的基本流程如图 5-4 所示,基本策略是随机地移除一定数量或一定比例的多数类样本,以达到训练样本集的平衡。

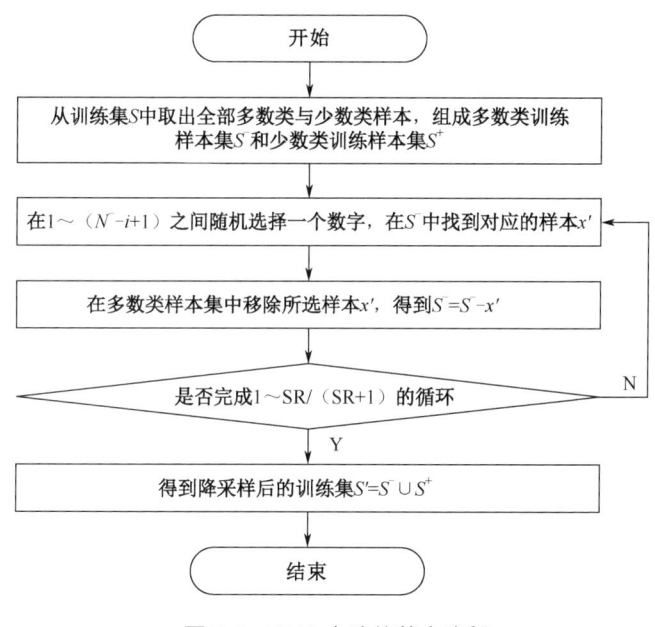

```
开始
  ↓
从训练集 S 中取出全部多数类与少数类样本,组成多数类训练
样本集 S⁻ 和少数类训练样本集 S⁺
  ↓
在 1~(N⁻-i+1) 之间随机选择一个数字,在 S⁻ 中找到对应的样本 x' ←
  ↓
在多数类样本集中移除所选样本 x',得到 S⁻=S⁻-x'
  ↓
是否完成 1~SR/(SR+1) 的循环 ──N──┘
  ↓Y
得到降采样后的训练集 S'=S⁻∪S⁺
  ↓
结束
```

图 5-4 RUS 方法的基本流程

在使用 RUS 方法进行预处理后的样本集中,多数类样本规模缩小了,缓解了不平衡的情况。但是由于这一算法是对多数类样本进行不加区别地随机移除,会损失掉部分样本的信息,所以可能会对后续分类模型造成不利影响。一般而言,当 IR 值较低时,类不平衡程度较低,采用 RUS 方法效果较好;而当 IR 值较高时,如样本极度不平衡,采用 RUS 方法往往容易使得后续分类结果较差。如图 5-5 所示给出了不同 IR 值下利用 RUS 算法训练后样本分布的例子,展示了训练集多数类与少数类之比分别为 100∶50 和 100∶5 时,利用 RUS 方法进行预处理后的分布情况。

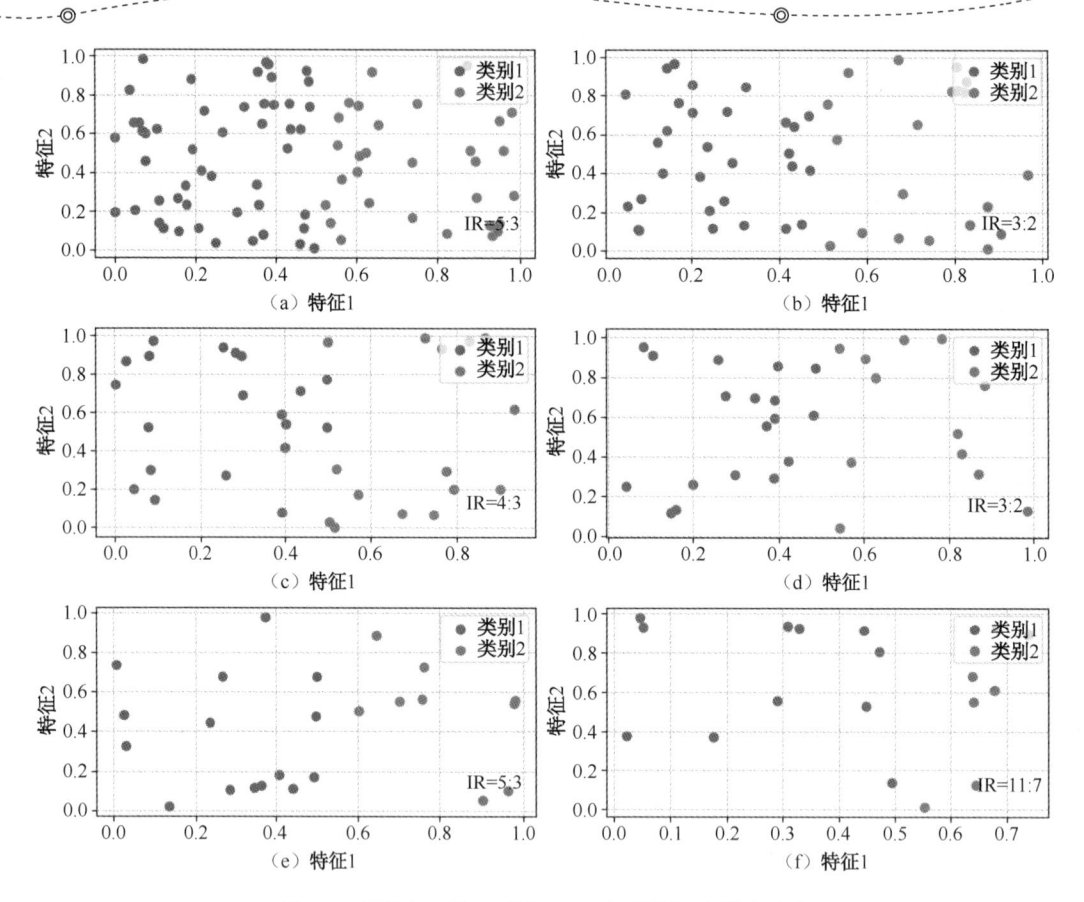

图 5-5 不同 IR 值下采用 RUS 方法的训练样本分布

从图 5-5 中可以看出，当 IR 值较低时，RUS 方法可以较好地保留多数类样本的信息；而 IR 值较高时，RUS 方法会丢失大部分多数类样本信息，非常不利于后续的分类模型。

2. 过采样方法

随机过采样（Random Over-Sampling，ROS）方法的基本流程如图 5-6 所示，基本策略是随机地选取少数类样本进行多次复制，以达到训练集的平衡。

从图 5-6 中可以看出，过采样没有像欠采样那样移除样本，从而克服了样本信息缺失的问题。但是过采样方法也有一些不足之处。例如，过采样方法增加了样本的容量，相当于对原有的训练集进行了扩充，增加了后续分类模型的训练时间；ROS 方法只是对少数类样本的简单复制，会对样本集的少数类分布造成叠加效应，可能会造成过适应的情况，不利于后续的学习。

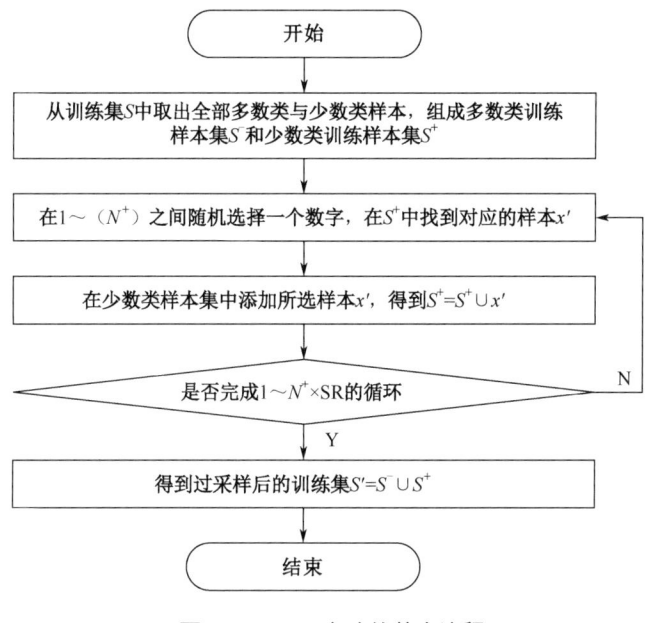

图 5-6　ROS 方法的基本流程

针对随机采样技术的不足之处，研究人员又陆续对采样技术进行了改进，开发了能够利用样本的局部先验分布信息的算法，借助先验分布信息，通过人工干预方式来增加或减少不平衡的样本数量，从而达到平衡化数据集的目的。这种方法称为人工采样技术[8]。合成少数类过采样技术（Synthetic Minority Oversampling Technique，SMOTE）就是较为常见的人工采样技术，其生成过程如图 5-7 所示。

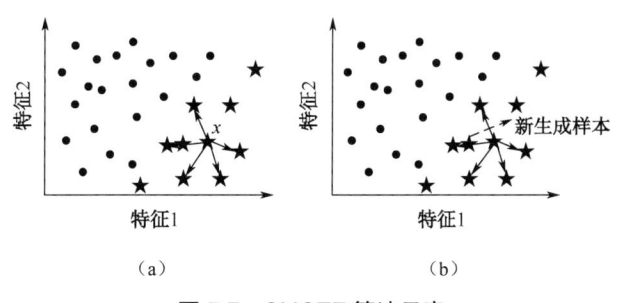

图 5-7　SMOTE 算法示意

2002 年，Chawla 等人提出了 SMOTE 算法，用于缓解 ROS 方法过适应的问题[9]。其核心是通过一定的策略生成新的样本,而不只是简单地复制样本。SMOTE 算法是在少数类样本间隔中插入新样本,它借鉴了 k 近邻方法,首先在少数类样本中随机选取一个样本作为主样本 x,之后在主样本周围的少数类样本中选择它的 k 近邻样本,从中再随机选取一个作为主近邻样本 x',之后在主样本 x 和主近邻样本 x' 的连线上随机选择一个位置生成新样本,流程如图 5-8 所示。

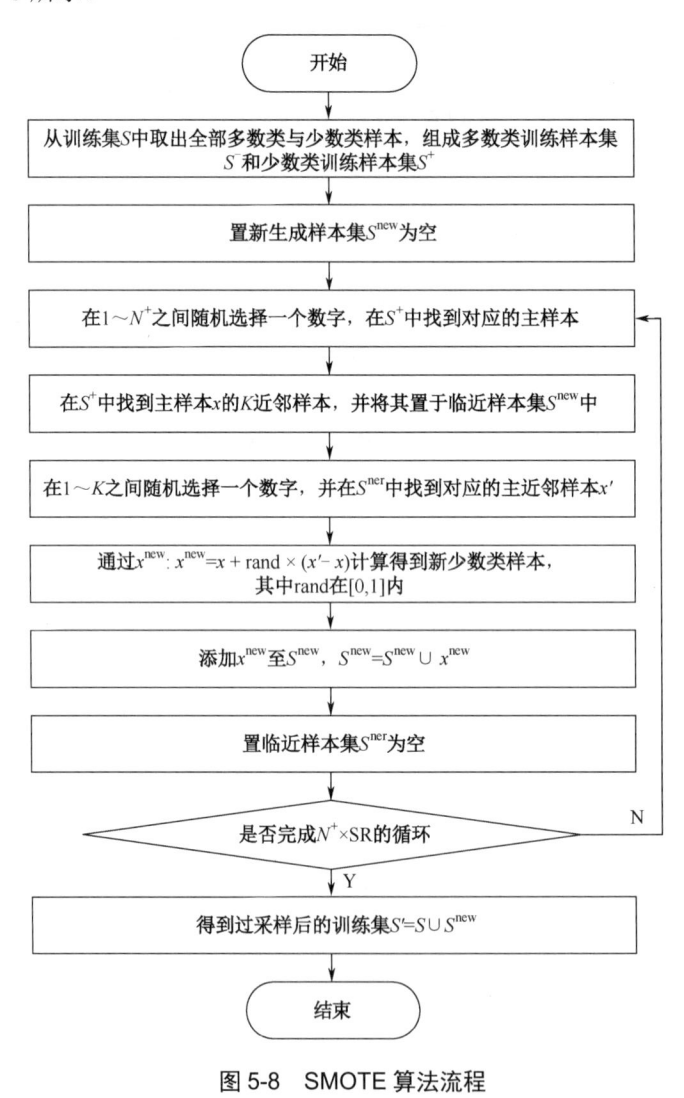

```
开始
  ↓
从训练集 S 中取出全部多数类与少数类样本,组成多数类训练样本集
S⁻ 和少数类训练样本集 S⁺
  ↓
置新生成样本集 S^new 为空
  ↓
在 1~N⁺ 之间随机选择一个数字,在 S⁺ 中找到对应的主样本
  ↓
在 S⁺ 中找到主样本 x 的 K 近邻样本,并将其置于临近样本集 S^ner 中
  ↓
在 1~K 之间随机选择一个数字,并在 S^ner 中找到对应的主近邻样本 x'
  ↓
通过 x^new: x^new = x + rand × (x' − x) 计算得到新少数类样本,
其中 rand 在 [0,1] 内
  ↓
添加 x^new 至 S^new,S^new = S^new ∪ x^new
  ↓
置临近样本集 S^ner 为空
  ↓
是否完成 N⁺×SR 的循环 — N →(回到上面)
  ↓ Y
得到过采样后的训练集 S' = S ∪ S^new
  ↓
结束
```

图 5-8 SMOTE 算法流程

从图 5-8 中可以发现,SMOTE 算法生成的新样本都处于少数类样本空间中,其与原始

少数类样本不再只是随机复制的关系，这样一来就可以保证新生成的训练集的少数类样本分布和原始少数类相近，这样在缓解了不平衡程度的同时，较为有效地降低了过适应的现象。

在 SMOTE 算法中，考虑到后续分类器的性能，K 的取值通常情况下设置为 5。尽管 SMOTE 算法较 RUS 方法有一定的优势，但是其本身也存在一些缺点。例如，SMOTE 算法包含大量的临近关系运算，造成了更大量的计算；当原始样本中包含噪声信息时，在 SMOTE 算法的作用下，噪声信息往往会进一步传播；当少数类样本较少时，由于不同少数类样本作为主样本的频次差异大，可能依然得不到与原始样本近似的分布。

Han 在研究中提到了分类边界上样本的重要程度要远大于非分类边界的样本。他对分类边界的解释是"处于分类重叠区域和附近区域"，因此他认为在运行 SMOTE 算法时，没有必要把所有的样本都参与运算，只需要对分类边界区域的少数样本进行操作即可。这样的方法被命名为 Borderline-SMOTE 算法，也就是边界 SMOTE 算法[10]，如图 5-9 所示。

在边界 SMOTE 算法中，首先将少数类样本分为 3 个子类：安全区域样本，这类样本远离分类边界区域；边界样本，这类样本包括边界区域样本和附近的样本；噪声样本，这类样本同样远离边界区域，但是处于多数类区域。边界 SMOTE 算法对这 3 类样本给出了不同的采样条件，对这 3 个子类的分类方式具体表示为：对于整个训练集 S，确定

图 5-9 使用边界 SMOTE 算法对样本重新分类

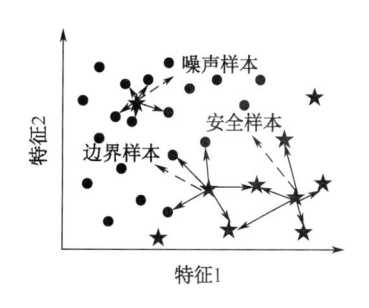

每个少数类样本 $x_i^+(i=1,2,\cdots,N^+)$ 的 K 近邻，多数类近邻数记为 N^{maj}，如果 $N^{\mathrm{maj}} < K/2$，表明该样本的少数类的近邻数多于多数类的近邻数，则该样本被归为安全样本，在采样时予以移除；如果 $N^{\mathrm{maj}} > K/2$，表明该样本的少数类的近邻数少于多数类的近邻数，则该样本处于分类边界附近，被放入一个名为 DANGER 的临时样本集中；如果 $N^{\mathrm{maj}} = K$，表明该样本周围的近邻都是多数类样本，则该样本极有可能处于多数类区域，被列为噪声样本，亦予以移除。经过上述筛选，仅需对 DANGER 中保留的少数类样本进行 SMOTE 运算即可，整个流程如图 5-10 所示。

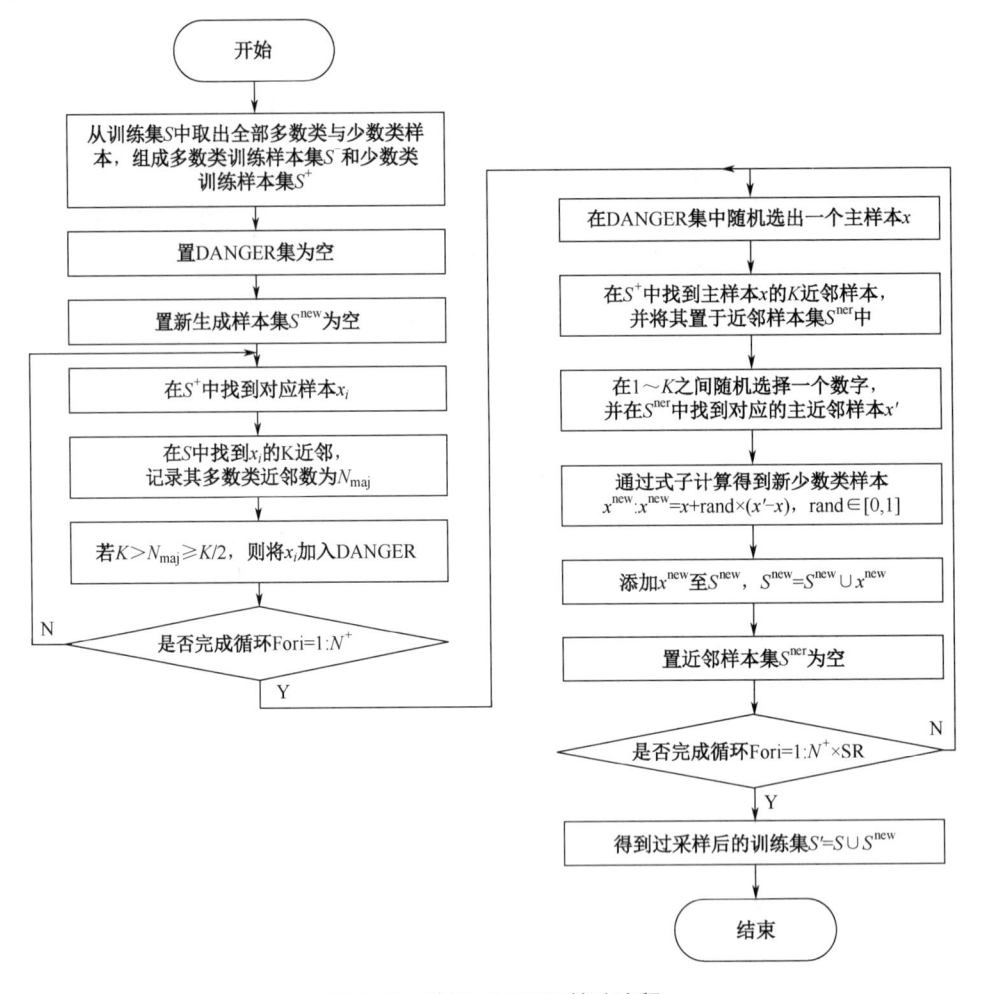

图 5-10 边界 SMOTE 算法流程

可以看出，边界 SMOTE 有效地克服了 SMOTE 算法的两个不足，减少了原始噪声的进一步传播，也提升了后续算法的分类性能。

5.3.2 基于代价敏感的不平衡学习方法

基于代价敏感的不平衡学习方法是用于解决不平衡问题的一类非常重要的方法，其最主要的特点是在对分类模型进行训练时，只追求整体误分代价的最小化，而非整体误差的最小化[11]。换句话说，基于代价敏感的不平衡学习方法其实是修改了分类器的训练准则，与采样方法不同，它无须对原始数据做预处理，而是通过修改后的训练准则在原始样本上直接训练出无偏的分类面。对于少数类样本的误差增加误分惩罚，即赋予更大的代价权重。

在基于代价敏感的不平衡学习方法中，代价矩阵（见表5-2）是其最核心的内容，因为代价矩阵设计得是否合理直接影响分类模型的质量[12]。下面以二分类问题为例，下面对代价矩阵进行描述。

表 5-2 代价矩阵

项 目	预测的正类	预测的负类
真实为第 1 类	C_{11}	C_{12}
真实为第 2 类	C_{21}	C_{22}

在表5-2中，C_{ij}是原本为i类但被误认为是j类时所应承受的误分代价。那么在代价矩阵中，左斜对角线的元素其实并不存在误分情况，也就不对其设置误分代价，而其他元素都存在误分情况，就对其设置误分代价。对于两个不同的类别i类和j类，若$C_{ij}=C_{ji}=M$，则该情况下不使用基于代价敏感的不平衡学习方法；若$C_{ij}\neq C_{ji}$，则可以使用基于代价敏感的不平衡学习方法。其中，代价较大的一方应对应较重要的类别，如当i类更加重要时，$C_{ij}>C_{ji}$。而对于C_{ij}和C_{ji}的取值问题，就是代价矩阵的设计问题。因此，代价矩阵设计得是否合理将直接影响最终分类器的质量。

代价矩阵主要有两种设计方法：经验加权法和模糊加权法。经验加权法是利用类不平衡比率参与设计代价矩阵，如多数类的误分代价为M，则少数类的误分代价就可设计为$\mathrm{IR}\times M$。而模糊加权法不仅利用不平衡比率，还考虑了样本分布的影响，对每个样本的具体分布信息对其代价做个性化设置。下面结合SVM对这两种方法做进一步的介绍。

1. 基于经验加权的代价敏感学习算法

基于经验加权的代价敏感学习算法（Cost-Sensitive-Support Vector Machine，CS-SVM）可以将代价敏感学习的实质和SVM较好地结合[12]，它在SVM的基础上进行了改进。SVM可以描述为：

$$\begin{cases} \min: & \dfrac{1}{2}\|w\|^2 + C\sum_{i=1}^{N}\xi_i \\ \text{subject to}: & y_i(<w,\phi(x_i)>+b) \geqslant 1-\xi_i,\ \xi_i \geqslant 0 \end{cases} \quad (5\text{-}12)$$

式（5-11）对任一训练样本的误差都施加了相同的惩罚项，这样会使少数类受到影响，那么如果对少数类与多数类施加不同的惩罚，则式（5-12）被改进为：

$$\frac{C_+}{C_-} = \frac{N_-}{N_+} = \text{IR} \quad (5\text{-}13)$$

即少数类样本与多数类样本惩罚系数的比值始终等于类 IR。CS-SVM 算法流程如图 5-11 所示。

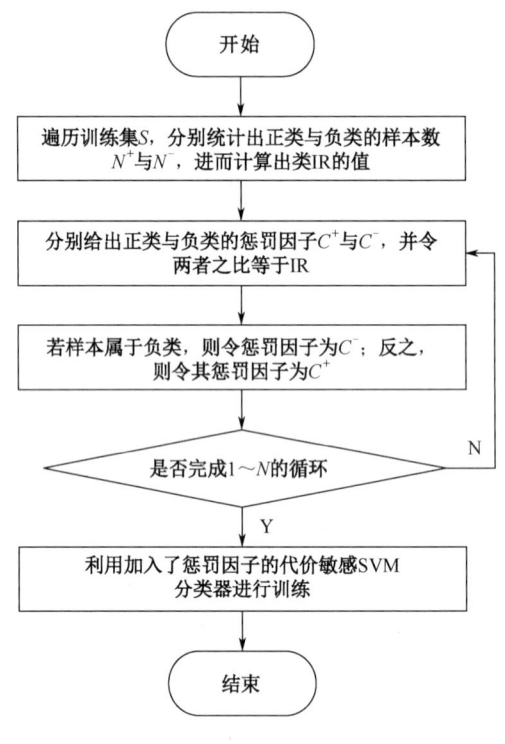

图 5-11 CS-SVM 算法流程

考虑类 IR 对样本添加惩罚看似较为合理，但是在实际中往往忽视了数据分布的特点，即忽视了每个样本的重要程度。而这样的重要程度需要通过挖掘样本的先验分布信息计算得出，所以就有了基于模糊加权的代价敏感学习算法。

2. 基于模糊加权的代价敏感学习算法

基于模糊加权的代价敏感学习是指对样本不平衡数据通过模糊隶属度函数赋予个性化的惩罚代价，使分类面处于近似最优位置。样本在特征空间的分布可以归为以下几类：分布于同类核心区域的样例、出现在异类核心区域的样例（被视为噪声样本）、出现在远离其他样本的样例（被视为离群样本）。倘若按照 CS-SVM 方法对这些样本一视同仁，给予同样的惩罚代价，就显得不是很合理。需要根据每个样本的分布情况，赋予个性化的惩罚代价，从而使得分类器的分类面位置处于最优位置，这个个性化设置是通过模糊隶属度函数来决定的。不平衡模糊支持向量机算法（Fuzzy Support Vector Machine for Class Imbalance Learning, FSVM-CIL）是基于模糊加权的代价敏感学习方法的经典算法。下面对其进行介绍。

FSVM-CIL 算法由 Batuwita 和 Palade 共同提出，通过建立模糊隶属度函数，给每个训练样本分配代价权重，以期反映出每个样本的重要程度[13]。该算法主要考虑两个优化目标：抑制类别不平衡的影响、消除噪声样本与离群样本的影响。

令 $m_i^+ + i$ 为一个正类样本 x_i^+ 的隶属度函数值，m_i^- 为一个负类样本 x_i^- 的隶属度函数值，则每个样本的隶属度函数可以通过下面的式子得到：

$$m_i^+ = f(x_i^+) \times \mathrm{IR} \tag{5-14}$$

$$m_i^- = f(x_i^i) \tag{5-15}$$

式（5-13）和式（5-14）中，$f(x_i)$ 用于生成一个 0~1 的数字，从而反映出样本 x_i 在同类样本中的重要程度。并且每个正类样本被扩大了 IR 倍，可以缓解数据不平衡的影响。所以上述隶属度函数同时考虑了两个优化目标，既缓和了数据的不平衡分布，又减少了噪声样本和离群样本的影响。

因此，FSVM-CIL 的核心是如何设计函数 $f(x_i)$，常见的设计方法如下。

1) 基于类内质心距离的方法

对于大多数的分类数据集，样本分布基本满足近似高斯分布，每个类别的大部分样本都聚集于该类的质心附近，噪声样本和离群样本远离同类的质心[14]。因此，可以用每个样本到同类质心的距离来衡量各样本的重要程度，进而在进行不平衡学习的过程中，找出噪声样本和离群样本并去掉，以减轻对分类器质量的影响。

令 d_i^{cen} 表示训练样本 x_i 到同类质心的距离，则 $f(x_i)$ 可以由式（5-16）和式（5-17）计算得到：

$$f_{\text{lin}}^{cen}(x_i) = 1 - \frac{d_i^{cen}}{\max(d_i^{cen}) + \Delta} \tag{5-16}$$

$$f_{\exp}^{cen}(x_i) = \frac{2}{\exp(\beta d_i^{cen}) + 1}, \quad \beta \in [0,1] \tag{5-17}$$

式（5-15）和式（5-16）中，$\max(d_i^{cen})$ 是样本 x_i 的同类样本中到同类质心的最大距离；δ 为一个非常小的正数，可以防止分母为 0；β 是一个 0~1 的常数，用于控制函数变化的梯度。这两个式子分别用线性函数和指数函数的方式评估了样本的重要程度。最终反映出样本距离同类质心距离越近，其重要程度越大。

2）基于预估分类面距离的方法

与基于类内质心距离的方法不同，基于预估分类面距离的方法认为，处于异类样本交叠区域及其附近的样本重要程度较高。首先生成一个超球体用于覆盖两类样本的交叠区域，然后找到该球体的中心分割面，视其为预估分类面，再计算每个样本到预估分类面的距离来评估它们对应的重要程度[15]。令 d_i^{sph} 表示训练样本 x_i 到预估分类面的距离，则 $f(x_i)$ 可以由式（5-18）和式（5-19）计算得到：

$$f_{\text{lin}}^{sph}(x_i) = 1 - \frac{d_i^{sph}}{\max(d_i^{sph}) + \Delta} \tag{5-17}$$

$$f_{\exp}^{sph}(x_i) = \frac{2}{\max(\beta d_i^{sph}) + 1}, \quad \beta \in [0,1] \tag{5-18}$$

根据式（5-18）和式（5-19）可知，样本距离预估分类面越近，则被赋予越大的加权值。

3）基于实际分类面距离的方法

与前两种方法不同，基于实际分类面距离的方法是先训练出一个 SVM 分类器，得到一个实际的分类面，进而利用基于预估分类面距离的方法的步骤计算出样本的重要程度。式（5-20）和式（5-21）可以用来评价样本重要程度：

$$f_{\text{lin}}^{hyp}(x_i) = 1 - \frac{d_i^{hyp}}{\max(d_i^{hyp}) + \Delta} \tag{5-20}$$

$$f_{\exp}^{hyp}(x_i) = 1 - \frac{2}{\max(\beta d_i^{hyp}) + 1}, \quad \beta \in [0,1] \tag{5-21}$$

在上述 3 种设计方法中，第一种方法认为应对各类样本的高密度区域赋予较大的权重，所以该方法最具代表性。而第二种和第三种方法对距离分类面较近的样本赋予较大权重，有助于细化分类面。在应用时，要针对实际问题并结合问题的具体特点来选择不同的方法。

FSVM-CIL 算法流程如图 5-12 所示。

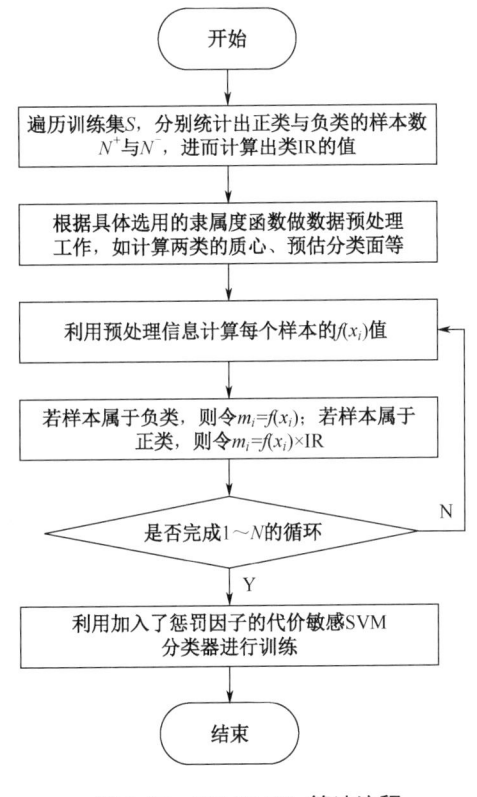

图 5-12　FSVM-CIL 算法流程

5.3.4　基于主动学习的不平衡学习方法

主动学习是指通过机器学习的方法获取难以分类的样本数据，并对其人工重复审核确认，对人工标注的数据再次使用有监督或半监督学习模型进行训练，以逐步提升模型效果[16]。主动学习方法的优势在于减少标注数据的成本，用很少的数据来训练高效的模型。

主动学习的关键是确定那些包含较大含量的信息的样本。主动学习利用迭代的方式选取样本，以便每次循环后都能够筛选并保留信息含量高的样本，通过对这些样本进行标注，并用来更新分类模型，更新后的模型的分类质量将得到提升。因此，主动学习的目标就是通过标注尽可能少的训练样本，得到分类质量尽可能高的分类模型。

主动学习方法可以根据不同的标准分为多种类别。根据获取未标记样本方式的不同，可以将主动学习方法分为基于池的主动学习方法[17]和基于流的主动学习方法[18]。基于池的主动学习方法在学习开始前采集全部未标注样本，放置于未标记样本池中待后续使用；基于流的主动学习方法根据时间顺序以数据流的方式呈现，交替完成样本接收和学习过程。

还可以根据每轮标注样本个数的不同，将主动学习方法分为单一样本标注模式和基于批处理的标注模式。在单一样本标注模式下，每轮循环仅挑选一个未标记样本进行标注；在基于批处理的标注模式下，则是在每轮循环中标注一批样本。

此外，还可以根据对信息的定义不同，将主动学习方法分为基于不确定度的主动学习方法、基于代表性的主动学习方法、基于委员会的主动学习方法等；根据样本类别数的不同，将主动学习方法分为二分类主动学习方法、多分类主动学习方法。

在众多分类中，基于池的主动学习方法最常见，如图5-13所示描述了基于池的主动学习方法的过程。

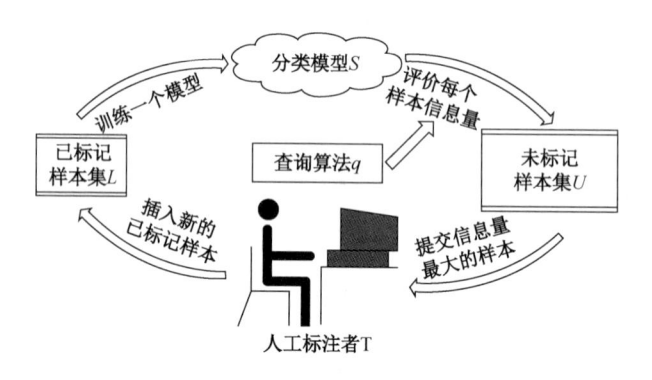

图 5-13 基于池的主动学习方法的过程

从图5-13中可以看出，主动学习主要由5个基本部分组成：已标记样本集 L、未标记样本集 U、分类器模型 S、查询算法 q、标注者 T。一开始，标注者 T 仅对少量未知样本进行标注，之后放置在已标注样本集 L 中，继而训练初始分类模型 S。接着进入循环过程，未标记的样本经过分类模型 S 之后，使用查询算法 q 查询样本的信息量，并根据信息量的大小进行排序，选取出一个或一批信息量最大的样本，送至标注者 T 进行标注。之后标注后的样本被送入已标注样本集 L，再对分类模型 S 进行更新训练。如此反复，直到达到预设的停止条件时结束。

Ertekin 等人在研究中发现，在不平衡的数据集中，若每个样本都近似满足高斯分布，则在样本集中，处于重叠区域附近的样本的 IR 会比整个样本集的 IR 小得多，以二分类为例，如图 5-14 所示。

可以想象，处于重叠区域附近的样本的 IR 不仅较低，而且根据之前的采样法得到的结论（处于分类边界区域的样本的信息量较大，其与分类面的关联度比其他样本大），可以将这样的样本取出，仅利用这些样本来训练分类器。在主动学习中，不确定度被用来评价每个样本的信息含量，在结合 SVM 使用的过程中，可以计算出每个样本到当前分类超平面的距离，距离越小，表示该样本的类别越难确定，包含的信息量越大。另外，在传统的主动学习方法中，每轮迭代都需要对所有未标记的样本的信息量进行计算和排序，再进行标注，倘若使用一定的取样原则，还可以使学习过程更加高效。这个时候，可以只从未标记的样本中随机选取少量样本，同样也有较大的概率取到靠近分类超平面的未标记样本。

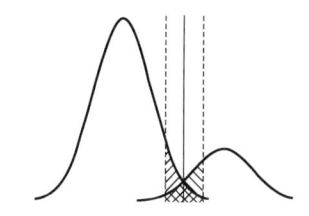

图 5-14　两类不平衡数据的 IR 分布

假设未标记样本集为 $X_N = \{x_1, x_2, \cdots, x_N\}$，随机从中取出一些放入子集 X_L，若要求 X_L 中最靠近分类超平面的样本 x_i 以 $(1-\eta)$ 的概率进入所有未标记样本集的最靠近超平面的前 $p\%$ 之内，则有：

$$1-(1-p\%)^L = 1-\eta \tag{5-22}$$

则可以得到 L 的值为

$$L = \ln\eta / \ln(1-p\%) \tag{5-23}$$

由此可以发现，只要给定 η 和 p 的值，就可以得到 L 的值，而且不会受到未标记样本数 N 的影响。在主动学习方法中，若希望找到一个未标记样本，该样本如果有 95% 的概率进入所有未标记样本集的最靠近超平面的 5% 之内，则有 ln0.05/ln0.95=59，此时 L 的值为 59，即只需要在 59 个随机选取的样本中挑选即可，此取样方法被称为 59 取样原则。相关研究发现，采用 59 取样原则，会使整个主动学习的效率提升 4~10 倍。

主动学习方法的主要特点在于仅对少量关键样本进行标记，所以在主动学习过程中需要设定判定条件，当条件成立时，停止主动学习进程。这个判定条件在主动学习过程中被称为学习停止准则。学习停止准则在主动学习中非常重要,如果主动学习过早停止,则获得的分类模型不高,而过晚停止则会增加计算量。

研究人员在 SVM 的基础上,结合主动学习,提出了间隔内样本耗尽的停止准则。该停止准则是在每轮学习过程中,判断是否有未标注样本落在两类间隔区域内,若有,则表明还需要继续进行主动学习进程;若无,则表明未标注样本对分类模型影响较小,可结束主动学习过程。

基于上述描述,可以给出基于支持向量机的主动学习方法流程(见图 5-15),以解决不平衡问题[19]。

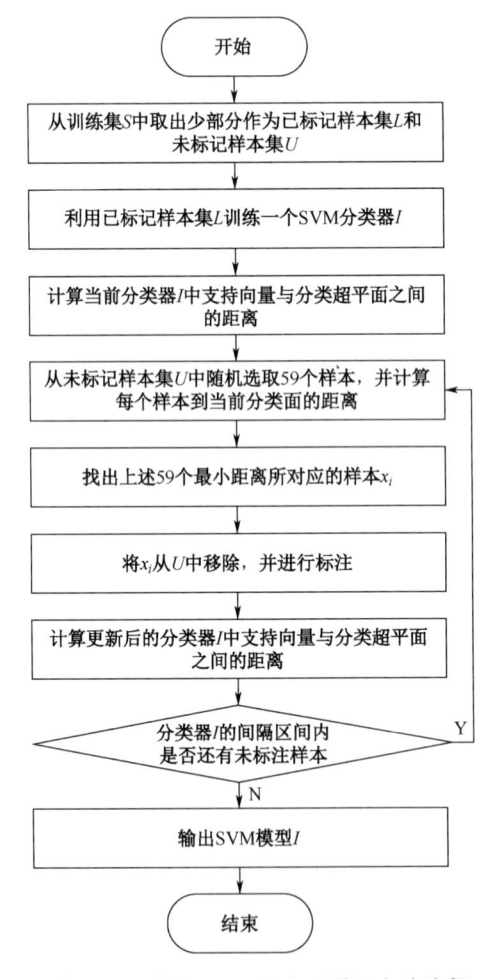

图 5-15 基于 SVM 的主动学习方法流程

主动学习在解决不平衡问题时，虽与降采样方法类似，但两者也有一定的区别：主动学习方法是通过迭代来实现的，且只保留处于决策边界附近的样本；而降采样往往是一步采样到位，且所保留的样本近似于数据集的原始分布。

5.4 不平衡学习方法在智能制造中的典型应用

5.4.1 不平衡数据下的晶圆图缺陷模式识别

1. 问题描述

在半导体制造过程中，晶圆片需要薄膜、光刻、刻蚀等复杂的重入工艺，以实现复杂立体集成电路的制备。制造过程中的工序异常可能导致晶圆缺陷的产生，如薄膜过程中甩胶机的转速变化或氧化过程中温度不均匀易产生晶圆片表面 Center 和 Edge-ring 缺陷。在晶圆质检中，利用电学测试设备对晶圆片上的每颗晶粒进行电性测试，可得到用于描述晶圆缺陷状态的晶圆图，如图 5-16 所示。对晶圆图的缺陷模式进行识别分析，可有效辅助识别制造过程中的缺陷根源，从而提升晶圆制造的质量。

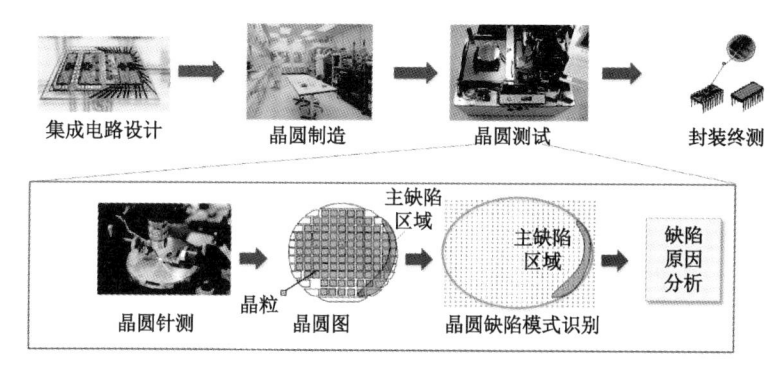

图 5-16 晶圆图缺陷模式识别过程

在晶圆生产中，不同类别的缺陷数量差异大，晶圆缺陷模式识别问题是典型的不平衡学习问题，其不平衡性体现为如下两点。

1）晶圆缺陷数据样本的不平衡

在晶圆实际生产过程中，晶圆图的缺陷模式会因工艺与机器出现异常的次数较少，导致其样本数量也较少,且因机器出现故障的概率要远小于工艺出现异常的概率,所以由样本数量与工艺出现异常导致的缺陷模式也相对较少。如图 5-17 所示,在实际晶圆缺陷样本数据集中,晶圆缺陷数据样本具有极大的不平衡性。

2)晶圆缺陷模式学习能力的不平衡

由于用于模式识别的分类器的学习能力在不同类之间是不平等的,所以不能通过包含实例的数量来确定大多数类和少数类。如图 5-17 所示,我们通过两组预实验,验证了晶圆缺陷识别过程中学习能力的不平衡性。

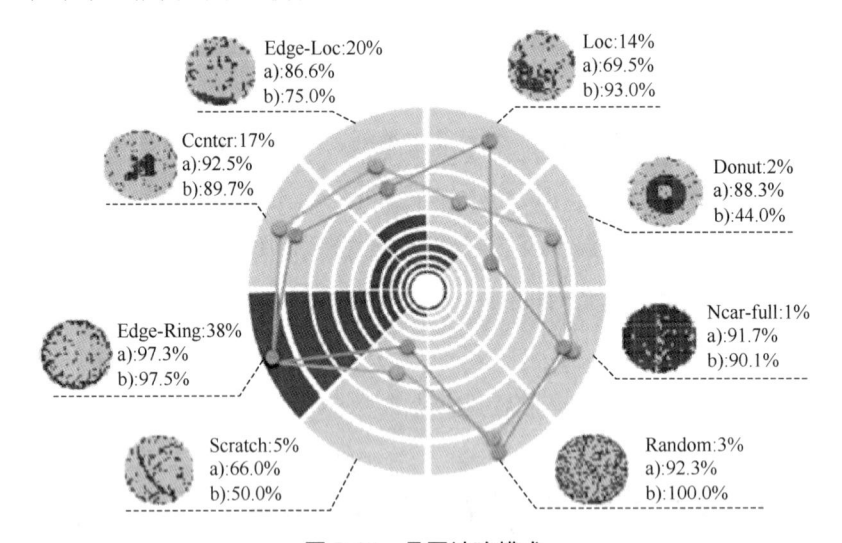

图 5-17 晶圆缺陷模式

2. 基于过采样机制的晶圆缺陷模式识别方法

针对各类晶圆缺陷数据的不平衡特点,本节提出了基于采样的晶圆缺陷模式识别方法[20]。针对晶圆缺陷样本数量与学习能力的不平衡性,构建 GAN,设计由生成器、鉴别器和分类器组成的条件分类 GAN,用以生成指定缺陷模式和数量的高仿真度晶圆;提出了一种自适应生成控制器,可根据不同缺陷模式的精度来修改晶圆图数据集内各种缺陷模式的样本分布,最终提高所有缺陷模式的识别精度。

1)基于 GAN 的晶圆图生成模型

为了重新平衡晶圆图数据集,本文提出了一个条件分类生成对抗网络,以生成少数类的仿真晶圆样本。该模型包括生成模型、鉴别模型和分类模型三个部分。第一部分是生成模型 $f_g(\cdot)$，该模型根据真实晶圆样本 M_r 由噪声仿真生成晶圆图 M_s。第二部分是鉴别模型 $f_d(\cdot)$，用于测量仿真晶圆图 M_s 和真实晶圆图 M_r 之间的差异。与传统的对抗生成网络不同，在晶圆图缺陷模式识别中，还需要网络具备生成指定缺陷模式的晶圆图和对缺陷晶圆图的分类两个功能。

在 $f_d(\cdot)$ 和 $f_c(\cdot)$ 的模型设计中，由于晶圆图的尺寸与 MNIST 数据集具有相同的大小。因此，借鉴经典网络结构 Le-net5[21]来设计每一个卷积层的细节。为了在 AdaBalGAN 中条件生成仿真晶圆图，将鉴别器 $f_g(\cdot)$ 设计为 $f_d(\cdot)$ 的反向结构，该结构具有全连接的层和两个反卷积层。在 AdaBalGAN 中，选择 LReLU 作为输入层和隐藏层中的激活函数，以实现更好的收敛性。同时为了更好地训练模型，在除了输入层之后或输出层之前的中间卷积层中使用 Batch-Normalization 进行批量归一化处理，可以有效防止模型在训练过程中过拟合。如图 5-18 为 AdaBalGAN 整体网络结构图。

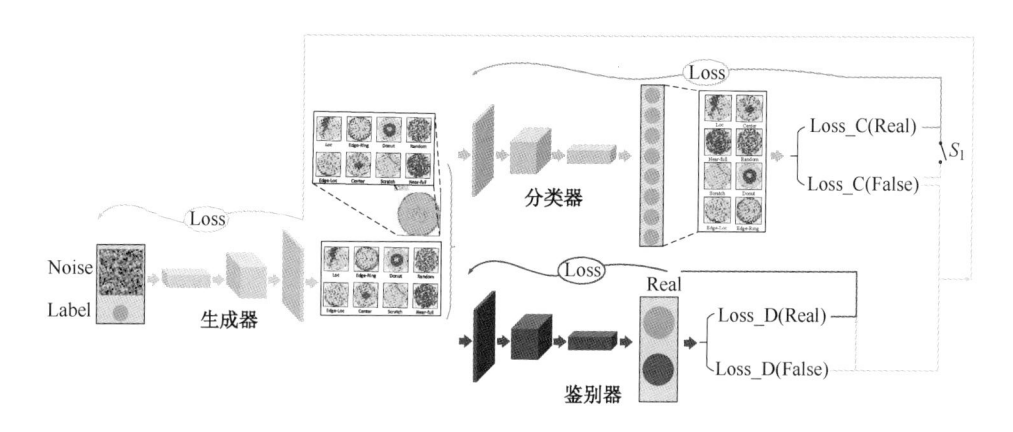

图 5-18 AdaBalGAN 整体网络结构

（1）生成模型 $f_g(\cdot)$

① 输入层。$f_g(\cdot)$ 的输入 input_g 由噪声和条件参数组成，可表示为：

$$\text{input}_g = (\varepsilon, \text{sign}) \tag{5-24}$$

式中，ε 表示噪声信号，它是长度为 100 的矢量，并且每个元素都是[-1,1]中的随机数；sign 是 $f_g(\cdot)$ 生成相应晶圆图的条件命令，晶圆图是长度为 9 的二进制矢量（第 1—8 位对应缺陷类别，第 9 位对应正常晶片图）。例如，如果 sign 为[0,1,0,0,0,0,0,0,0]，则 $f_g(\cdot)$ 应该生成第 2 个缺陷模式。

② 隐含层。$f_g(\cdot)$ 的隐含层包含 3 个网络层，一个全连接层（FC 层）和一个反卷积层（Decon 层），如图 5-19 所示。

首先由全连接层将输入的 109 维向量进行扩维，使其可以重塑为[8,8,128]的特征图。然后由反卷积层对特征图进行反卷积，每次反卷积的特征图尺寸都扩大一倍：

$$h_{FC} = f_{lrelu}\left(w_{FC} \times input_g + b_{FC}\right) \tag{5-25}$$

$$h_r = \text{reshape}\left(h_{FC}\right) \tag{5-26}$$

$$h_{Decon} = f_{lrelu}\left(W_{Decon}^T \times h_r\right) \tag{5-27}$$

式（5-25）～式（5-27）中，w_{FC} 和 b_{FC} 为全连接层的权值和偏置，h_{FC} 是全连接层输出特征图，h_r 是更改形状后的特征图，W_{Decon} 为稀疏矩阵，h_{Decon} 是稀疏化后的特征图，$f_{lrelu}(\cdot)$ 为带泄露的 ReLU 激活函数，是 ReLU 激活函数的改进形式，在输入小于 0 时给予一定的斜率 a（一般取 $a=0.2$），表达式如下所示：

$$f_{lrelu}(x) = \begin{cases} x & x > 0 \\ ax & x < 0 \end{cases} \tag{5-28}$$

LReLU 激活函数图像如图 5-20 所示。

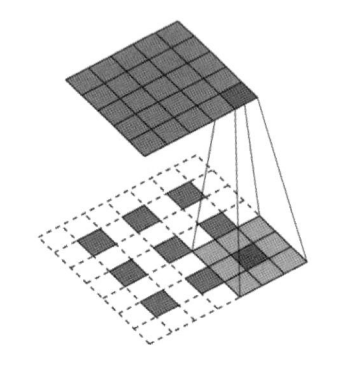

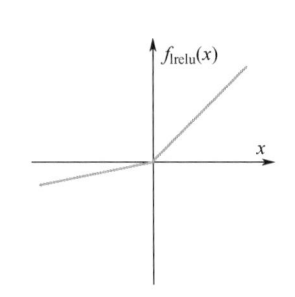

图 5-19　反卷积过程　　　　图 5-20　LReLU 激活函数图像

③ 输出层。$f_g(\cdot)$ 的输出层也是一个反卷积网络，输出仿真晶圆图 M_s，其尺寸与 M_r 相同：

$$M_s = f_{\text{sigmoid}}\left(W_{\text{Decon}}^T \times h_{\text{Decon}}\right) \tag{5-29}$$

式中，$f_{\text{sigmoid}}(\cdot)$ 机器学习中常用的 Sigmoid 激活函数。

（2）鉴别模型 $f_d(\cdot)$

① 输入层。$f_d(\cdot)$ 的输入 input_d 有仿真晶圆图 M_s 和真实晶圆图 M_r 两种数据源，可表示为：

$$\text{input}_d = \text{inp}_i \tag{5-30}$$

式中，inp_i 表示第 i 个输入样本数据。

② 隐含层。$f_d(\cdot)$ 的隐含层有两个卷积层（Con 层），得到 128 张 8×8 大小的特征图 h_{Con}，可以将其看作颠倒的生成器模型。

$$h_{\text{Con}} = f_{\text{lrelu}}\left(W_{\text{Con}} \times \text{input}_d\right) \tag{5-31}$$

③ 输出层。$f_d(\cdot)$ 的输出层是一个全连接层，首先将所有特征图"拉长"得到展平的特征图 h_F，再使用全连接层输出当前输入的晶圆图为真实晶圆图的概率 p_i：

$$h_F = f_{\text{flatten}}(h_{\text{Con}}) \tag{5-32}$$

$$p_i = f_{\text{sigmoid}}(W_{\text{FC}} \times h_F + b_{\text{FC}}) \tag{5-33}$$

式中，$f_{\text{flatten}}(\cdot)$ 表示将多张二维特征图"拉长"至一维向量，作为后续全连接层的输入。

（3）分类模型 $f_c(\cdot)$

① 输入层。$f_c(\cdot)$ 的输入有仿真晶圆图 M_s 和真实晶圆图 M_r 两种数据源，可表示为：

$$\text{input}_c = \text{inp}_i \tag{5-34}$$

② 隐含层。$f_c(\cdot)$ 的隐含层由两个卷积层和一个全连接层组成。卷积层采用与 $f_d(\cdot)$ 相同的卷积方式。第一层的卷积核数量是 64，第二层的卷积核数量增加到 128。卷积后，先将特征图"拉长"，再使用一个全连接层做降维处理：

$$h_{\text{Con1}} = f_{\text{lrelu}}(W_{\text{Con}} \times \text{input}_c) \tag{5-35}$$

$$h_{\text{Con2}} = f_{\text{lrelu}}(W_{\text{Con}} \times h_{\text{Con1}}) \tag{5-36}$$

$$h_F = f_{\text{flatten}}(h_{\text{Con2}}) \tag{5-37}$$

$$h_{\text{FC}} = f_{\text{lrelu}}(W_{\text{FC}} \times h_F + b_{\text{FC}}) \tag{5-38}$$

③ 输出层。$f_c(\cdot)$ 的输出是长度为 9 的概率向量，表示给出了属于 8 种缺陷模式及一种正常模式的概率：

$$Y = f_{\text{softmax}}(W_{\text{FC}} \times h_{\text{FC}} + b_{\text{FC}}) \tag{5-39}$$

式中，$f_{\text{softmax}}(\cdot)$ 是归一化指数函数，可将多维向量中的元素压缩为 0～1 的函数。

在 AdaBalGAN 的 3 层网络中，除最后一层外，所有可训练层都使用 LReLU 激活函数来提高训练的稳定性。在 AdaBalGAN 的训练过程中采用批处理方式，同时为了更好地训练模型，在除了输入层之后或输出层之前的中间卷积层中使用 Batch-Normalization 进行批量归一化处理，可以有效防止模型在训练过程中的过拟合。

AdaBalGAN 模型参数如表 5-3 所示。

表 5-3 AdaBalGAN 模型参数

	层编号	层类型	输入尺寸	输出尺寸	激活函数	是否使用 BN 层
生成模型 $f_g(\cdot)$	1	全连接层	[n,109]	[n,8×8×128]	LReLU	否
	2	反卷积层	[n,8,8,128]	[n,16,16,64]	LReLU	是
	3	反卷积层	[n,16,16,64]	[n,32,32,1]	Sigmoid	否
鉴别模型 $f_d(\cdot)$	1	卷积层	[n,32,32,1]	[n,16,16,64]	LReLU	否
	2	卷积层	[n,16,16,64]	[n,8,8,128]	LReLU	是
	3	全连接层	[n,8×8×128]	[n,1]	Sigmoid	否
分类模型 $f_c(\cdot)$	1	卷积层	[n,32,32,1]	[n,16,16,64]	LReLU	否
	2	卷积层	[n,16,16,64]	[n,8,8,128]	LReLU	是
	3	全连接层	[n,8×8×128]	[n,1024]	LReLU	否
	4	全连接层	[n,1024]	[n,9]	Softmax	否

2）AdaBalGAN 损失函数

模型训练过程包括两个阶段，每个阶段的目的不同，损失函数也会有所不同。第一阶段为仿真晶圆图的生成阶段，在此阶段对生成模型、鉴别模型和分类模型进行训练，以生成指定缺陷模式的仿真度的晶圆图。在第一阶段分类模型的训练过程中，生成模型还未训练完成，生成的仿真晶圆图质量较差，用仿真晶圆训练会误导分类器的学习过程。因此，通过断开图 5-18 中的 S1，仅允许真实晶圆图用于分类器的训练，更新迭代分类器参数。第一阶段分类器的目标函数可由交叉熵表示：

$$\text{Obj}_c = \min_{f_c(\cdot)} -\sum_{i=1}^{n}\left[y^i \log(f_c(M_r^i)) + (1-y^i)\left(\log(1-f_c(M_r^i))\right)\right] \quad (5\text{-}40)$$

式中，y^i 为真实晶圆的缺陷模式标签，是 1×9 的行向量；向量中的元素取值为 0 或 1，i 表示第 i 个样本。

在对分类器进行预训练的同时，鉴别器 $f_d(\cdot)$ 被训练去区分仿真晶圆图和真实晶圆图。当生成器 $f_g(\cdot)$ 生成的仿真晶圆为输入样本时，鉴别器应将输入的晶圆图识别为伪样本，即鉴别器此时的输出数值应该最小化（接近 0），可以用公式 $\sum_{i=1}^{n}\log(f_d(M_s^i))$ 表示；相反，当真实晶圆为输入样本时，鉴别器应将其识别为真样本，即鉴别器此时的输出数值应该最大化（接近 1），可以用公式 $-\sum_{i=1}^{n}\log(f_d(M_s^i))$ 表示。因此，鉴别器的整体目标就是降低对于仿真晶圆样本的输出数值，同时提高对于真实晶圆样本的输出数值，以区分两者，其目标函数可以表示为：

$$\text{Obj}_d = \min_{f_d(\cdot)} -\sum_{i=1}^{n}\log(f_d(M_r^i)) + \sum_{i=1}^{n}\log(f_d(M_s^i)) \tag{5-41}$$

与鉴别器相反，生成器 $f_g(\cdot)$ 的目标是最大化鉴别器犯错误的可能性并根据 sign 生成指定缺陷模式的仿真晶圆。因此，生成器的目标函数可分为两部分。在第一部分中，为了生成高仿真度的晶圆图，需要使仿真晶圆在鉴别器中的输出数值最大化，与鉴别器中的目标形成对抗，可以用鉴别器中关于仿真晶圆输入时的相反公式 $-\sum_{i=1}^{n}\log(f_d(M_s^i))$ 表示。在第二部分中，引入分类器模型的输出，以帮助生成器根据 sign 生成相应缺陷模式的晶圆图，可用交叉熵 $CE_g = -\sum_{i=1}^{n}\left[\text{sign}^i \cdot \log\left(f_c\left(f_g\left(\varepsilon^i,\text{sign}^i\right)\right)\right) + \left(1-\text{sign}^i\right)\log\left(1-f_c\left(f_g\left(\varepsilon^i,\text{sign}^i\right)\right)\right)\right]$ 表示。最终的生成器目标函数可表示为：

$$\text{Obj}_g = \min_{f_g(\cdot)}(CE_g - \sum_{i=1}^{n}\log(f_d(M_s^i))) \tag{5-42}$$

在第二阶段，由于已经训练了生成器 $f_g(\cdot)$ 和鉴别器 $f_d(\cdot)$，此时仅需要训练分类器 $f_c(\cdot)$ 用来准确识别晶圆图的缺陷模式。在训练过程中，无论分类器 $f_c(\cdot)$ 的输入是来自仿真晶圆还是真实晶圆，分类器都会进行迭代训练。因此，分类器在第二阶段的目标函数定义如下：

$$\text{Obj}_c = \min_{f_c(\cdot)} -\sum_{i=1}^{n}\left[y^i\log(f_c\left(M_a^i\right)) + (1-y^i)\left(\log(1-f_c\left(M_a^i\right))\right)\right] \tag{5-43}$$

式中，M_a^i 表示第 i 张晶圆图（可以是真实晶圆，也可以是仿真晶圆）；y^i 表示第 i 张晶圆图的缺陷模式标签。

3）针对学习能力不平衡的过采样控制方法

为了衡量识别模型对晶圆图各个缺陷模式的学习能力，设计了一种利用每种晶圆图缺陷模式的识别精度来定量分析识别模型分类性能的算法。该算法的关键思想是以识别精度最高的缺陷模式与第 k 个缺陷模式之间的精度差异 $accdif_k$ 为不平衡程度评价方法。与通过样本数评估数据集不平衡程度的传统方法不同，该算法评估模型对各个缺陷模式识别的性能差异，综合考虑了学习能力和样本量的不平衡性。同时设计了自适应生成控制器，通过自适应生成过程，控制器会自动确定每个缺陷模式需要调整的晶圆图数量。

在自适应生成控制器中，$\Delta \mathrm{num}_k(t)$ 是晶圆图样本在第 t 次迭代时第 k 个缺陷模式所需要增加的数量。h 是需要生成样本的阈值，当所有缺陷模式的 $\Delta \mathrm{num}_k(t)$ 均小于 h 或迭代次数大于事先设置的最大迭代次数时，控制器停止迭代，输出此时的识别精度。G 是每次迭代的标准样本量，就像神经网络步长因子。

设计的自适应生成控制器的工作原理如下。

第一步：初始化控制器，设置迭代次数 $t=0$、初始的样本增加量 $\Delta \mathrm{num}_k(0)$，$\Delta \mathrm{num}_k(0)$ 的具体数值后在后续的正交实验中给出。

第二步：通过分类器 $f_c(\cdot)$ 计算每个缺陷模式的识别精度：

$$\mathrm{acc}_k = \frac{\mathrm{accnum}_k}{\mathrm{num}_k}, \mathrm{acc}_i \in [0,1] \tag{5-44}$$

式中，accnum_k 为第 k 个缺陷模式识别正确的样本数量；num_k 为第 k 个缺陷模式样本的总数量。

第三步：计算每个缺陷模式与标准缺陷模式之间的识别精度差 $accdif_k$：

$$accdif_k = \mathrm{acc}_{\max} - \mathrm{acc}_k \tag{5-45}$$

式中，$\mathrm{acc}_{\max}$ 为标准缺陷模式的识别精度，本算法的思想是以识别精度最高的缺陷模式为基准，对识别精度差的缺陷模式用生成的仿真精度来补充，使其识别精度上升。

第四步：计算每种缺陷模式在当前迭代次数下需要增加的仿真样本数量 $\Delta \mathrm{num}_k(t+1)$：

$$\Delta \mathrm{num}_k(t+1) = \beta \times \Delta \mathrm{num}_k(t) - (1-\beta) \times \alpha \times accdif_k \times G \tag{5-46}$$

式中，借鉴误差反向传播方法[45]的原理，采用自适应学习率 α 和动量 β 来加速精度差异的整体收敛。

第五步：对每种缺陷模式来说，如果 $\Delta \mathrm{num}_k(t+1) \geqslant h$，则调用 GAN 模型以生成指定数量和缺陷模式的仿真晶圆图，然后将生成的仿真晶圆融合到相应的数据集中，进入下次训练迭代。h 是样本生成阈值。

第六步：当每种缺陷模式都满足 $t > t_{max}$ 或 $\Delta num_k(t+1) > h$ 时，则中断循环，否则返回第二步。t_{max} 是预先设定的最大迭代次数。

3. 效果分析

为了评估本算法在不同不平衡等级下的性能，以 1 000、2 000、4 000 为阈值（若缺陷模式样本数量多于阈值，则取阈值；反之，则取该缺陷模式所有的样本），从"WM-811K"数据集中提取了具有低、中和高不平衡等级的 3 个子数据集（分别命名为 D_l、D_m、D_h），其 IR 值分别为 1.56、2.24、2.80。3 个不平衡数据集的数量如表 5-4 所示。对于每个子数据集，通过使用 10 倍交叉验证进行评估。在每次精度评估中，3 个子数据集都按 8∶1∶1 的比例分为训练集、测试集和验证集。提出的模型使用 Python 3.5 和 Tensorflow1.12 进行编程。

表 5-4　3 个不平衡子数据集的数量

	总数	Loc	Edge-Loc	Center	Edge-Ring	Scratch	Random	Near-full	Donut	Normal
D_l	7 570	1 000	1 000	1 000	1 000	1 000	866	149	555	1 000
D_m	12 763	2 000	2 000	2 000	2 000	1 193	866	149	555	2 000
D_h	22 356	3 593	4 000	4 000	4 000	1 193	866	149	555	4 000

1）晶圆图仿真生成试验

在模型训练的第一阶段是以生成高仿真度的仿真晶圆为目标的，这是因为好的仿真晶圆是第二阶段训练分类器的基础。若晶圆图生成的仿真度不够，则会使得分类器学习错误的特征，继而降低分类器对各个缺陷模式的识别精度。因此，本文首先对晶圆图的生成仿真度进行试验，真实晶圆图与仿真晶圆图如图 5-21 所示。

在图 5-21 中，第一行展示的是真实晶圆图的标准样本，其余行展示的是生成器生成的仿真晶圆，每一列都是具有某种缺陷模式的晶圆。从生成的晶圆图来看，所生成的仿真晶圆具备与真实晶圆相似的图形学特征。

2）超参数优化试验

在第一阶段对生成器、判别器和分类器进行训练之后，将进行正交试验以确定初始的 Δnum（每种缺陷模式都相同）、h 和 G。试验结果如图 5-22 所示。图中横坐标为各个参数的候选值,纵坐标为精度,3 条线分别表示 D_l、D_m、D_h 3 个不平衡程度数据集。由图中的数据可以得出,当 D_l 的初始 Δnum 等于 100,h 为 10 且 G 为 500 时,AdaBalGAN 的精度最高;对于 D_m,初始 Δnum 等于 100,h 为 0,G 为 750;对于 D_h,初始 Δnum 为 100,h 为 0,G 为 750。因此,综合考虑各个数据集的最优参数后,选择初始 Δnum 为 100,h 等于 0,G 为 750,进行下一阶段的模型训练。

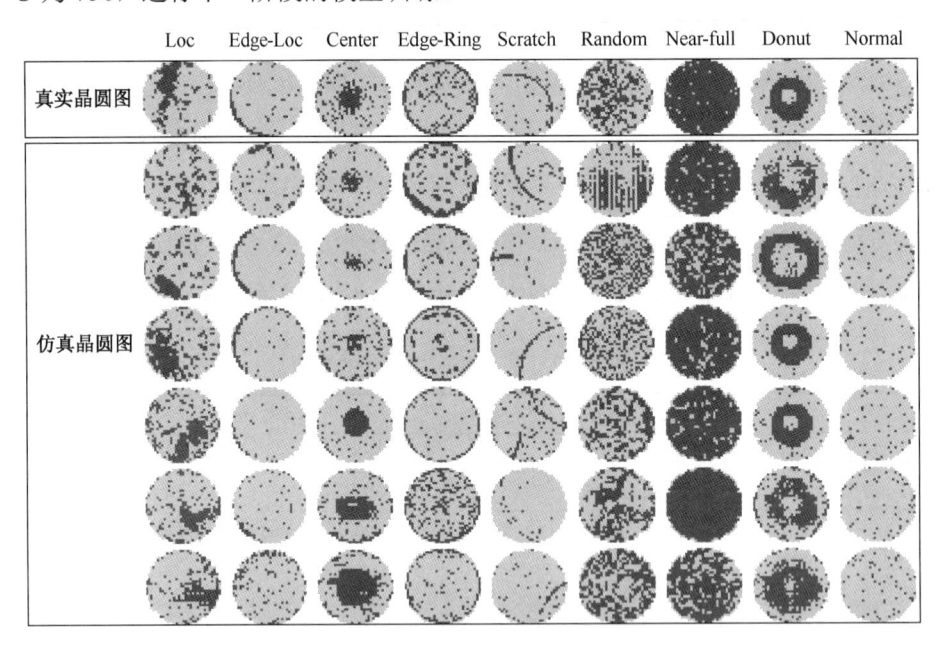

图 5-21 真实晶圆图与仿真晶圆图

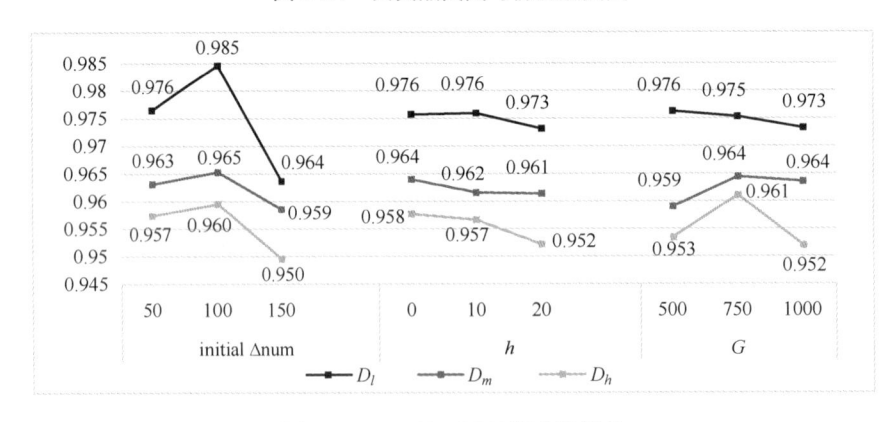

图 5-22 AdaBalGAN 超参数优化

3)识别结果与对比试验分析

为了对提出的不平衡学习方法进行实验验证,采用国际公开数据集"WM-811K"中的子数据集,其每个晶圆图都是从实际制造中收集的,共有标记或未标记的晶圆图样本 811 457 张。根据 He 和 Garcia 定义的不平衡率,在式(5-47)中评价不平衡等级。式中,$\sum N_{maj}$ 是所有多数类别样本量的总和;$\sum N_{min}$ 是所有少数类别样本量的总和。

$$r_{imb} = \sum N_{maj} / \sum N_{min} \quad (5-47)$$

首先将 AdaBalGAN 的性能与 Adaboost 和 SVM 进行比较。SVM 是最经典的机器学习分类器,在数据量较少或有噪声时仍具有分类能力;Adaboost 广泛用于数据不平衡的分类中。SVM 使用高斯内核作为内核函数,Adaboost 使用 100 个决策树作为弱分类器,其他所有参数均调整至最优。将 3 个模型均在具有低、中、高不平衡等级的 3 个子数据集中使用相同的训练集进行训练,使用相同的验证集进行验证,每个不平衡程度的数据集都随机划分并训练和测试 10 次,精度取 10 次的平均值,并统计 10 次的精度方差,结果如图 5-23 所示。

图 5-23 中显示了三个模型在 D_l、D_m、D_h 3 个子数据集中的晶圆图缺陷模式识别试验结果,图中横坐标表示整体及各个缺陷模式,纵坐标表示识别精度。从整体的识别精度来看,AdaBalGAN 在 3 个子数据集中的识别效果均优于 SVM 和 Adaboost。再从对各个缺陷模式的识别精度来看,除对 Near-full 缺陷模式的识别精度 SVM 优于 AdaBalGAN 外,在对其他缺陷模式的识别精度上,AdaBalGAN 都表现得更好。SVM 之所以对 Near-full 缺陷模式的识别精度很高,是因为 SVM 在对晶圆图进行识别时,除了将所有的 Near-full 缺陷模式识别出来,也将大量其他缺陷模式的晶圆图识别为 Near-full 缺陷模式,具体体现为:D_l、D_m 子数据集中的 Scratch 缺陷模式因为都被识别成 Near-full 缺陷模式而自身的识别精度几乎为 0。将识别精度偏向多数类是模型对不平衡数据进行分类时出现的典型现象。同时,从图 5-23(a)~图 5-23(c)中也可以看出,AdaBalGAN 在各个缺陷模式上的识别精度均大于 90%,充分说明了 AdaBalGAN 对不平衡数据下的晶圆缺陷模式识别的有效性。此外,为了进一步评估 AdaBalGAN 对不平衡数据的识别性能,本文对 3 个模型精度的稳定度进行了评估,如图 5-23(d)所示,AdaBalGAN 的各个缺陷模式之间的精度标准差在 3 个子数据集中均小于 SVM 和 Adaboost。结果表明,AdaBalGAN 可以准确、稳定地识别晶圆图

的缺陷模式，且识别效果远优于 SVM 和 Adaboost。

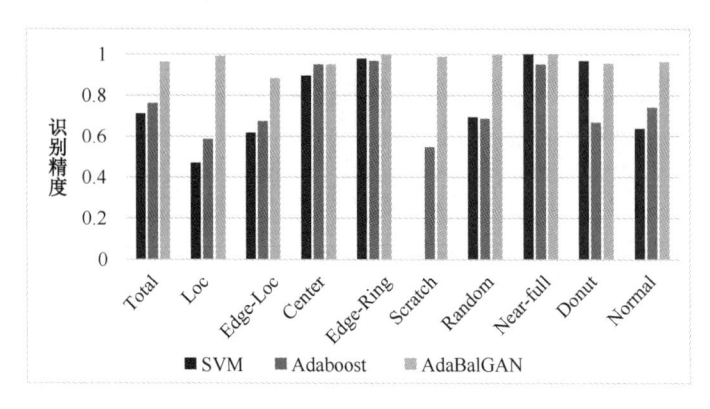

（a）D_l 数据集的识别精度

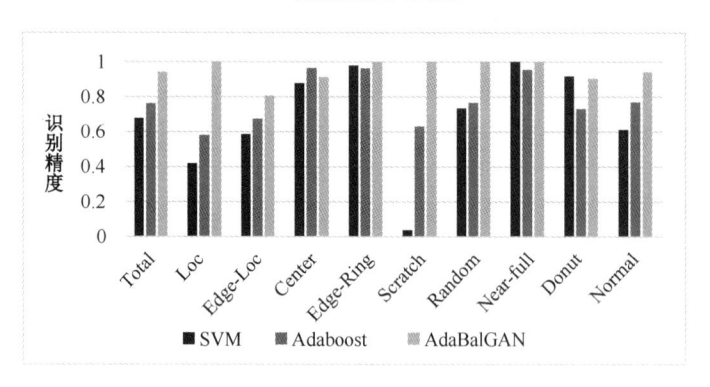

（b）D_m 数据集的识别精度

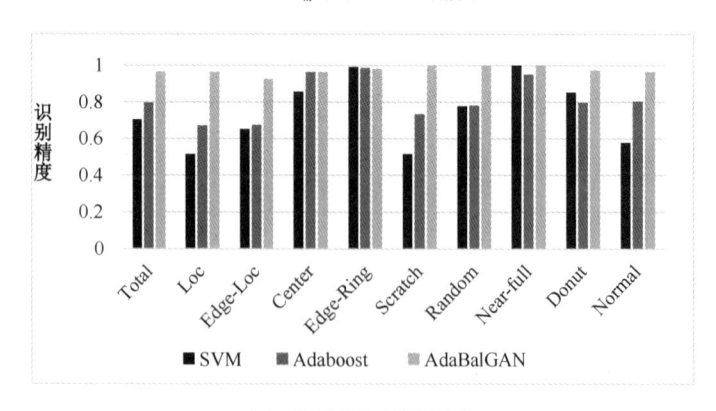

（c）D_h 数据集的识别精度

图 5-23　AdaBalGAN、Adaboost、SVM 模型对比

(d) 3 个模型的标准差

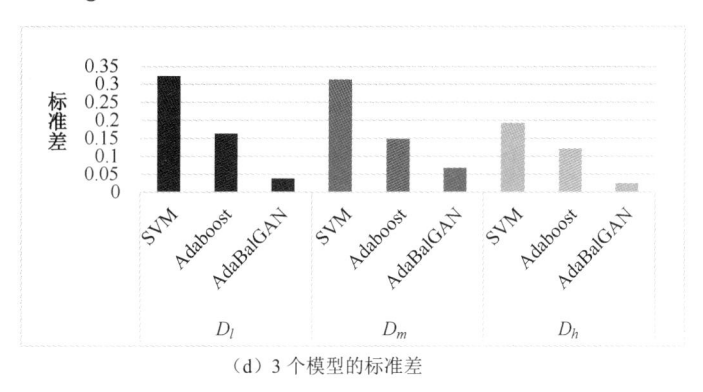

图 5-23　AdaBalGAN、Adaboost、SVM 模型对比（续）

5.4.2　空气舵三维点云非等效分割方法

1. 问题描述

空气舵通过改变空气气流实现导弹飞行过程姿态的侧向力控制，是导弹飞行姿态与轨迹的调控执行机构，其质量将极大地影响导弹的气动力性能。空气舵由蒙皮与骨架焊接而成，为了规划焊接路径，通常采用三维激光扫描仪获取空气舵的点云。然后根据点云将蒙皮与骨架进行分割，识别出蒙皮与骨架边界上的关键点，并通过关键点的匹配确定焊接路径。

在三维点云的分割过程中，点云之间存在不平衡性。根据 Tobler 的地理学第一法则，在目标分割中，靠近分割边界的点通常被认为比远离分割边界的点更重要。不同于一般不平衡学习中类与类之间的不平衡性，点云分割中的不平衡性是指每类内部数据样本之间的不平衡性，这种不平衡性被称为非等效性。本节定量研究了各点对整个点云分割精度的影响，利用非等效函数来描述各点对分割性能的重要性与边界距离之间的关系，设计了考虑点云非等效性的代价敏感神经网络，实现了点云的准确分割[22]。

空气舵三维点云模型提取示意如图 5-24 所示。

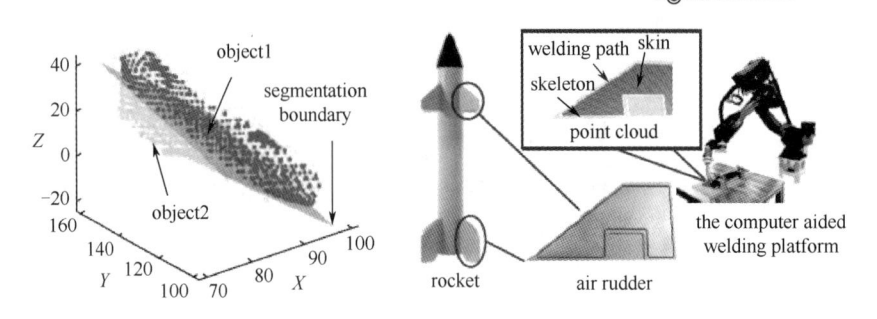

图 5-24　空气舵三维点云模型提取示意

2. 基于代价敏感的空气舵三维点云分割方法

1）数据预处理

利用视觉传感器对空气舵进行点云扫描时，点云数据量大，数据中存在较多的噪声数据。为了得到高效的空气舵点云数据，需要对扫描后的点云数据进行降噪与压缩处理，避免因点云数据冗余和数据噪声对空气舵蒙皮与骨架分类的差异，进而导致焊接路径的形成。在空气舵点云扫描过程中，受周围环境和设备的影响，采集的点云数据中可能存在噪声点，这些噪声点若不加以处理，会增大焊接路径规划的误差，因此需要将其剔除[23]。空气舵点云数据中的噪声点主要来源于两个方面：空气舵的自身结构，由于空气舵焊接路径处为中空结构，因此会使得传感器在该位置扫描到焊接路径底部的点云数据；传感器本身，受传感器设备自身的精度和系统误差的影响，会在空气舵外部产生个别噪声点。空气舵噪声点如图 5-25 所示。

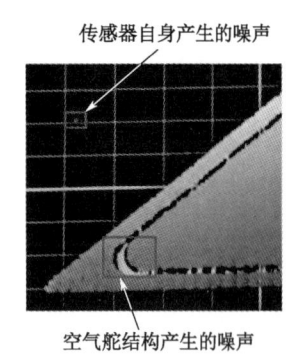

图 5-25　空气舵噪声点

为了保证后续点云数据分析工作的正常运行，本文首先剔除了由空气舵自身结构产生的噪声点，由于这类噪声点通常位于焊接路径的下方，与其他正常点在 Z 坐标轴上的数值存在明显差异，因此通过在 Z 坐标轴方向上设置阈值，将对应 Z 坐标轴的值小于该阈值的点视为噪声点，并予以剔除。然后，针对由传感器自身的精度引起的离群噪声点，由于每个点都比较孤立，且距离空气舵较远，因此通过包围盒法剔除这类噪声点，即以点云中的每个点为中心，通过设置合适的边长来定义一个最小包围盒，根据最小包围盒内点的数量来剔除离群噪声点[24]。本文根据实验结果确定最佳 Z 坐标轴上阈值的取值为-45，最小包围盒的边长为 0.5，最小包围盒内点的数量为 5，最终完成空气舵点云噪声的剔除，去噪结果如图 5-26 所示。

图 5-26 空气舵去噪结果

从图 5-26 中可以看出，去噪前空气舵点云内存在少量的离群点和大量位于焊接路径底部的噪声点，通过点云去噪，剔除了这两类噪声点，保留了正常的点云数据，使得去噪后的空气舵焊接路径更加显著。

通过上述扫描设备采集的空气舵点云数据量十分庞大，且数据之间存在冗余性。如果对全部点云数据进行直接分析与处理，将耗费大量的计算资源，因此需要对空气舵点云数据进行压缩，实现以较小规模的数据来逼近原始的空气舵点云模型，进而加速点云计算。由于采集的空气舵表面点云分布比较均匀，因此本文采用均匀网格法对空气舵点云进行压缩。这种方法与包围盒法类似，首先定义一个能够容纳所有点的大的包围盒，然后沿包围盒内点云的分布来划分一系列小的包围盒，最后取每个小包围盒内最接近中心的点，并删除其余点。可以通过控制小包围盒的大小来控制压缩结果。假设大包围盒的体积为 V，压缩前点云的点数为 N，压缩率为 λ，则压缩后点云的点数 l 可根据式（5-48）计算得出。

$$l = \sqrt{\frac{\lambda V}{N}} \tag{5-48}$$

由式（5-48）可得，通过定义压缩率 λ 的值便可以实现对空气舵点云数据的精简。本文将 λ 的值设为 0.2，进行空气舵点云压缩实验，结果如图 5-26 所示。

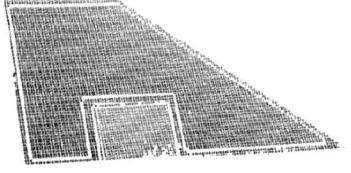

图 5-27 空气舵点云压缩

从图 5-27 中可以看出，采用均匀网格法压缩后的点云数据分布比较均匀，且对原空气舵点云模型具有良好的逼近效果，能够有效减少空气舵点云的点数，满足后续点云数据分析与处理的要求。

2）基于代价敏感机制的点云分割模型

针对三维点云分割中的非等效性，本节设计了基于代价敏感机制的 GEP-PointNet 方法，该方法包括三部分：非等效函数的定义、代价敏感神经网络模型与基于基因表达式编程（Gene Expression Programming，GEP）的非等效函数发现。根据得到的非等效函数，可以计算出每个点对分割性能的重要性。在代价敏感模型训练中，利用每个点的重要性作为对分割损失的惩罚来指导模型学习不确定性，从而达到更高的分割精度。

（1）非等效函数的定义

为了识别出点云数据对分割结果的不一致性，定义了因点云数据到边界距离引起不对称性的非一致性函数，其计算公式为：

$$I(\mathrm{dis}_i) = f_{\mathrm{ineq}}(\mathrm{dis}_i) \tag{5-49}$$

式中，$I(\mathrm{dis}_i)$ 代表在距离边界距离为 dis_i 的第 i 个点云数据的重要程度，第 i 个点云的边界距离 dis_i 分割边界数据点可以通过最小化估计其他对象的点的距离，如图 5-28 所示。

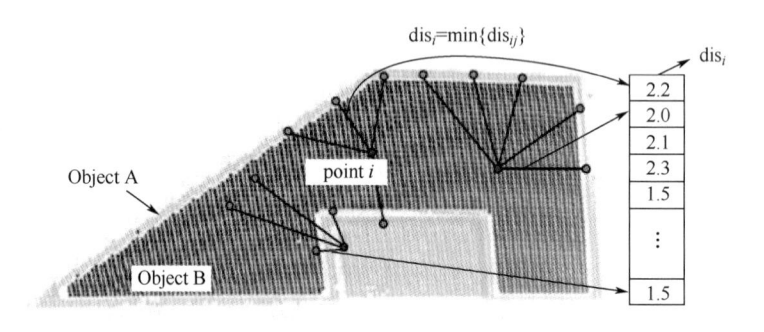

图 5-28 非等效函数示意

（2）代价敏感神经网络模型

本节采用由 Qi 等人[28]提出的 PointNet 模型作为基模型来实现空气舵点云分割模型，其包含输入变换、特征变换和多层感知机，从无序的点云中提取关键特征。PointNet 模型架构如图 5-29 所示。

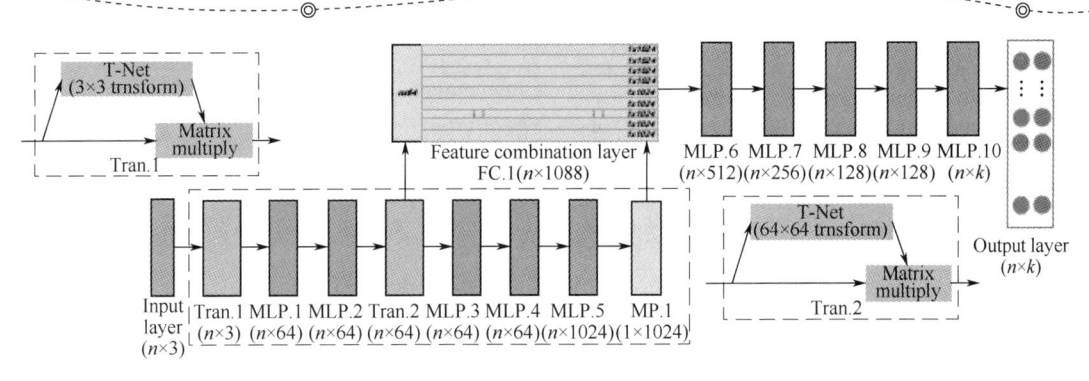

图 5-29 PointNet 模型架构

（3）基于 GEP 的非等效函数发现

为了对点云数据中的非等效性进行判断，本节采用基因表达式编程算法来发现非等效函数。基因表达式编程算法最早由葡萄牙生物学家 Ferreira 在 2001 年提出[29]，其借鉴生物界的自然选择和遗传机制，并结合了遗传算法和遗传编程的优点，具有编码简单、易于遗传操作等优点，被广泛应用于函数发现问题。非等效性判断流程如图 5-30 所示，包括 4 个部分：种群初始化、适应度评价、染色体选择、分割的代价敏感学习。

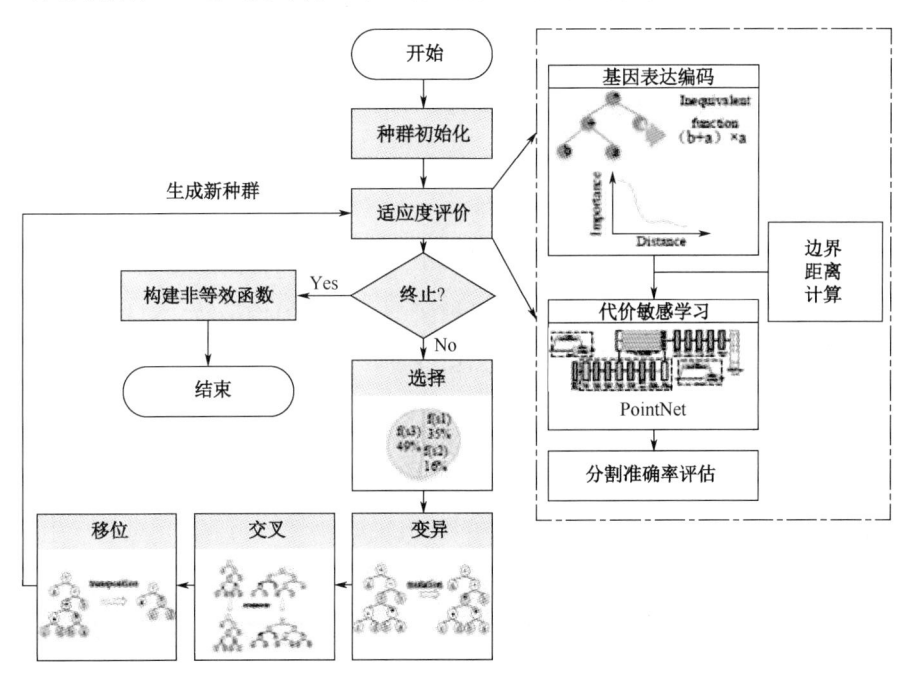

图 5-30 非等效性判断流程

①种群初始化。

为了得到非等效评价函数,首先需进行种群的初始化操作,通过初始化多个染色体,构成多个评价函数,进而进行染色体交叉等操作,完成非等效函数的寻优操作。初始化的染色体由头部与尾部构成,头部由运算符与数字组成,尾部仅由数字组成。通过随机产生的初始化染色体,构成多个函数,为后续非等效函数的构建提供基础。

②适应度评价。

在适应度计算过程中,每个染色体都可以被解码成描述每个点的重要性的不对称函数,将得到的非等价函数用于代价敏感模型训练的重要性评价,训练后的模型可用于估计适应度值,其计算公式如下所示:

$$fit(x_i) = \sum_{j=1}^{Nx}(\frac{\text{Acc}_j(x_i)}{N_X}) = \sum_{j=1}^{Nx}(\frac{N_j^{\text{acc}}(x_i)}{N_X N_j})$$（5-50）

③染色体选择与基因操作。

为了实现对非等效函数的不断构建,需要对构成的染色体进行选择操作,为后续基因操作提供基础。为了保证所选择染色体的有效性,采用轮盘赌选择算子对种群中的染色体进行选择操作。完成选择操作后,对构成的新染色体进行交叉、变异与插串等操作。利用 GEP 算法可保持种群内部的收敛性和多样性特征这一优势,实现对非等效函数的发现与构建。

④分割的代价敏感学习。

为了评估每个染色体的适合度,设计了一个代价敏感的分割模型来估计分割精度。首先提出了代价敏感学习的分割模型。然后根据所得到的不等价函数,对模型训练中各点的重要性分别进行分配。最后对训练后模型的精度进行了评价。

3）分割模型的工作过程

为了构建点云非等效函数,本文提出了 GEP-PointNet 算法,其实现流程如表 5-5 所示。该算法由两部分组成。第一部分是初始化,它随机生成一个 PointNet 模型和一个初始填充。然后对生成的染色体进行适应度计算、选择、交叉和换位。在完成进化过程之后,对最终种群的适合度进行评价。以适应度值最高的最佳染色体解码得到的函数作为点云的最终非等效函数。

表 5-5 基于基因表达式编程的非等效点云量化算法步骤

算法：基于基因表达式编程的非等效点云量化算法
输入：点云样本 X，距离矩阵 D，Gen,Pop,Select,Mut,Opr,Tpr,GR,Ist,Rist,Gist
输出：量化结果子集 S
1　划分训练样本集、验证集与测试集：X_{train}、X_{val}、X_{test}
2　初始化种群 Pop；
3　While (i<=Gen) do:
4　For i =1 to Pop do:
5　将距离矩阵 D 输入到 Pop(i)染色体中
6　根据 Pop（i）染色体计算得到量化结果作为 pointnet 的输入，利用训练集 X_{train} 训练
7　根据适应度函数计算方法计算个体适应度函数
8　End for
9　以 Select 的选择率及轮盘赌选择父代个体
10　以 Mut 概率发生变异
11　以 Opr 概率发生单点重组
12　以 Tpr 概率发生两点重组
13　以 Gr 概率发生基因重组
14　以 Ist 概率发生 IS 插串
15　以 Rist 概率发生 RIS 插串
16　以 Gist 发生基因插串
17　i=i+1
18　end while
19　取 S 为最优个体编码所输出的量化结果子集

注：Gen 为迭代次数，Pop 为种群规模，Select 为选择率，Mut 为变异率，Opr 为单点重组率，Tpr 为两点重组率，Gr 为基因重组率，Ist 为 IS 插串率，Rist 为 RIS 插串率，Gist 为基因插串率。

3. 实例验证

为了验证本文设计的卷积神经网络模型的分割性能，采用表 5-6 中的 640 组空气舵点云样本进行实验。空气舵点云分割问题实质上是一个二分类问题，空气舵中被焊接路径包围的内部的点远远多于其外部的点，即每组空气舵样本中两类点的数量呈现出不平衡的特点，因此本文将每组点云样本中点数少的一类点作为正类点，另一类点作为负类点，并定义分类结果的混淆矩阵，如表 5-7 所示，通过召回率（R）、精确率（P）和 F_1 值对分割结果进行评价，如式（5-50）～式（5-52）所示。

表 5-6　数据集划分

类别	1	2	3	4	5	6	7	8	总计
训练集	80	80	80	80	80	80	0	0	480
验证集	0	0	0	0	0	0	80	0	80
测试集	0	0	0	0	0	0	0	80	80
总计	80	80	80	80	80	80	80	80	640

表 5-7　分类结果混淆矩阵

预测结果	真实结果	
	正类	负类
正类	TP	FP
负类	FN	TN

注：TP 表示将正类的点分类为正类的点；FP 表示将负类的点分类为正类的点；FN 表示将正类的点分类为负类的点；TN 表示将负类的点分类为负类的点。

$$R = \frac{TP}{TP + FN} \tag{5-51}$$

$$P = \frac{TP}{TP + FP} \tag{5-52}$$

$$F_1 = \frac{2 \times R \times P}{R + P} \tag{5-53}$$

本文采用表 5-6 中的 480 组训练集样本进行模型训练。首先，为了防止模型出现过拟合的情况并保证模型具备很好的泛化性能，在模型训练前，随机打乱训练样本的顺序。其次，在模型训练过程中，学习率取值过大容易跳过最优解，取值过小则会导致模型收敛速度变慢，长时间找不到最优解，为了解决学习率的取值问题，本文采用指数衰减的方法设置学习率值，即在模型训练前期采用较大的学习率，以快速得到较优的解，后期通过逐步降低学习率的值，逐步逼近最优解，这样可以使模型在训练后期更加稳定。最后，通过验证集对模型的训练效果进行反馈，实现对分割模型中超参数的调优，得到最优的分割模型。

本文模型训练过程中的平均损失曲线如图 5-31 所示。训练模型中的批大小设置为 10，即每次喂入模型 10 组训练样本，训练完全部样本需要喂入 64 次，对应 1 次迭代。实验发现模型迭代 70 次后，随着迭代次数的增加，平均损失值基本保持不变，证明模型已经收敛。

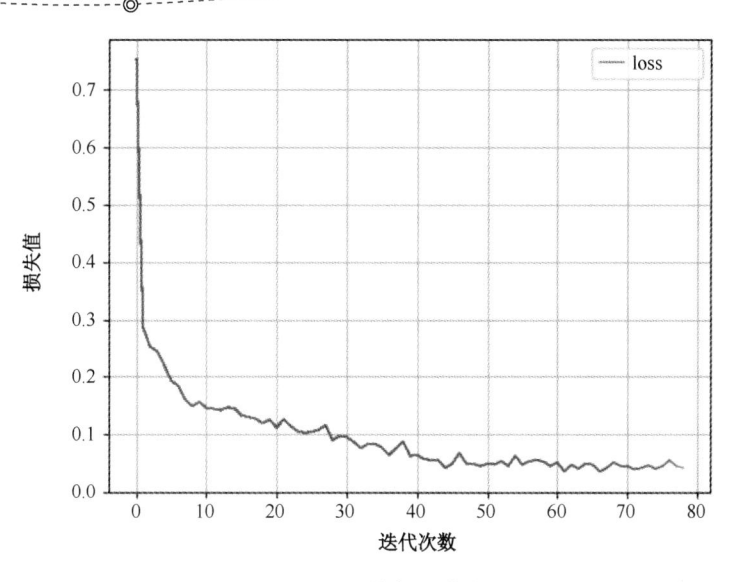

图 5-31　平均损失曲线

本文将训练得到的最优模型的参数进行保存，并在测试模型中进行调用。采用表 5-6 中的 80 组测试样本及上述召回率、精确率及 F_1 值作为性能指标，对模型的分割性能进行评价，实验结果如图 5-32 所示。

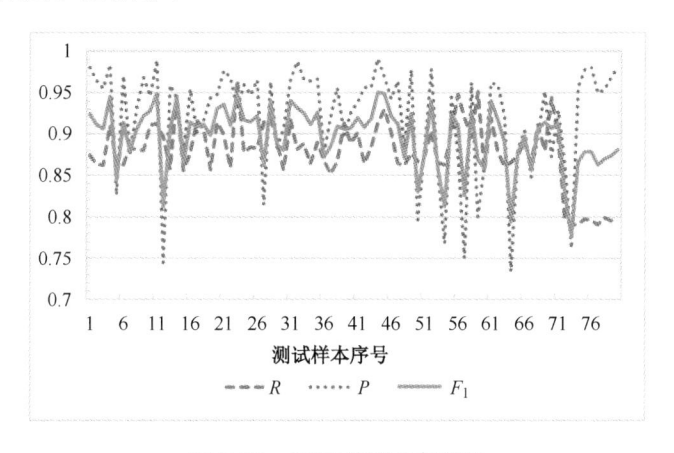

图 5-32　CNN 模型分割结果

从图 5-32 中可以看出，本文所设计的分割模型在召回率、精确率和 F_1 值 3 项指标下都表现出了较好的效果。其中 F_1 值代表了分割模型的综合性能，从图中可以看出，除个别样本外，本文算法整体的 F_1 值都达到了 90% 左右，验证了本文所设计的分割算法的准确性。

另外，实验结果中针对不同测试样本计算得到的召回率与精确率值波动幅度较大，且召回率值偏低，分析其原因可能是每个测试样本中两类点数据量不平衡，导致少数类点的训练效果变差，而召回率反映的是少数类点的分类精度，因此召回率的值相对偏低。

为了进一步验证本文设计的点云分割模型的优越性，采用表 5-6 中的 80 组测试样本的平均召回率、平均正确率和平均 F_1 值作为性能指标，将其与基于深度学习的点云分割方法中最具代表性的 PointNet 模型进行对比，两种方法的参数均调至最优，实验结果如表 5-8 所示。

表 5-8　本文算法与 PointNet 算法对比

性能指标	本文算法	PointNet
平均召回率	0.877	0.848
平均精确率	0.919	0.253
平均 F_1 值	0.896	0.368

从表 5-8 中可以看出，虽然 PointNet 与本文算法的平均召回率比较接近，但由于其平均精确率值远低于本文算法，因此导致其平均 F_1 值也远低于本文算法。综上所述，本文设计的基于 CNN 的点云分割算法在空气舵点云数据集上所表现出的分割性能优于 PointNet 方法。

进一步地，为了验证本文设计的空气舵非等效点云分割方法的有效性，将 GEP 算法与 CNN 算法进行嵌套并进行实验验证。首先计算各空气舵点云样本对应的距离矩阵。然后利用 GEP 算法设计量化函数，并作用于距离矩阵输出量化结果。最后将量化结果与分割模型的损失函数相乘，提高焊接路径边界点的误差反馈，进一步提升算法的分割性能。

对 GEP 算法中的各个控制参数进行设置，选取的参数如表 5-9 所示。

表 5-9　GEP 算法参数

参数名称	参数值
函数符集合	+ - * / sin cos e ln
终结符集合	"x" "?" ("?"代表常数值)
种群规模	30
基因长度	24
基因头长	10

续表

参数名称	参数值
组成染色体的基因个数	3
变异概率	0.041
单点重组概率	0.2
两点重组概率	0.5
基因重组概率	0.1
IS 插串概率	0.1
RIS 插串概率	0.1
基因插串	0.1
算法迭代次数	200

根据前文可知,为了解决空气舵点云非等效性对分割结果造成的影响,需要使模型在训练过程中强化焊接路径边界点的误差反馈。本文将点云分割模型对验证集中样本的平均召回率作为 GEP 算法的适应度指标,通过将召回率代入式(5-49)中,得到如式(5-54)所示的适应度值计算公式。

$$f_i = \sum_{j=1}^{30} \left(100 - \left| \frac{\sum_{i=1}^{n} R_i}{n} - 1 \right| \cdot 100 \right) \tag{5-54}$$

式中,n 表示验证集中的样本数,R_i 表示分割模型对第 i 个样本计算后返回的召回率值。

本文通过 GEP 得到训练样本中各点对应的量化结果,将量化结果与训练模型损失函数相乘,通过不断迭代得到最优的训练模型并保存其训练参数。同样地,采用表 5-6 中的 80 组测试样本及上述召回率、精确率和 F_1 值作为性能指标,对模型的分割性能进行评价,实验结果如图 5-33 所示。

从图 5-33 中可以看出,整体测试样本对应的召回率都高于 90%且波动幅度较小,分析其原因为结合 GEP 算法后,在保持模型整体分割性能的基础上,提高了模型对少数类点的分类精度,进而提高了召回率。由于各测试样本对应的精确率波动幅度较大,导致得到的 F_1 值也产生了较大的波动,但从整体上看,大部分测试样本的 F_1 值都高于 90%,这表明在保持精确率基本不变的基础上,通过提高召回率,提高了分割模型的整体性能。实验结果表明,GEP-CNN 是一种有效的空气舵非等效点云分割方法。

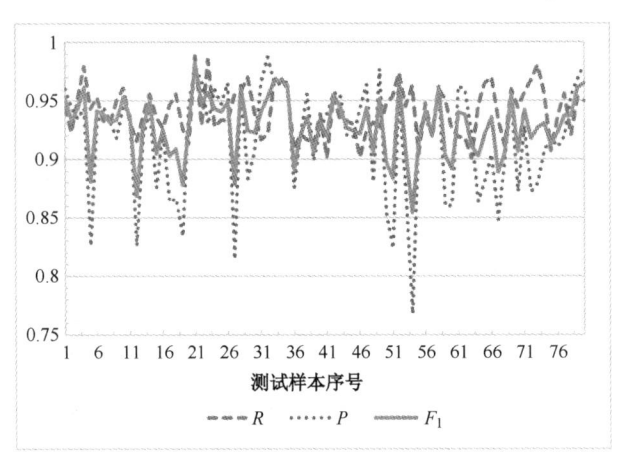

图 5-33 GEP-CNN 模型分割结果

最后，本文采用留一交叉验证的方法，即每次选择表 5-6 中的 7 种结构空气舵样本作为训练集，另一种样本作为测试集，采用 GEP-CNN 方法依次对这 8 种结构空气舵点云进行分割，采用 F_1 值对各种结构空气舵的分割结果进行评价，并将分割结果进行可视化，如图 5-34 所示。

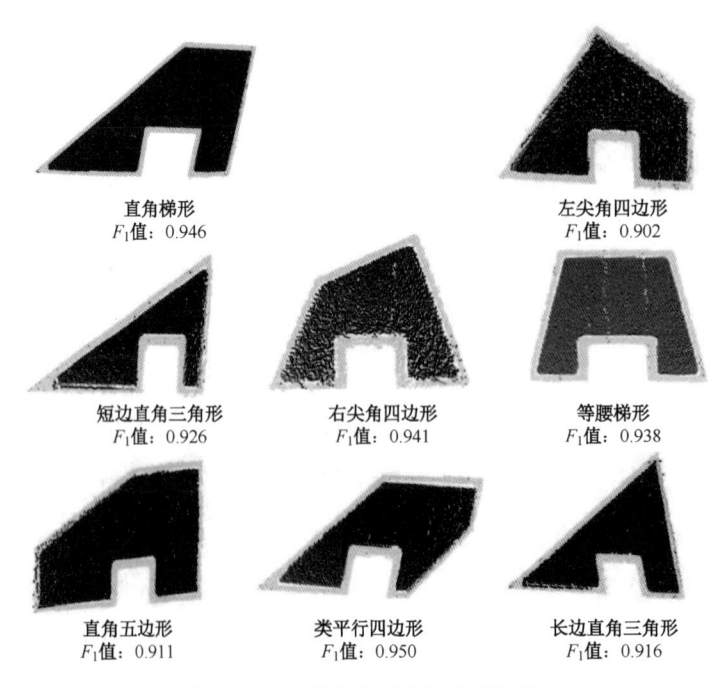

直角梯形
F_1 值：0.946

左尖角四边形
F_1 值：0.902

短边直角三角形
F_1 值：0.926

右尖角四边形
F_1 值：0.941

等腰梯形
F_1 值：0.938

直角五边形
F_1 值：0.911

类平行四边形
F_1 值：0.950

长边直角三角形
F_1 值：0.916

图 5-34 8 种结构空气舵分割结果

从图 5-34 中可以看出，分割后的空气舵两部分点中虽然存在个别分类错误的点，但每种结构的空气舵测试样本的 F_1 值都高于 90%，满足空气舵点云的分割要求，进一步验证了本文提出的 GEP-CNN 方法可以对不同结构的空气舵进行准确分割。

5.5　本章小结

本章从采样、代价敏感与主动学习 3 个方面阐述了不平衡学习方法，并通过晶圆缺陷识别与空气舵点云分割两个实际工程实例，给出了不平衡学习在实际工业场景中的应用。

参 考 文 献

[1] Ganganwar, Vaishali. An overview of classification algorithms for imbalanced datasets [J]. International Journal of Emerging Technology and Advanced Engineering. 2. 42-47.

[2] Wang J, Xu C, Yang Z, et al. Deformable convolutional networks for efficient mixed-type wafer defect pattern recognition[J]. IEEE Transactions on Semiconductor Manufacturing, 2020, PP(99):1-1.

[3] Wang S, Yao X. Multi class imbalance problems: analysis and potential solutions [J]. IEEE Transactions on Svstem. Man and Cybernetics. B: Cybernetics, 2012, 42(4): 1119-1130.

[4] Mahani A, Baba-Ali A R. Classification Problem in Imbalanced Datasets[M]// Computational Intelligence. 2019.

[5] Taeho J, Japkowicz N. Class imbalances versus small disjuncts [J]. ACM Sigkdd Explorations Newsletter, 2004, 6(1): 40-49.

[6] Anand A, Pugalenthi G, Fogel G B, et al. An approach for classification of highly imbalanced data using weighting and undersampling[J]. Amino Acids, 2010, 39(5):1385-91.

[7] Garc a, Salvador, Herrera, et al. Evolutionary undersampling for classification with imbalanced datasets: proposals and taxonomy[J]. Evolutionary Computation, 2009.

[8] Yap B W, Khatijahhusna A R, Aryani A R H, et al. An application of oversampling, undersampling, bagging and boosting in handling imbalanced datasets[C]// International Conference on Data Engineering. 2014.

[9] Chawla N V, Bowyer K W, Hall L O, et al. SMOTE: Synthetic minority over-sampling technique[J]. Journal of Artificial Intelligence Research, 2002, 16(1):321-357.

[10] Han H, Wang W Y, Mao B H. Borderline-SMOTE: a new over-sampling method in imbalanced data sets learning[C]. Proceedings of the 2005 international conference on Advances in Intelligent Computing - Volume Part I. 2005.

[11] Elkan, Charles. (2001). The foundations of cost-sensitive learning [C]. Proceedings of the Seventeenth International Conference on Artificial Intelligence: 4-10 August 2001; Seattle. 1.

[12] Zhou Z H, Liu X Y. on multi-class cost-sensitive learning[J]. Computational Intelligence, 2010.

[13] Batuwita R, Palade V. FSVM-CIL: fuzzy support vector machines for class imbalance learning[M]. IEEE Press, 2010.

[14] Lin C F, Wang S D. Fuzzy support vector machines[J]. IEEE Transactions on Neural Networks, 2002, 13(2):464-471.

[15] Lin C F, Wang S D. Training algorithms for fuzzy support vector machines with noisy data[J]. Pattern Recognition Letters, 2004, 25(14):1647-1655.

[16] Wang M, Hua X S. Active learning in multimedia annotation and retrieval: A survey[J]. Acm Transactions on Intelligent Systems & Technology, 2011, 2(2):1-21.

[17] Mccallum A, Nigam K. Employing EM and Pool-based active learning for text classification[C]// Proceedings of the Fifteenth International Conference on Machine Learning (ICML 1998), Madison, Wisconsin, USA, July 24-27, 1998. 1998.

[18] Zhu X, Zhang P, Lin X, et al. Active learning from stream data using optimal weight classifier ensemble[J]. IEEE Transactions on Systems Man & Cybernetics Part B Cybernetics A Publication of the IEEE Systems Man & Cybernetics Society, 2010, 40(6):1607.

[19] Ertekin S, Huang J, Léon Bottou, et al. Learning on the border: active learning in imbalanced data classification[C]// Sixteenth Acm Conference on Information & Knowledge Management. ACM, 2007.

[20] Wang J, Yang Z, Zhang J, et al. (2019). AdaBalGAN: an improved generative adversarial network with imbalanced learning for wafer defective pattern recognition[J]. IEEE Transactions on Semiconductor Manufacturing. 32. 310-319. 10.1109/TSM.2019.2925361.

[21] Wu M, Jang J R, Chen J. Wafer map failure pattern recognition and similarity ranking for large-scale data sets[J]. IEEE Transactions on Semiconductor Manufacturing, 2015, 28(1):1-12.

[22] 代璐，汪俊亮，陈治宇等．基于卷积神经网络的非等效点云分割方法[J]．东华大学学报（自然科学版），2019，v.45(06):55-61．

[23] Qi C R, Su H, Mo K, et al. PointNet: deep learning on point sets for 3D classification and segmentation[J]. 2017 IEEE Conference on Computer Vision and Pattern Recognition (CVPR), 2017.

[24] Ferreira C. Gene expression programming: a new adaptive algorithm for solving problems[J]. Complex Systems, 2001, 13(2):87-129.

第 6 章

多源工业大数据融合技术：从数据孤岛到多源融合

6.1 引言

在工业大数据分析中，工业大数据融合与共享（Industrial Big Data Integration and Sharing，IBDIS）决定了数据分析的效率。工业数据的融合可分为 3 类：单源 IBDIS（S-IBDIS）、协同 IBDIS（C-IBDIS）和多源 IBDIS（M-IBDIS）。目前，S-IBDIS 与 C-IBDIS 数据融合技术发展较为成熟，而 M-IBDIS 涉及来自不同制造系统中数据源的数据融合，适用于涉及多企业产业链的数据分析，需要考虑企业的数据隐私安全、巨大的数据传输流量负载，以及数据在不同系统之间流通的合规性问题，因此有效的数据融合方法对多源工业大数据分析极其重要。

本章将对工业大数据来源分析、工业大数据融合问题及工业大数据融合技术进行系统介绍，然后通过企业实际生产案例介绍多源工业大数据融合技术。

6.2 制造大数据来源分析

从数据来源分析看，工业大数据主要分为产品设计数据、生产过程数据、营销与运维数据，其由企业的信息化部门进行采集、存储和管理。本节将从设计大数据、生产大数据、营销大数据和运维大数据4个角度出发，对工业大数据来源进行分析与介绍。

6.2.1 设计大数据

设计大数据资源包括产品设计数据、产品建模仿真数据、产品工艺数据、产品加工数据与数控加工程序、产品测试数据、产品维护数据、产品结构数据、零部件配置关系、变更记录等。

从产品的生命周期来看，产品设计不仅包括产品需求分析、概念设计、详细设计、工艺设计等阶段，还包括样品试制、生产制造、销售与售后服务等阶段。产品设计与制造流程复杂，并且涉及多领域、多专业的技术知识，相关设计、工艺、使用和维护人员在各阶段都积累了大量数据，因而产品设计不仅需要将各阶段、各领域的数据进行有效的整合，而且需要从中找出影响产品可靠性、可用性的关键设计数据。通过产品和工艺数据分析，发现关键技术点，预测技术发展趋势，并为设计、工艺人员提供有益的优化和创新决策支持，是实现产品持续改进和技术创新的关键。

在基于小样本数据的产品设计研发过程中，产品需求管理需要各行业专家针对产品战略、市场信息、客户反馈、竞争信息、技术趋势和产品组合等大量数据进行抽样和样本分析，经常出现的情况有：①样本数量不够，造成预测错误；②决策因子的权重取决于局部数据，而不是全部数据；③决策时间过长，与瞬息万变的市场脱节；④研发项目风险评估失误，无法确定投资数额。以上情况的发生会导致产品的设计和研发决策失误，与市场方向不一致甚至脱节，降低企业应对市场的能力。

通过以下方式可以很好地解决以上问题：①通过与社交网站合作，分析特定区域客户的浏览习惯、交友年龄、性别等，了解潜在客户的喜好、习惯；②进行产品研发数据分析，如分析客户订购产品的历史数据，以了解客户需求的变化趋势；③针对客户错误或产品设计错误的反馈数据，了解客户真正想要的体验；④利用交互式技术集成企业产品生命周期管理（Product Lifecycle Management，PLM），让用户访问企业的 PLM/PDM 系统，收集客户访问交互式网站的体验及反馈，进行新产品决策。

产品定义信息、产品功能数据、技术资料、故障及维护等大数据都是改进产品设计、优化服务和技术创新的重要数据来源，为有效利用产品制造、使用和维护阶段相关数据进行产品设计优化决策，开展多种数据关联关系研究，构建产品数据的语义网络提供了数据基础。在此基础上，利用复杂网络技术分析大型产品相关数据之间的关联关系，基于节点、路径、网络结构特征分析建立产品设计优化决策模型，开展客户需求判断和技术发展方向预测方法研究，为企业进行产品设计优化决策提供支持。

通过收集产品设计大数据，建立协同网络，可以让参加产品项目的所有成员无缝地协同工作在一起，从而按照统一的标准进行概念设计、产品设计、产品制造和产品支持，实现异地联合设计制造。通过发挥所有成员各自的特长，极大地提高生产率，改进设计和制造质量，使得产品设计与研制周期大大缩短，成本大大降低，质量大大提高，出错率和返工率也相应地减少。

6.2.2 生产大数据

生产大数据资源包括设备层生产大数据与车间层生产大数据。

1. 设备层生产大数据

设备层生产大数据有数据变化快、数据量大的特点，大多是自动化系统自动采集的温度、湿度、电压、电流、I/O 开关量、流量、转速等高速变化的数据，数据变化的频率非常高，甚至达到毫秒级。工业中的生产设备大多会关联大量的数据。例如，一台千万千瓦级的燃煤发电机大概有 3 万个测点；一套年产量 90 万吨的乙烯装置至少需要 5 万个测点。面对变化和增长如此快速的工业大数据，传统的数据库在可扩展性与吞吐量方面满足不了其存储需求。对于工业设备采集的数据存储和实时分析的解决方案，应用最广泛的是专为高效采集、存储和管理大量时间序列过程数据而设计的实时／历史数据库，对于更多数量的数据分析，一般采用数据仓库和非关系型数据库技术。

可利用大数据技术对设备层生产大数据进行存储、处理、加工和分析。通过利用设备在线监控技术采集设备运行状态数据，可以了解设备的整体状态、设备故障风险、设备安全风险，预测设备需要预维护的时间；通过对设备发生的故障模式进行大数据关联分析诊断，可以提高设备运维的效率，并对设备的关键零配件的使用寿命进行预测；通过分析设备在使用过程中的工程数据、环境数据、实验数据等多种数据源的众多参数对关键零部件寿命的影响,可以提高关键零部件的使用率,降低运维成本,同时保证制造质量。

2. 车间层生产大数据

车间层生产大数据包括生产车间基础资源数据、生产流程数据和工厂管控数据。

1) 生产车间基础资源数据

生产车间基础资源数据是进行生产过程管控的基础,主要有:①供应商信息数据,如供应商基本信息数据、供应商评价数据、供应商审核流程管理数据、供应商等级管理数据等;②设备信息数据,如生产过程中加工设备、检测设备、物流运输设备、上下料机、打印机、扫描枪等各类设备信息数据,主要为设备基本属性数据及台账管理数据、当前状态管理数据等;③仪表信息数据,如各类测试仪表的基本属性、台账、当前状态、周期检定过程等;④工装信息数据,如工装夹具、模具、检验器具等对象的基本属性、当前状态信息等;⑤物料信息数据,如物料基本属性、当前状态、存储位置、湿敏/无铅特殊属性等。

2) 生产流程数据

生产流程数据来源于生产过程中的各环节,主要有:①订单数据,包括订单基本信息数据,如订单编号、客户、产品标识、数据、时间、预计生产时间、预计交货时间等;②工单数据,包括工单基本信息数据,如工单编号、产品标识、对应的站位、输入/输出要求等;③出库/入库流程数据,包括PCBA领出、入库、辅材领用,以及其他物料、工装、仪表等对象领用流程数据;④出货流程数据;⑤客退返工流程数据,包括客退品、返工维修流程数据等;⑥质量控制流程数据,包括点检、抽检、全检流程数据,不合格品数据,不良控制流程数据等。

3) 工厂管控数据

工厂管控数据来源于车间、产线、站位、仓库、物流等,主要有:①车间数据,包括车间环境配置信息、责任人信息、产能信息,以及其他统计分析数据等;②产线数据,包括产线配置信息,责任人信息,输入、产出信息数据等;③站位数据,包括站位基本属性、所使用的设备/工装/仪表、输入/输出、控制参数、前后站位标识等数据;④仓库数据,包括仓库标识、名称、位置、作用、所包含的物料/工装/仪表等数据;⑤AGV数据(物流数据），包括标识、当前位置、当前状态、使用时间、效率等数据。

6.2.3 营销大数据

企业营销大数据包括市场数据、采购数据、销售数据、财务数据、计划数据等多种数据资源，下面对其中具有代表性的数据资源进行详细介绍。

1．市场数据

在"大数据"时代之前，企业多从 CRM 或 BI 系统中提取顾客、市场促销、广告活动、展览等方面的结构化数据。但这些数据只能满足企业正常营销管理需求的 10%，并不能准确预测出市场变化。而其他 85% 的数据，如社交媒体数据、邮件数据、地理位置、音视频等这类不断增加的信息数据，包含的数据量更大、应用逐渐广泛，以传感器为主的物联网信息，以及移动互联网信息等，是非结构化或多元结构化数据，它们更多地以图片、视频等方式存在。随着算法和机器分析作用的进一步提高，这类数据在当今竞争激烈的市场上日显宝贵，并能被大数据技术充分挖掘、运用。

市场数据对商家来说，主要有 3 个方面的应用：一是圈定用户；二是用户关联性分析，包括对用户年龄层次的分析；三是个性化定制，即大数据可根据客户需求进行产品或服务的量身定做。

2．销售数据

销售数据包含经销商订单数据、经销商交货数据、客户关系管理数据、零部件订单交货和库存数据。其他非结构化数据包含售后服务维修和置换数据、官网线上体验数据、网上访客数据、微博/微信等线上接触的数据。

3．财务数据

企业财务数据包括：企业资产负债、损益和变动；企业成本预测、目标利润和税收；企业资金实力、偿债能力和运营效率；企业财务分析决策（投资结构、投资总量、投资回收、投资净收益），等等。

6.2.4 运维大数据

工业运维大数据来源于产品生产商加装的传感器，传感器收集的数据可以被实时用于产品的后续维护与修理分析。在汽车领域，大量在役产品在整个生命周期中持续回传各种类型的数据，数据的积累速度非常快，数据容量呈现出爆炸性的增长趋势，企业通过这些数据来分析重大故障或事故与相关的客户行为，从而及时发现异常征兆，提供主动服务，这使制造企业得以向服务型企业转型。

实际上，在大型装备、汽车的生产制造过程和产品运行过程中采集的数据越来越多，但利用效果差，尤其是异常征兆难以通过大数据的实时检测分析来及时发现。以工业用天然气压缩机的全生命周期数据为例，压缩机机械本体是压缩机执行部分，包括框架、主机（汽缸、活塞等）、辅机（润滑系统、气路系统、冷却系统、排污系统、仪表监控系统、电机、联轴器）等。压缩机上有收集各种信息的传感器系统，主要包括状态传感器组（如压力传感器、温度传感器、天然气浓度传感器、流量传感器、液位传感器等）、压缩机保护/报警传感器组（如电压保护传感器、风机保护传感器、电机保护传感器等）、远程监测传感器组（如相位传感器、活塞杆沉降位移传感器、汽缸/十字头/曲轴箱振动传感器、吸气/排气/缸内压力与温度传感器等）。通过对这些传感器收集的数据进行分析，可以远程监测压缩机运行工况、状态、衰老、故障等。

6.3 多源工业大数据的融合问题

在进行多源工业大数据分析时，首先需要将不同来源的工业数据进行集成融合，即第一步为数据融合。在单个企业内部，工业数据的融合不涉及数据隐私、流量负载及合规性问题，而现代企业之间联系的加强使得各产业链之间密不可分，工业数据的分析必然朝着面向不同企业的多源工业大数据分析方向发展，而目前不同企业之间的数据隐私和数据传输大流量负载限制了数据融合过程，本节将对多源工业大数据融合所面临的问题进行描述与分析。

6.3.1 问题描述

大数据分析的第一步是进行数据集成融合。在工业大数据分析中，IBDIS 决定了数据分析的效率，正在成为制造系统大数据分析中的重要基础[1-2]。IBDIS 通过定义数据交换模型，实现数据提取、转换和加载，从而实现多来源数据的分析[3]。在制造系统中，工业数据的融合可分为 3 类：S-IBDIS、C-IBDIS 和 M-IBDIS。

1. S-IBDIS

在 S-IBDIS 中，用于分析的所有数据都来自单个数据源，如 MES。在这种模式下，因所涉及的数据都是单机存储的，所以可直接实现数据融合。目前国外知名企业应用 MES 系统已经成为普遍现象，国内许多企业也逐渐开始采用这项技术来增强自身的核心竞争力。单源的工业大数据融合问题较为简单且现有技术成熟，一方面，不涉及复杂的数据传输加密过程与数据合规化问题；另一方面，因为数据源单一，所以数据传输流量负载不大。

2. C-IBDIS

在 C-IBDIS 模式中，数据是从制造系统中的两个以上数据源获取的。源数据可以通过中间件、虚拟数据库和数据仓库技术，使用数据同步/异步复制、数据视图或接口实现数据融合。在这种模式下，数据仅在单个制造系统或单个企业内进行交换融合，在企业内部不存在数据隐私性问题，数据传输流量负载不大，因此可对源数据进行直接融合。

3. M-IBDIS

M-IBDIS 涉及来自不同制造系统中数据源的数据融合，适用于涉及多企业产业链的数据分析。在 M-IBDIS 模式下，为保护数据隐私，企业往往禁止将内部源数据跨企业公开使用。在这种模式下，数据融合需要考虑企业的数据隐私与安全、巨大的数据传输流量负载，以及数据在不同系统之间流通的合规性问题，因此有效的数据融合方法对多源工业大数据分析极其重要。

6.3.2 难点分析

工业大数据融合过程涉及企业数据隐私和大量数据的传输,目前多源工业大数据融合在数据传输流量负载、数据流通合规性、数据私密性与安全性等方面存在困难与挑战。

1. 大体量数据传输流量负载

制造系统中大数据集成的首要难题是海量数据长距离传输导致的网络流量负载过重问题。在智能制造系统中,智能装备和物联网设备采集得到的数据量持续增长,制造系统领域累积的数据量每年逾 1 000 EB,并且预计在未来几年内将持续增长。处理海量数据需要极大的计算能力,因此大量企业建立了云端数据中心,以支持制造系统运行的数据集成和存储。当前云计算框架需要将大量源数据传输到远程云数据中心进行进一步分析,这会导致传输过程中网络流量负载过重。工业大数据具有多来源特性,制造系统运行优化所需的数据(包含订单要求、产品工艺路线、机器状态和计划调度数据等)来自 PDM 系统、MES、SCADA 系统等。因此,IBDIS 频繁调度多个源数据库以支持数据分析,极大地增加了网络流量负载。现有的商业云计算模型使用批处理模式,分批次向云端传输大数据,以减轻网络流量负载,但依然难以满足工业领域实时优化的需求。

2. 数据流通合规性

工业大数据融合需要解决数据资源在符合质量要求的前提下的高效流动问题。高效流动需要数据合规化,数据资源实时在线,可按需查询,数据资源覆盖度能满足需求。目前,因为数据的流通主要在企业内部进行,导致实际流通的数据多以企业本身的按需定制加工方式来处理,对多系统大数据分析来说,并不能获得持续、多源、标准化的数据,非标准化的数据阻碍了数据融合效率的提升。同时,数据质量评估也是工业大数据融合需要解决的重要问题。很多情况下,数据必须在实际使用后才可验证其质量,质量评估检验的难度较大。加之不同数据源的数据存在质量参差不齐、质量衡量标准不一、质量评估体系不完善等问题,导致较难在数据融合之前评估供应源的数据质量,多源工业数据缺乏标准化是困扰工业大数据分析发展的难点问题之一。

3. 工业数据的私密性与安全性

与互联网数据不同，制造业大数据具有私密性的特点。在产业链内部，企业产品的设计、制造与销售数据一般都存储于企业内部的私有云中，属于商业秘密[4]。数据具备典型的无差异留存特性，交易过后可以低成本、无差异地复制原始数据，数据也没有唯一的所有权约束，可以同时交易和传播给多个对象。现有的数据交易模式，无论是数据中心的托管交易模式还是聚合交易模式，都难以从根本上解决工业数据的交易源数据私密性问题。

如何确保数据流通过程的安全、合法是工业大数据行业发展中的难点问题。现有法律法规的约束使得工业大数据产业在发展中仍存在诸多不确定因素和法律风险。例如，不当收集、使用或滥用企业数据，有可能导致各种犯罪活动；数据流通过程中的监听、截获隐患，超出初始收集目的和业务范畴的数据再使用，包括将数据提供给合同之外的第三方使用（流通）等，都会危害企业的利益。同时，流通中的数据资源也需要考虑可流通范围、流通对象合法性、流通过程的安全保障、使用授权等一系列安全问题。

6.3.3 技术要求

工业大数据融合在技术实现上有诸多需求，主要表现在数据传输效率、数据合规化、数据私密性保护、数据安全保障、追溯审计等方面。工业数据融合的核心是促进数据安全有序地互联互通，为多源工业大数据分析提供有效的数据基础。

1. 数据传输效率

数据能够实时有效地传输是多源工业大数据融合的前提。要实现数据的高效传输，可以从数据传输技术和边缘计算技术两个方面来解决。

1）数据传输技术

工业大数据具有产生速度快、体量大、种类多等特征。产生速度快要求工业大数据传输技术在传输过程中能确保数据准确无误、快速传输。体量大包括单个文件大、文件个数多、文件目录多，它要求传输过程能克服海量文件、海量目录的访问对传输性能的影响，还要求在处理超大文件时能保持高效。种类多则要求各种格式的文件都能支持，尽量进行文件压缩，减少对带宽的压力。

2）边缘计算技术

工业大数据体量巨大，目前的数据传输技术并不能保证数据的实时传输。另外，巨大的数据量给多源数据融合分析带来了巨大的计算压力，通过在边缘端首先对数据进行预处理或初步计算，能够大大缩减数据传输量，极大地缓解数据分析中心的计算压力。

2．数据合规化

数据合规化是工业大数据分析的保障。要实现数据合规化，可以从数据标准化和统一行业数据采集标准两个方面来解决。多源工业大数据分析面临的分析对象很复杂，如果仅依据单一指标进行大数据分析是不合理的，必须全面采集与融合多来源数据。对于不同的企业或不同的生产系统，数据采集与评定的标准存在差异，不同采集来源的数据类型也往往不同。此外，多源工业大数据分析需要统一且定义明确的数据。因此，如何同时保证多源数据合规化成为迫切需求。数据合规化技术要满足以下需求。

1）数据标准化技术

在数据源不同的多指标评价体系中，由于各评价指标的性质不同，数据通常具有不同的量纲和数量级。当各指标之间的水平相差很大时，如果直接用原始指标值进行分析，就会突出数值较高的指标在综合分析中的作用，相对削弱数值较低的指标的作用。因此，为了保证结果的可靠性，需要对原始指标数据进行标准化处理，去除数据的单位限制，将其转化为无量纲的纯数值，便于不同单位或量级的指标能够进行比较和加权。

2）统一行业数据采集标准

制定行业标准或采用数据源端的数据标准化处理技术，如使用边缘计算技术对源数据进行预处理。

3．数据私密性保护

数据私密性保护是多源工业大数据融合的前提。要实现数据私密性保护，可以从数据处理和授权两个方面来解决。对数据去除大量有关信息的处理加工方式必然伴随着信息的流失，导致数据使用价值降低。因此，如何同时保证数据完整不缺失和保护数据私密性成为迫切需求。数据私密性保护技术要满足以下需求。

1）数据标识加密技术

该技术利用算法将可识别的标识信息转换成不能识别的密文信息，且需要满足相同数据标识在不同数据持有方中被转换的结果不同，确保数据在流通中得到保护。

2）加密后的数据标识可进行关联的技术

该技术可实现不同参与方系统中被加密的数据标识通过第三方转译进行再次关联，保证流通的关联性。

3）数据流通前的有效授权技术

该技术需要确保只在被收集方授权的情况下才可启动数据流通，确保数据只在授权范围内被合法地使用。其中，差分隐私、同态加密等加密技术都可以在保护数据信息的前提下，实现数据计算任务。

6.4 多源工业大数据融合技术

当前，我国大数据产业继续保持强势增长态势，随着制造企业向着智能化方向发展，工业大数据已经成为重要的资源。发挥工业大数据价值的关键在于数据融合与分析。因此，发展多源工业大数据融合技术对于制造业的未来发展很有必要。多源工业大数据融合技术包括多源工业大数据融合任务建模技术和多源工业大数据融合技术，本节将对这些技术进行介绍。

6.4.1 基于任务流图的多源工业大数据融合任务建模技术

采用任务流图可以描述数据融合过程，对 IBDIS 过程进行建模。数据分析任务流图是由节点与边构成的二元组，其节点类型有数据集节点、数据传输节点和数据操作节点。

1. 数据集节点

数据集节点提供数据处理中所需的元数据信息，由数据结构定义、数据格式和提取路径定义组成。数据集节点提供数据集名称、元数据结构与提取与路径、样例数据，用于存储和管理元数据，包括文件系统目录树信息、文件和数据块的对应关系信息及数据块的位置信息。数据集节点中源数据项定义了各信息系统中的数据结构，包括数据库和接口中的源字段。数据集节点将源数据项打包，通过数据集节点可以准确地定位提取源数据。

2. 数据传输节点

数据传输节点的作用是把不同来源、格式、特点性质的数据在逻辑上或物理上有机地集中，从而为企业提供全面的数据共享。数据传输节点在两个制造系统之间传输中间结果，用以串联多源数据的分析过程。在传输过程中，为了提高传输的安全性，数据被编码为带有私钥的密文。

3. 数据操作节点

数据操作节点是用于数据处理的单元，其定义数据分析中的数据输入、输出和分析算法，具体可分为数据清洗节点、数据转换节点、预测节点和聚类节点等。数据操作节点是工业多源大数据分析的核心部分。

数据分析任务流图如图 6-1 所示，其包含 3 个 IBDIS 任务。任务 1 包含一个数据集节点和一个数据操作节点，以处理来自单个数据源 D1 数据的 S-IBDIS 任务。在任务 1 中，数据操作节点 O1 的输出转至任务 2，接力完成数据分析任务。任务 2 是在同一企业内的数据分析任务，其属于包含两个数据源（D1 和 D2）的 C-IBDIS 处理数据。数据操作节点 O2 的输出由基于雾计算的多源工业大数据融合技术（Fog-IBDIS）传输至任务 3。任务 3 是跨企业的 M-IBDIS 数据分析任务。其在任务 2 的基础上利用传输节点 T1 将任务 2 的输出结果传输到任务 3，由 O3、O4 与 O5 三个数据操作节点完成任务。任务流图可以清晰地描述数据处理过程，为企业内单数据源、多数据源与跨企业的数据协作分析提供了数据处理的建模方法。

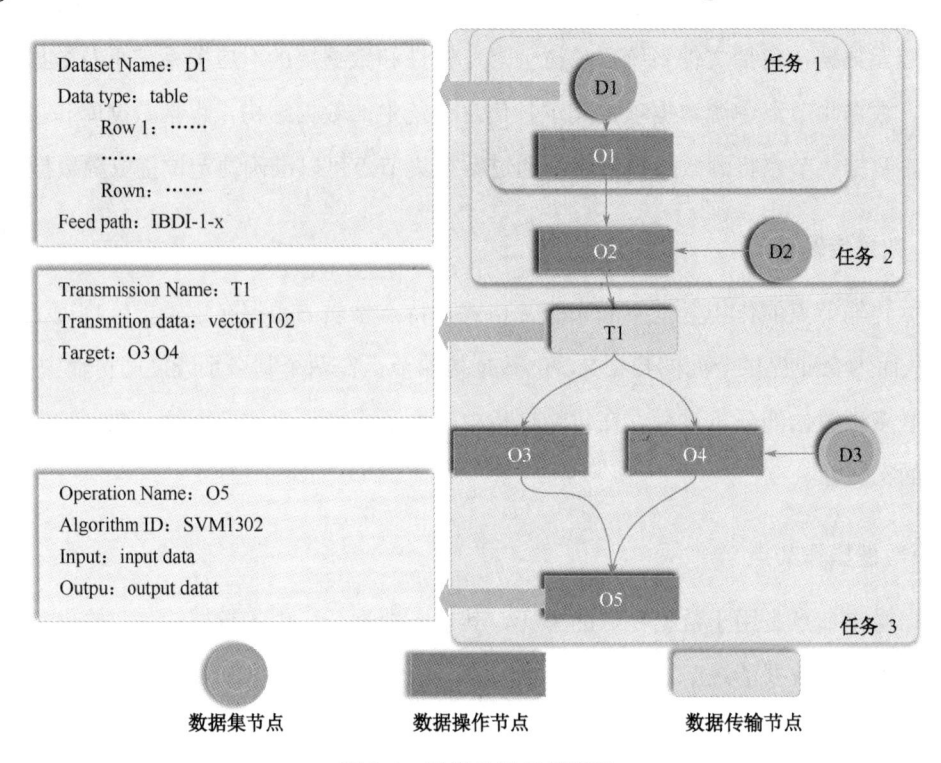

图 6-1 数据分析任务流图

6.4.2 基于雾计算的多源工业大数据融合技术

Fog-IBDIS 是一种基于边缘计算与安全多方计算的多源工业大数据融合方法，主要解决在无可信第三方及数据量巨大的情况下，如何安全地进行多方协同计算的问题。即在一个分布式网络中，多个参与实体各自持有秘密输入，各方希望共同完成对某函数的计算，且要求每个参与实体除计算结果外，均不能得到其他用户的任何输入信息。当一个雾计算任务发起时，枢纽节点传输网络和信令控制信息。每个数据持有方都可发起协同计算任务。通过枢纽节点进行路由寻址，选择具有相似数据类型的其余数据持有方进行安全的协同计算。参与协同计算的多个数据持有方的雾计算节点根据计算逻辑，从本地数据库中查询所需数据，共同就雾计算任务在数据流之间进行协同计算。在保证输入隐私性的前提下，各方得到正确的数据反馈，在整个过程中，本地数据没有泄露给其他任何参与实体。

Fog-IBDIS 的主要特点包括输入隐私性、计算正确性和去中心化特性。其中，输入隐私性表现为雾计算研究的是各参与实体在协作计算时如何对各方隐私数据进行保护，重点关注各参与实体之间的隐私安全性问题，即在雾计算过程中必须保证各方私密输入独立，计算时不泄露本地任何数据。计算正确性表现为各边缘端计算参与各方就某一约定计算任务，通过约定协议进行协同计算。计算结束后，各方得到正确的数据反馈。去中心化特性表现为采用边缘计算技术，对各数据源的数据先进行初步的计算处理，缓解云计算平台的计算量，缓解数据流通负载。接下来主要介绍基于雾计算的制造数据集成系统架构及功能模块。

1. 基于雾计算的制造数据集成系统架构

鉴于云端服务器集群的计算能力，当前 IBDIS 方法通常采用集中式的云计算方式，将所有数据转移到云端进行分析与处理。然而，随着数据量的不断增长，传统的云计算中心化数据集成方法（如 Liu 等人提出的语义集成方法[5]），必然会带来繁重的网络流量负载[6]，对网络带宽提出了新要求。另外，集中式的数据处理方式需要待所有数据收集完毕后才能展开多源数据的集成分析，会降低分析结果的时效性，难以适用于时间敏感型数据分析任务。传统的数据处理架构遇到了新挑战。因此，需要将云计算框架扩展到网络边缘设备[7]（如智能手机、可穿戴设备和游戏控制器），这种方法称为雾计算，也称为边缘计算[8]。随着传感器和芯片技术的快速发展，雾计算得到了一些先导型研究。Zhang 等人[9]研究了一种在协作边缘环境中进行大数据共享和处理的新型计算框架。这种框架能够通过处理靠近数据源的边缘设备数据来改善响应延迟，从而减少向云端的数据传输。Tang 及其同事[10]在智能城市中提出了分层分布式雾计算，以支持基础设施组件生成的海量数据的集成。利用雾计算技术，可以快速识别城市中的异常和危险事件，并在不同的时延要求下做出响应。近期很多工作都已经证明，与云计算相比，雾计算具有更灵活的架构和更快的响应速度[11-13]。

基于雾计算的制造数据集成与分享解决方案 Fog-IBDIS 能够解决云计算环境下源数据隐私和网络流量负载问题。使用雾计算技术设计的 Fog-IBDIS 架构将算法和模型应用于边缘设备，实现数据的本地处理，而不是将数据传输到云端进行分析。在 Fog-IBDIS 中，边缘服务器可直接实现源数据的本地处理以支持低时延的数据分析和优化，其仅对处理得到的中间结果进行上传与共享，从而实现源数据隐私保护。通常而言，数据处理后的输出量至少比原始数据的输出量小两个数量级。因此，Fog-IBDIS 使用雾计算将大数据处理前移至边缘侧，实现数据分析的去中心化，可解决 IBDIS 中网络负载与数据私密性问题。

在 Fog-IBDIS 架构下，所有数据分析任务都由数据所有者完成，仅通过数据中间计算结果进行数据传输，实现多源数据协作分析。为协调多边缘设备，实现协作数据分析，Fog-IBDIS 仍需要雾服务器以控制多边缘设备的协作。雾服务器用于制定和发布任务流图，并指导边缘客户端执行任务流中的任务。如图 6-2 所示，雾服务器首先通过操作指令 I1 向边缘客户端发出操作任务，即任务 1。此任务包含数据操作节点 O1 和 O2，它们处理来自两个数据源（D1 和 D2）的数据集。接下来，通过数据流 DF4-T1-DF5 将处理结果发送到随后的边缘客户端。边缘客户端根据任务 2 分析来自 T1 和 D3 的数据，随后通过数据流 DF6 将结果上传到雾服务器。最后，雾服务器将分析结果发送给最终数据用户。在分析过程中，所有源数据处理任务都在源数据边缘端完成，以保护数据隐私，且仅在边缘客户端之间传输数据分析的中间结果，以减轻网络流量负载。

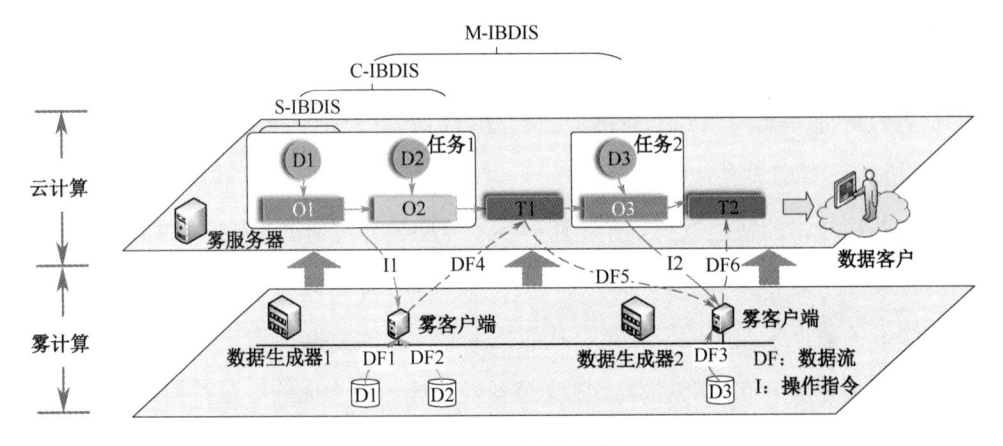

图 6-2 Fog-IBDIS 框架

2. Fog-IBDIS 功能模块

针对基于边缘计算的大数据融合需求，本节介绍 Fog-IBDIS 的功能模块（见图 6-3），包括任务流图管理、编译和运行控制、数据集成模型、基本算法库和管理组件 5 个部分。

1）任务流图管理

任务流图管理是 Fog-IBDIS 的核心功能，包含 4 个模块：数据集节点管理（Dataset Node

Management，DNM)、操作节点管理（Operation Node Management，OND)、传输节点管理（Transport Node Management，TNM)和边缘管理（Edge Management，EM)。DNM 模块维护任务流图中的数据集节点，该节点由数据结构定义、数据格式和提取路径定义组成。通过 DNM 模块，数据生成器可以编辑并发布数据视图，提供数据集的详细描述信息。在数据视图的帮助下，数据用户可以搜索并预览样例数据。OND 模块为 IBDIS 中的操作节点提供编辑、打包和校验功能，如数据清理、数据转换与分析等。通过 OND 模块，数据客户将分析过程中的所有操作下放至多个节点中。TNM 模块管理数据分析中的传输过程，包括数据编码、解码、上传和下载。为了提高传输的安全性，数据在传输过程中被编码为带有私钥的密文。EM 模块定义并检查在两个相邻节点期间自动传输的数据结构，以确保数据分析任务的有效性。

图 6-3　Fog-IBDIS 的功能模块

2) 编译和运行控制

Fog-IBDIS 提供用于编译和运行的数据分析应用程序的编程接口。所有调试任务都由数据用户使用样例数据完成。在调试之后，IBDIS 任务由编译器编译并通过 Fog-IBDIS 平台发送到边缘客户端。基于任务流图，编译的文件分布在属于不同企业的多个 Fog-IBDIS 服务器中。其运行环境和配置参数由 Fog-IBDIS 平台确定和调整。

3）数据集成模型

在工业大数据分析过程中，所需的数据存储在不同的业务系统中，为实现源数据与分析所用的元数据一一对应，数据集成模型通过目标数据项、实体、系统和源数据项 4 层体系来实现元数据的对应描述（见图 6-4）。

① 目标数据项。目标数据项包含若干元数据项，分别用于任务流图中不同的数据节点。

② 实体。实体用于标识元数据项之间的关系。实体与所属数据项之间相对应，属于不同实体的数据项通过实体关系链相互关联。

③ 系统。系统定义了数据项的存储信息系统，如 MES、MDC 等。利用系统组件，可以通过信息系统的不同接口提取数据。

④ 源数据项。源数据项定义了各信息系统中的数据结构，包括数据库和接口中的源字段。利用源数据项，数据集成单元可以准确地定位提取源数据。

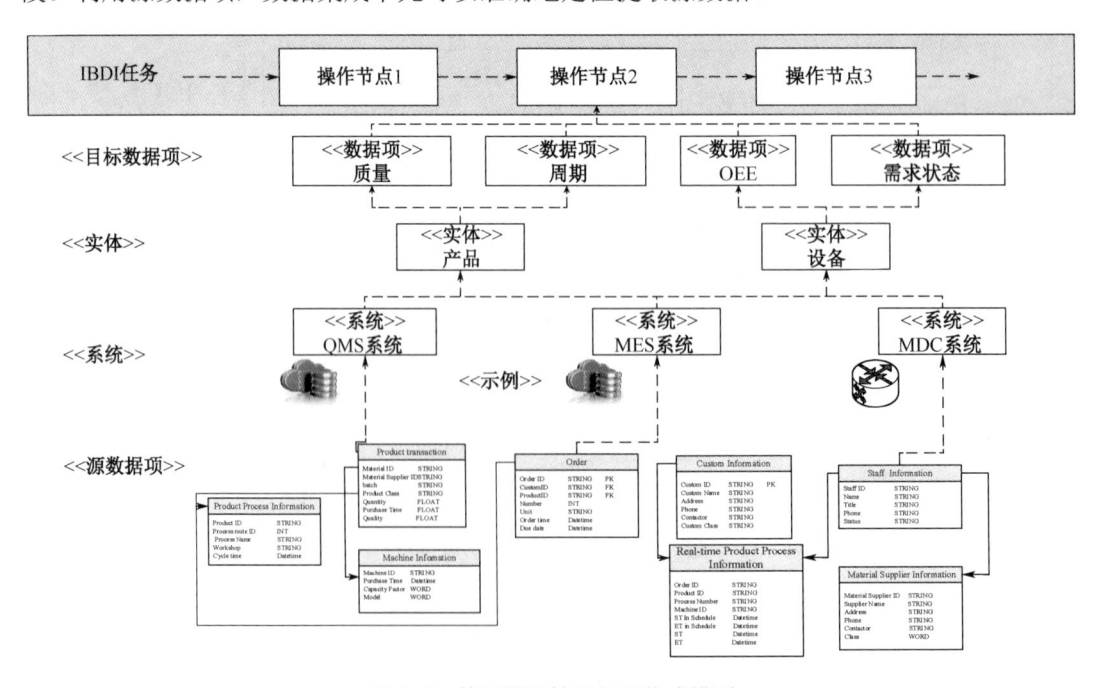

图 6-4 基于雾计算的数据集成模型

4）基本算法库

基本算法库为 Fog-IBDIS 中数据转换的简单数据分析提供底层支持。数据用户可以调用和修改基本算法以满足数据处理的要求，如异常值分析、缺失值插值、神经网络、回归分析、SVM 等。

5）管理组件

管理组件定义了边缘客户端所需的软硬件功能要求。通常，完整的管理组件包含 3 个主要部分：环境监视器、资源监视器和适配引擎。环境监视器和资源监视器用于监视设备的状态信息，包括资源可用性和实时任务执行信息；适配引擎可以实现数据精简和系统兼容。

6.4.3　基于密码学的多源工业大数据传输技术

基于密码学的多源工业大数据传输技术根据参与方个数不同可以分为基于密码学的两方计算技术和基于密码学的多方计算技术。

1. 基于密码学的两方计算技术

主流的基于密码学的两方计算技术的核心是加密电路和不经意传输两种密码学技术。一方将需要计算的逻辑转换为布尔电路，随后将布尔电路中的每个门进行加密。在完成此操作后，该参与方将加密电路及与其输入相关的标签（另一方无法从标签中反推输入的信息）发送给另一方。另一方（作为接收方）通过不经意传输按照其输入选取标签，并在此基础上对加密电路进行解密，获取计算结果。

2. 基于密码学的多方计算技术

基于密码学的多方计算技术可以让多方安全地计算任意函数或某类函数的结果。1986 年姚期智提出了第一个通用的多方安全计算框架（姚氏加密电路，常被称为 Yao's GC），经过 30 多年的研究，人们陆续提出了 BMR、GMW、BGW、SPDZ 等基于密码学的多方计算技术。至今，每年仍有大量的研究工作在改进和优化这些技术并将之应用于数据传输。这些多方计算技术涉及加密电路、秘密分享、同态加密、不经意传输等多种密码学技术。这些密码学技术的进步也在推动多源数据传输技术的进步。以秘密分享为例,每个参与方在本地将其输入进行秘密分享,将输入随机分成多个碎片,并将相应的碎片分发给其他参与方。在基于多方计算框架的多进行逐个源数据传输中,将计算的逻辑表示成布尔电路或算数电路,并对电路门进行逐个计算。

6.4.4 基于区块链的多源工业数据融合技术

区块链起源于比特币,2008年11月1日,中本聪发表了《比特币:一种点对点的电子现金系统》一文[14],阐述了基于P2P网络技术、加密技术、时间戳技术、区块链技术等的电子现金系统的构架理念。区块链是建立在互联网之上的一个点对点的公共账本,由区块链网络的参与者按照共识算法规则共同添加、核验、认定账本数据。网络中的每个参与者都拥有一个内容相同的独立账本,且账本数据是公开透明的。这一去中心化的部署方式,结合密码学、共识机制保证了区块链数据极强的公信力,匹配了数据流通在数据安全、质量保障、权益分配、追溯审计和透明度等方面的需求。

区块链技术具有去中心化的特点,去中心化在于区块记录生成过程中,区块链参与方的权利和义务平等。去中心化同时也是多中心化,即在部分节点失效,甚至出现恶化错误的情况下,仍能保证区块链的正常运行。区块链所有节点之间无须信任也可以进行交互。

区块链技术还具有自信任和防篡改的特点,可有效满足工业数据融合中的合规性与安全性要求,基于区块链的多源工业数据包括基于区块链的多源数据防篡改技术、基于区块链的多源数据共识机制、基于区块链的多源数据加密技术。

1. 基于区块链的多源数据防篡改技术

数据真实性是工业大数据分析的前提保障,源数据的防篡改是工业数据融合中的重点。区块链的账本采用多副本存储机制,其合约执行和记录添加是基于公开的机器代码和共识机制,已生成的区块链记录由全体成员共同保存,而且任何节点的本地账本都自动与共识版本对齐,在一定的规则和时间范围内,区块记录的更改行为都是不可实现的。因此,在工业大数据融合过程中,可将数据的操作变更记录于区块链账本中,通过对齐机制来公示源数据的变化,从而起到防篡改的效果。

2. 基于区块链的多源数据共识机制

数据合规化与标准化能够加速工业大数据分析的发展，基于区块链的多源数据共识机制就是在信道可靠的前提下，保证各分布系统认定合法的区块按照一定的顺序组织成链条，保证决策一致化和数据合规化。基于区块链的多源数据共识机制包含以下 3 种属性。

① 一致性。一方面，不存在两个正确的决策节点决定出不同的区块，以此来保证各分布系统的决策一致化；另一方面，一致性能够保证不同系统对数据进行标准化处理的方法一致，从而保证了源数据的合规化与标准化。

② 合法性。决定的区块必须是由一个节点提出的提案，在多源数据融合中，数据或决策的合法性能够保证数据的合理性与可信度。

③ 可终止性。一致性的区块必须在有限时间内完成，这保证了各分布系统决策传递的效率。

3. 基于区块链的多源数据加密技术

数据隐私性是多源工业大数据融合的前提，在多源数据融合过程中，基于数据区块链的加密技术，一方面可保证数据传递的隐秘性、安全性、不可篡改性，另一方面可以进行数据源标识的唯一性认定。一般将基于区块链的多源数据加密技术分为两类：对称加密和非对称加密。对称加密的加解密过程使用同一个密钥，其加解密的速度快，但是密钥的分发过程不可信。常见对称加密算法有数据加密标准算法、高级加密标准算法。非对称加密的加密方拥有公钥和私钥，加密方可将公钥公开，私钥自己保留。非对称加密中可以通过其中一个密钥加密，用另一个密钥解密。非对称加密算法执行时间相对较长，但易于分发。常见的非对称加密算法有 RSA 算法、椭圆曲线密码编码学算法。区块链中主要使用椭圆曲线密码编码学算法。在多源数据融合应用中，可采用对称加密与非对称加密相结合的方式，这种方式先使用非对称加密进行密钥的分发，而后使用对称加密对原文进行加解密。

6.5 智能制造应用案例

2008 年，我国启动了大飞机研制计划并投入了大量的资金和人力，研发了具有完全自主知识产权的干线民用飞机 C919。国产大飞机研发是近年来我国建设创新型国家、提升高端装备制造能力的标志性工程。本节以上海某飞机制造厂中的飞机位姿测算为例，展开基于雾计算的多源工业大数据融合与分析工作。

6.5.1 问题描述

飞机装配周期长，每个装配环节技术难度都很大，装配质量的好坏很大程度上会影响最后整机的质量和成本。飞机装配可以分为零组件装配、部件装配和大部件对接装配 3 个阶段。部件装配就是将零组件组装成飞机的基本结构件，形成机头、中机身、后机身、机翼、平尾等基本部件；大部件对接装配就是将这些基本部件装配连接到一起形成全机。部件装配通常包括部件上架、部件调姿、部件对接装配、系统件安装等复杂的装配工艺过程。

机翼作为整机最重要的气动组件，翼身对接装配是大型客机总装对接的关键环节，其装配质量直接影响飞机的整机质量与气动性能。翼身对接装配工艺主要包括机翼上架准备、机翼位姿调姿、翼身对接等。其中需要装配的主要零组件包括机身组件、机翼组件、上/下壁板长桁接头、对接带板、对接角盒、整流罩等。翼身对接装配周期长，对接面工艺复杂，尤其是在新型飞机试产初期，装配工艺不稳定等因素往往会导致装配过程中机翼姿态发生变化，从而造成飞机整机下架时，机翼位姿局部超差。因此，对整个机翼对接装配过程进行机翼位姿多源大数据融合分析，从而辅助整机的装配质量评估，具有重要意义。

6.5.2 多源数据驱动的飞机装配位姿分析

在飞机装配场景中采用边缘云框架模型进行数据分析。其中，飞机的装备工艺由研发企业完成设计，由制造厂完成装备，其隶属于同一集团的不同公司。在飞机装配过程中，不同的工艺对定位装置的应力有不同的影响，定位器是固定和支撑平面的关键设备，可以通过分析定位器状态来推断飞机的状态。在本案例中，研发企业希望通过监控装配过程中机翼的姿态变形来优化工艺路线。该案例需要姿态数据（包含机翼上多个关键姿态点的位置）和过程事务数据（包含每个过程步骤的执行时间）。姿态数据可以从子装配制造系统的 MDC 系统中导出，可作为数据生成器。过程事务数据由研发企业的计划和调度组管理的

MES 导出，MES 在本案例中同时起着数据生成器和数据用户的作用。

为集成过程路径优化的数据，设计了具有两个任务的任务流图，包含两个数据集节点、一个数据传输节点和三个数据操作节点（见图 6-5）。第一个数据操作节点对机翼的多个关键点位置进行预处理，包括数据清洗和转换。第二个数据操作节点通过对机翼关键点位置进行分析来检测异常的姿态变形。然后通过边缘云平台将异常数据片段传送到任务 2 中的第三个数据操作节点。在该节点中，这些数据片段被映射到过程事务数据中，以便诊断出导致异常姿态变形的原组装过程。

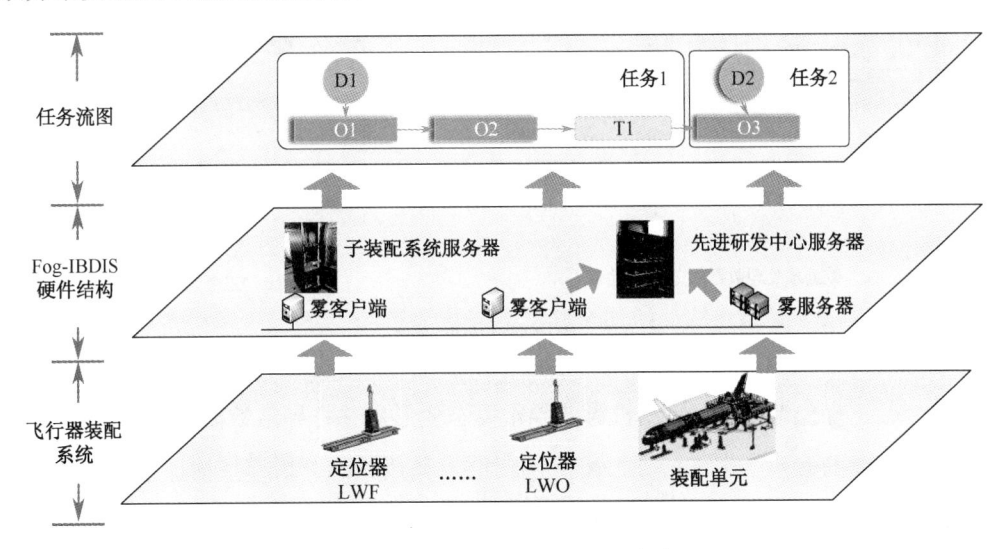

图 6-5 工艺路线优化 IBDIS 任务

第一个数据操作节点 O1 对机翼的姿态状态进行预处理，该姿态状态是通过测量如图 6-6（a）所示的 3 个关节点的力的特征而获得的，LWA、LWF 和 LWO 是左翼的 3 个定位器，力的数据由嵌在定位器中的传感器测得，并由 SCADA 系统通过开放平台通信技术收集。如图 6-6（b）所示，首先进行数据清洗，检测并恢复数据记录中的空值和异常值，接下来根据数据集成模型，数据项通过数据立方体进行转换，数据立方体的作用是通过深挖、卷积、分段及抽取等操作将源数据定义为目标数据的结构（商业中的数据转换）。例如，设计一个包含有关定位器状态的事务数据的数据集，此数据集包含 3 个维度的记录：机器、场地和时间。立方体的每个单元（M,F,T）包含 M 机器在 T 时间处的 F 场地的值。在该示例中，大数据分析中需要定位器 LWA、LWF 和 LWO 在 T4 时间处的 z 轴力。如图 6-6（c）所示，在这种情况下，设计的操作"立方体切片-卷积-卷积"可以获得目标数据。

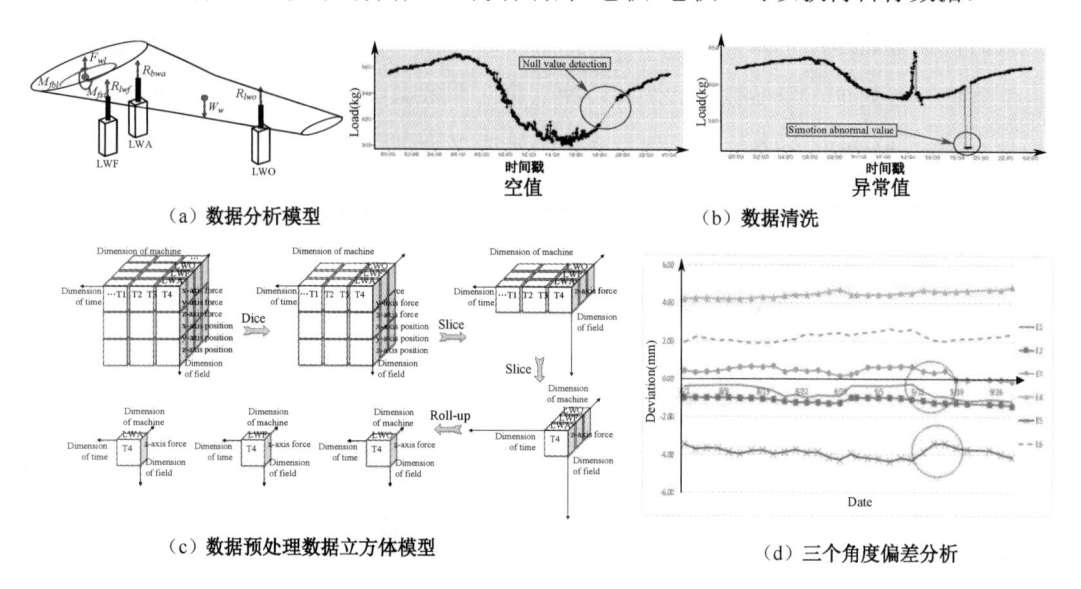

(a) 数据分析模型　　(b) 数据清洗

(c) 数据预处理数据立方体模型　　(d) 三个角度偏差分析

图 6-6　定位器状态监视与分析

第二个数据操作节点 O2 检测机翼的异常姿态变形，并将异常数据片段发送给任务 2。在机翼设定角度的偏差（由 E1、E2 和 E3 描述）、使用状态分析模型估计正二面角的偏差（由 E4 和 E5 描述）和扫描角的偏差（由 E6 描述）这 3 个关键点位置的数据分析中，使用位置分析模型来估计。为了检测异常情况，通过控制图检测机翼状态的异常偏差，当误差超过控制上下限（如±5%）时，数据点被认为是异常的。这时检测到的异常数据通过边缘云平台传输到任务 2。之后偏差数据会被映射到第三个数据操作节点 O3，该节点将通过专家经验对偏差数据和装配过程的组合分析来诊断异常偏差的根本原因。最终，获得能够改善装配过程并减少姿态变形程度的改进建议。

在基于雾计算的多源工业数据融合分析应用案例中，运用多源大数据分析方法，从飞机制造系统中获取工业大数据，随后分析数据，进而优化工艺路线。如图 6-6（d）所示，机翼姿态发生了很大的变化。通过数据分析可以推断出这种变化是由工艺路线的不合理设计引起的：在对飞机左翼的连接孔进行去毛刺清洗之前，移除了夹具连接。

6.6 本章小结

本章主要介绍了工业大数据来源及多源工业大数据融合分析方法。从数据来源的角度分析了设计大数据、生产大数据、运维大数据及营销大数据；从数据融合的角度分析了融合过程中的大体量、合规性、私密性与安全性特点，并提出了相应的技术要求；给出了基于任务流图的多源工业大数据融合任务建模技术、基于雾计算的多源工业大数据融合技术、基于密码学的多源工业大数据传输技术、基于区块链的多源工业数据融合技术；以上海某飞机制造厂为对象进行了工业大数据融合分析案例说明。

参 考 文 献

[1] Zhong RY, Xu C, Chen C, et al. Big data analytics for physical Internet-based intelligent manufacturing shop floors[J]. International Journal Of Production Research, 2017, 55(9):2610-21.

[2] Wang J, Xu C, Zhang J, et al. A colloborative architecture of the industrial internet platform for manufacturing systems[J]. Robotics and Computer-Integrated Manufacturing, 2020, 61: 101854.

[3] Majkić Z. Big Data Integration Theory: Theory and Methods of Database Mappings, Programming Languages, and Semantics[M]. Cham: Springer, 2014.

[4] Pan WK, Yang Q, Aggarwal C, et al. Big data[J]. IEEE Intelligent Systems 2017, 32(2): 7-8. doi: 10.1109/MIS.2017.32.

[5] Liu X, Zhang WJ, Radhakrishnan R, Tu YL. Manufacturing perspective of enterprise application integration: the state of the art review[J]. International Journal Production Research, 2008, 46(16): 4567-96.doi: 10.1080/00207540701263325.

[6] Suárez-Albela M, Fernández-Caramés TM, et al. A practical evaluation of a high-security energy-efficient gateway for IoT fog computing applications[J]. Sensors, 2017, 17(9): E1978.

[7] Varghese B, Wang N, Barbhuiya S, Challenges and opportunities in edge computing[C]//2016 IEEE International Conference on Smart Cloud (SmartCloud). IEEE, 2016: 20-26.

[8] Shi W, Dustdar S. The promise of edge computing[J]. Computer, 2016, 49(5):78-81.

[9] Zhang Q, Zhang XH, et al. Firework: Big data sharing and processing in collaborative edge environment[C]//2016 Fourth IEEE Workshop on Hot Topics in Web Systems and Technologies (HotWeb). IEEE, 2016: 20-25.

[10] Tang B, Chen Z, Hefferman G, et al. A hierarchical distributed fog computing architecture for big data analysis in smart cities[C]//Proceedings of the ASE BigData & SocialInformatics 2015. 2015: 1-6.

[11] Kumar N, Zeadally S, Rodrigues JJPC. Vehicular delay-tolerant networks for smart grid data management using mobile edge computing[J]. IEEE Communications Magazine, 2016, 54(10): 60-66.

[12] Liu J, Wan J, Zeng B, et al. A scalable and quick-response software defined vehicular network assisted by mobile edge computing[J]. IEEE Communication Maganize, 2017, 55(7): 94-100.

[13] Park H D, Min O G, Lee Y J. Scalable architecture for an automated surveillance system using edge computing[J]. The Journal of Supercomputing, 2017, 73(3): 926-939.

[14] Nakamoto S. Bitcoin: A peer-to-peer electronic cash system[J]. Decentralized Business Review, 2008: 21260.

第 7 章

"边缘-云"模式的工业大数据分析技术：从云计算到边云融合

7.1 引言

随着物联网、通信、人工智能等技术的高速发展，制造系统逐渐具备了泛在感知、高速移动互联、实时运算优化等特性。根据2019年思科发布的最新移动可视化网络指数技术报告，到2022年，全球移动数据流量将达到930 EB，这比2012年产生的全球移动流量高出近113倍。

为了实现对工业大数据的高效处理，云计算模式应运而生，诞生了大量可扩展的基础设施和支持云服务的处理引擎技术，如Apache基金会提出的Hadoop[1]编程模型、加州大学伯克利分校的AMP实验室研发的内存计算框架Spark[2]等。然而，在当前的云计算集中式处理模式下，海量数据被上传至云端，并调用云端服务器实现高速运算，在运算分析的实时性上存在明显的不足，无法满足工业大数据处理对时效性的需求。谷歌公司研究显示，每400ms的网络时延就会导致用户搜索请求下降0.59%[3]；亚马逊公司也表示，每增加100ms的网络延迟，就会降低1%的收益[4]。在制造系统的高速、高精控制要求下，数据分析任务往往需要在毫秒级别完成并实现实时反馈调控。为满足工业场景对运算、分析与控制的实时要求，以万物互联为背景的边缘计算成为新的计算模式。边缘计算、云计算等技术的出现，为工业大数据分析提供了新的思路。

本章主要通过"边缘-云"模式的工业大数据分析技术，分析智能制造对实时数据分析的需求，具体阐述了该模式下的分析技术，并以面料疵点检测中的数据分析任务为例，展开试验验证。

7.2 制造过程中的工业大数据分析需求

随着智能制造工程的持续推进，工业生产中采集的数据量呈指数级增长，呈现出大体量、多源性、连续采样和价值密度低等特点，常规的数据计算方法难以满足工业大数据的处理需求。云计算方法是当前大数据分析计算普遍采用的计算模式，其由大量的集群使用虚拟机的方式通过高速互联网络互联组成大型的虚拟资源池，并通过虚拟资源的自主管理和配置与数据冗余的方式保证虚拟资源的高可用性，实现海量数据存储与分析，有效地满足了工业大数据分析的需求。

随着工业物联技术的进一步发展，应用服务需要低延时、高可靠的实时化应用，传统的云计算方法无法满足这些需求。以生产线上产品质量的在线检测为例，其对实时性的要求极高，往往要求在毫秒级别完成。在面料疵点在线检测[8]任务中，对如断经、破洞等面料缺陷的检测需要在 100ms 内完成，否则会因缺陷面积过大而难以修复，从而导致产品降等、报废；在管道焊缝缺陷识别任务[9]中，当出现焊接过程异常时，需要及时停止焊接并修正工艺，否则会产生焊接缺陷。在高实时性的要求下，以云计算为核心的大数据处理方式需要通过工业以太网将数据传输至云端后统一进行数据处理，存在较高的处理延迟，无法保证数据处理的实时性。

当前，在万物互联的背景下，边缘计算方法正随着物联网装备计算能力的提升而成为工业大数据计算的重要方式之一。边缘计算是指在物联网的边缘端设备上执行计算的一种新型计算方式，边缘设备不仅从中心云平台请求内容及服务，还可以执行部分计算任务，包括数据存储、处理、缓存、设备管理、隐私保护等，如人脸识别系统、实时车间状态监控等。在边缘计算中，边缘设备与底层控制器之间直接互联。然而，在实际的分析与处理中，边缘设备的能力明显不足，如对海量工业大数据的存储与分析、对车间调度决策的分析与优化，都需要充足的数据与计算力作为支撑，往往使用云计算方法对其进行全局性、非实时、长周期的处理与分析，从而在长周期维护、业务决策支撑等领域发挥优势。

随着数据量、数据种类及数据处理需求的增加，单一的数据处理模式已经无法满足工业大数据的计算需求，边缘计算与云计算融合的"边缘-云"复合计算模式成为工业大数据分析的新技术趋势。

7.3 "边缘-云"融合的工业大数据分析模型

本节就"边缘-云"模式中的"边缘-云"融合的大数据分析模型架构、云计算技术、边缘计算技术、流数据处理技术与内存计算技术展开介绍。

7.3.1 "边缘-云"融合的大数据分析模型架构

在当前数据体量增大、业务更加多样化的背景下，传统中心云业务在用户边缘位置无法满足超低时延、大带宽、高安全等业务需求。"边缘-云"计算架构通过开放网络能力与大数据、云计算平台结合，使得第三方应用部署到网络边缘端，促进 5G 网络架构演进更加扁平化，同时也提供了一种新的生态系统和价值链。

以中国联通边缘云平台[31]为例，"边缘-云"大数据模型架构包括硬件资源层、虚拟抽象层、平台能力层及业务编排管理层，共同为应用开发者提供丰富的平台能力和统一的 API，其架构如同 7-1 所示。

- 硬件资源层包括计算资源、存储资源、网络资源及加速器资源。
- 虚拟抽象层将各类硬件资源进行虚拟化，目前主要基于轻量化，以支持虚拟机部署方式为主，逐渐向容器方式演进。
- 平台能力层可以安全高效地将基础网络服务能力提供给第三方应用，还可在第三方应用之间实现服务能力的可靠共享，满足多样化的业务需求。
- 业务管理编排层主要支持对基础设施的管理、对第三方业务 App 的编排管理等。

在制造业，"边缘-云"大数据模型架构通过融合本地网络、计算、存储、应用核心能力，为智能工厂提供快速连接、实时业务、数据优化、应用赋能、安全保障等方面的全链条管理服务。

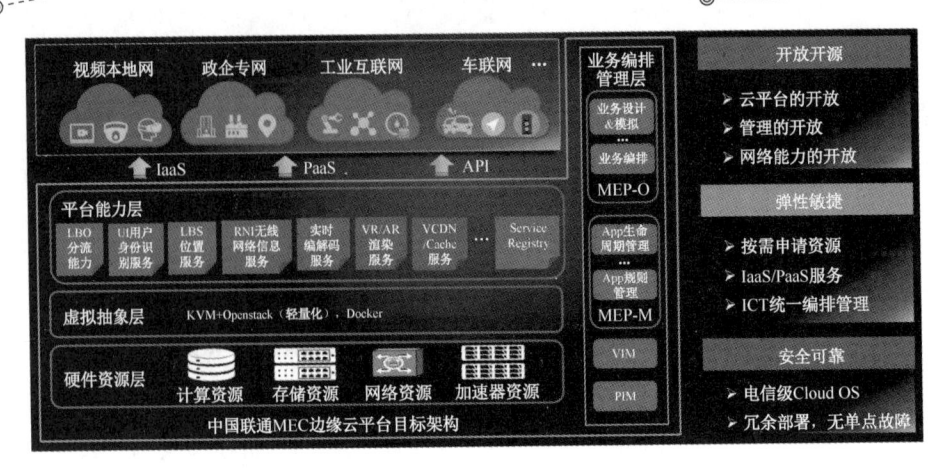

图 7-1 "边缘-云"大数据模型架构

基于边缘计算模型驱动和智能分布式架构,在工业现场可以构建智能的边缘云,实现统一的网络连接、统一的智能分布式架构、统一的信息模型、统一的数据服务、统一的控制模型、统一的业务编排,如图 7-2 所示。工业边缘云在工厂内部融合本地网络、计算、存储、应用核心能力,就近提供生产管理服务的本地云平台,遵循"工厂管理下沉,感知端数上移"的模式,将 OT、IT、CT 进行有条件地融合,实现终端和设备的海量、异构、实时连接,网络自动部署与运维,并保证连接的安全。

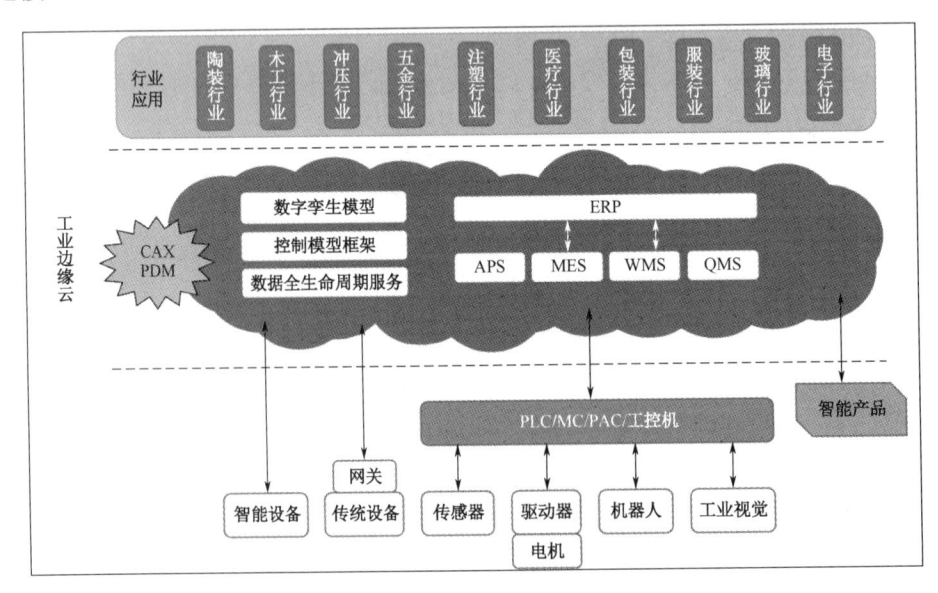

图 7-2 工业"边缘-云"大数据分析模型

7.3.2 云计算技术

工业大数据具有体量大、计算需求高的特点，在"边缘-云"模式中，对一些计算需求高且对实时性要求低的任务，往往选择在存储、计算资源丰富的云端平台利用云计算技术对问题进行分析求解。如图7-3所示，利用云计算即时构建云端服务平台，为"边缘-云"计算提供高效、稳定、安全的基础设施架构，为工业企业提供全方位的服务和端到端的系统解决方案。

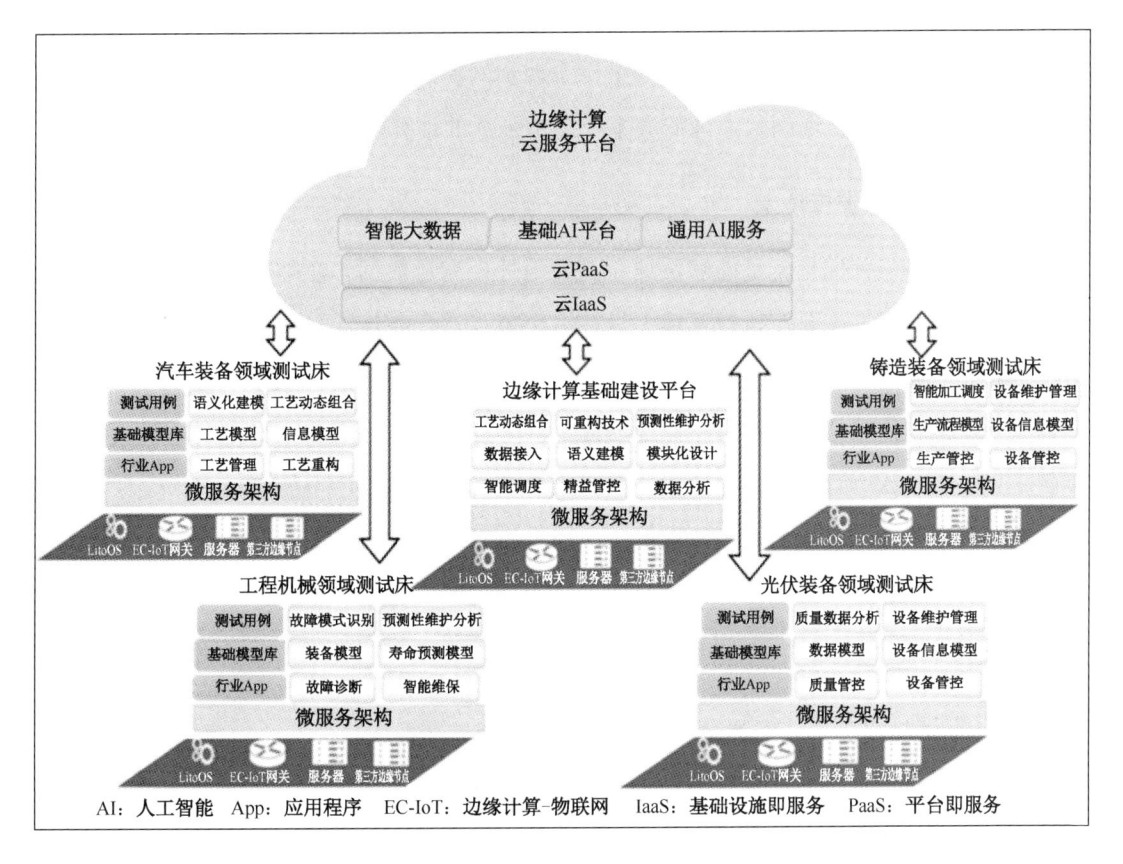

图 7-3 云服务平台

云计算的关键技术包括虚拟化、分布式资源管理与并行编程，详细介绍如下。

1. 虚拟化技术

云计算的核心技术之一就是虚拟化技术。通过运用虚拟化技术将一台计算机虚拟为多台逻辑计算机，在一台计算机上同时运行多台逻辑计算机，每台逻辑计算机可运行不同的操作系统，并且应用程序都可以在相互独立的空间内运行而互不影响，从而显著提高计算机的工作效率。云计算的虚拟化技术涵盖整个大数据分析架构，包括资源、网络、应用和桌面在内的全系统虚拟化。它的优势在于能够把所有硬件设备、软件应用和数据隔离开来，打破硬件配置、软件部署和数据分布的界限，将大量分散的、没有得到充分利用的计算能力整合到计算高负荷的计算机或服务器上，实现全网资源统一调度，从而在存储、传输、运算等多个计算方面实现高效，降低成本，提供强大的计算能力。

2. 分布式资源管理技术

云计算的另一大优势就是能够快速、高效地处理海量数据。在处理高并发、多批量的工业大数据时，往往需要在执行环境中设计多个节点进行并行计算，系统需要有效的机制保证当单个节点出现故障时，其他节点不受影响，而分布式资源管理系统恰是这样的技术。分布式资源管理技术与传统网络存储系统的不同之处在于：传统的网络存储系统采用集中的存储服务器存放所有数据，存储服务器成为系统性能的瓶颈，不能满足大规模存储应用的需要；而分布式资源管理技术采用可扩展的系统结构，利用多台存储服务器分担存储负荷，利用位置服务器定位存储信息，不但提高了系统的可靠性、可用性和存取效率，还易于扩展。

3. 并行编程技术

云计算是一个多用户、多任务、支持并发处理的系统。在这个过程中，编程模式的选择至关重要，分布式并行编程模式能够更高效地利用软、硬件资源，让用户更快速、更简单地使用应用或服务。在分布式并行编程模式中，并发处理、容错、数据分布、负载均衡等细节都被抽象到一个函数库中，通过统一接口，用户大尺度的计算任务被自动并发和分布执行，即将一个任务自动分成多个子任务，并行地处理海量数据，更适用于工业大数据的分析与处理。

7.3.3 边缘计算技术

边缘计算技术[28]针对实时运行工况，将部分实时性需求高的工作移至与工业生产紧密耦合的边缘端进行，利用对历史数据的高效检索实现过程运行特征提取与相似度建模，并实现快速匹配识别与监测，可以更便捷地处理工厂设备产生的海量数据，及时进行异常检测与预测，提升工厂运行效率，保障产品质量，预防设备故障。

如图 7-4 所示，边缘计算是指在数据源头的网络边缘侧，融合网络、计算、存储、应用核心能力，从而就近提供边缘智能服务，满足行业数字化在敏捷连接、实时业务、数据优化、应用智能、安全与隐私保护等方面的关键需求。它可以作为连接物理和数字世界的桥梁，为智能资产、智能网关、智能系统和智能服务提供实时运算支持。在边缘计算模型中，网络边缘设备具有数据存储、轻量级数据计算的能力，可对设备或系统的生产状态进行实时感知、分析与可视化，进而实现数据的本地处理，包括数据存储、处理、缓存、设备管理、隐私保护等。边缘计算模型不仅可以加快数据传输的速度，而且可以降低数据泄露的风险，将成为工业大数据分析的重要方式[25]。

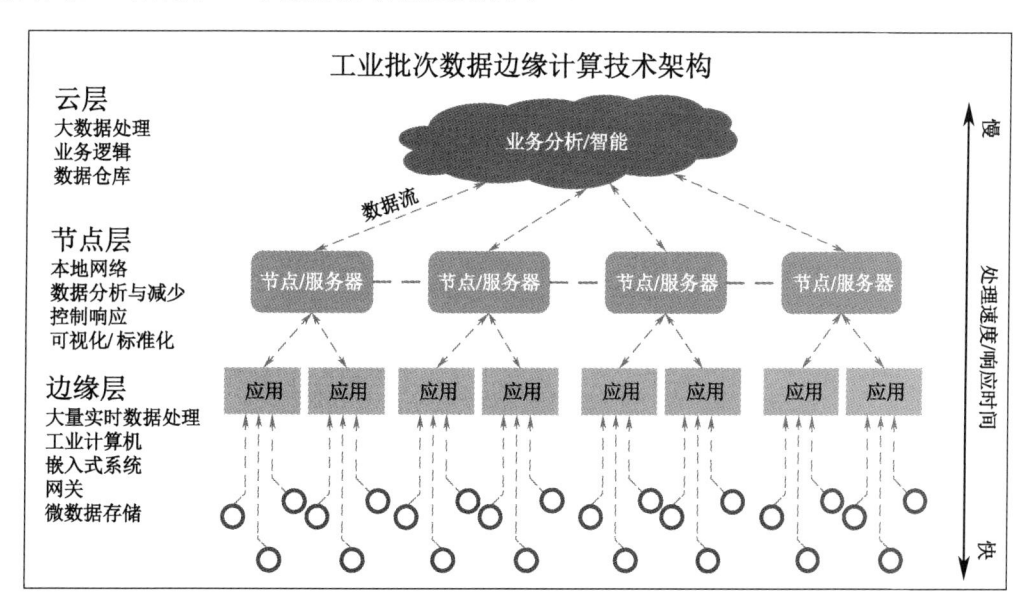

图 7-4 边缘计算的原理结构

边缘计算的关键技术由网络、计算、存储与安全 4 个方面组成。

1. 网络技术

随着边缘计算的兴起，计算服务的迁移相较于云计算更加频繁，同时也会引起大量的数据迁移，边缘计算将计算推至靠近数据源的位置，甚至将整个计算部署于从数据源到云计算中心的传输路径上的节点，从而对网络技术提供了动态性的需求。软件定义网络是一种控制面和数据面分离的可编程网络，由于控制面和数据面分离这一特性，网络管理者可以快速地进行路由器、交换器的配置，减少网络抖动性，以支持快速的流量迁移，因此可以很好地支持计算服务和数据的迁移。

2. 计算技术

在边缘计算模型中，部分计算任务从云端迁移至边缘节点，而边缘节点大多都是异构的平台，这就需要根据边缘计算中编程模型的改变来设计边缘计算方法。异构计算技术是边缘侧关键的计算硬件架构，旨在协同和发挥各种计算单元的独特优势，目标是整合同一个平台上分离的处理单元，使之成为紧密协同的整体，协同处理不同类型的计算负荷，同时通过开放统一的编程接口，实现软件跨多个平台。

3. 存储技术

随着计算机处理器的高速发展，存储系统与处理器之间的速度差异已经成为制约整个系统性能的严重瓶颈。边缘计算在数据存储和处理方面具有低延时、大容量、高可靠性的要求，需要保证边缘数据连续存储和预处理，因此如何高效地存储和访问连续不断的实时数据，是边缘计算中存储系统设计重要关注的问题。目前常采用分布式存储、分级存储和基于分片的查询优化[10]，实现对高并发、大批量工业数据的高效处理与存储。

4. 安全技术

边缘计算设备通常靠近用户侧或处于传输路径上，更易被攻击者入侵，安全技术是保证边缘计算节点安全的关键所在。目前常采用传统安全方案来进行防护，如通过基于密码学的方法进行信息安全保护、通过访问控制策略来对越权访问进行防护等。可信执行环境包括 Intel 软件防护扩展、Intel 管理引擎、X86 系统管理模式、AMD 内存加密技术、AMD

平台安全处理器和 ARM TrustZone 技术[11]。通过将应用运行于可信的执行环境中并对外部存储进行加解密，可以在边缘计算节点被攻破时，仍然保证应用和数据的安全性。

7.3.4 流数据处理技术

工业大数据的应用类型有很多，根据对实时性的需求，其主要处理模式可以分为流处理和批处理两种。其中，批处理是先存储后处理，流数据则是直接处理。流处理将源源不断的数据组成数据流，当新的数据到来时，就立刻处理并返回所需的结果。因此，流处理天然适合实时处理系统，在工业大数据实时分析中得到了广泛应用。传统数据处理模式与流数据处理模式的比较如图 7-5 所示。

流数据处理技术包括流数据分析架构与流数据分析管理两部分。

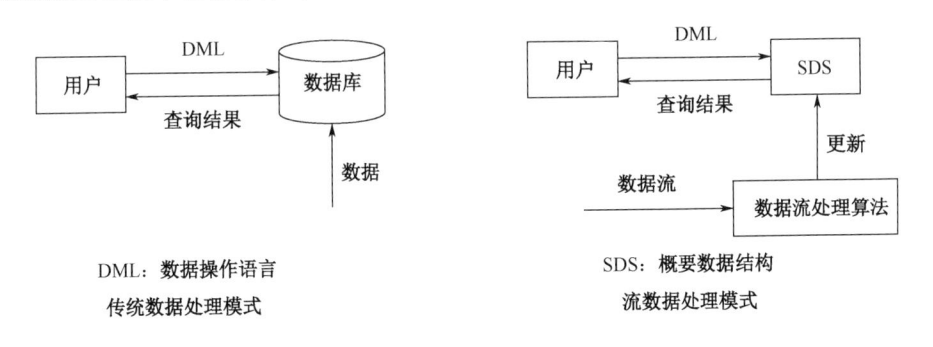

图 7-5 传统数据处理模式与流数据处理模式的比较

1. 流数据分析架构

流数据分析架构技术对源源不断的流数据进行实时收集、清洗、统计、入库，并以可视化的方式对统计结果进行实时展示。以 Storm 数据流架构为例，将一个数据流的抽象称为一个流，流起源于数据源 Spout，每个流由一个唯一 ID 定义。数据从外部通过数据源 Spout 流入 Storm 架构中，Stream 表示流动中的数据。数据流入 Bolt 中，Bolt 将数据传输到多个 Bolt，同时接受来自多个 Bolt 的数据，实现一个流上的单一转换和一个 Storm 架构中的所有数据处理，如图 7-6 所示。

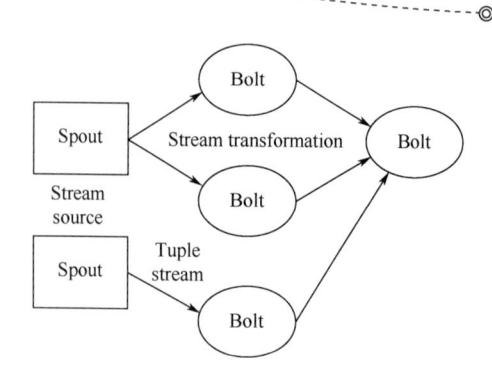

图 7-6 Storm 数据流架构

2．流数据分析管理

流数据分析管理技术负责对不同种类和结构的处理方式进行清洗与存储。工业大数据应用中的主要挑战是数据异构、结构多样、规模大，对不同维度的工业数据采取不同的处理方法。例如，传统的轻型数据库可用于完成大数据的存储并响应用户的简单查询与处理请求；而当数据量超过轻型数据库的存储能力时，则需要借助大型分布式数据库或存储集群平台。

以面料疵点检测为例，其数据类型中既有高频访问的临时文件数据，也有数据量大的面料图片数据，以及关联性强的图像信息文本数据和高维动态的过程数据，因此采用流数据处理技术，将数据库端分为 3 个存储中心，采用分布式架构，分别使用 MySQL、Redis 数据库和 HDFS 文件系统，分别采用批处理、特殊数据处理与流处理技术，实现数据的高并发高速访问，同时进行冗余备份，提升容错性。大数据技术对不同数据的处理如表 7-1 所示。

表 7-1 大数据处理技术对不同数据的处理

处理需求	处理方式	核心技术
海量数据分布处理	批处理	Hadoop 生态系统
非结构化数据处理	特殊数据处理	文本处理、多媒体处理、图处理技术
实时数据处理	流处理	流处理技术

7.3.5 内存计算技术

工业大数据的数据流本身具有持续达到、速度快且规模巨大等特点,因此通常不会对所有的数据进行永久性存储,而且数据环境处在不断变化之中,系统很难准确掌握整个数据的全貌。在工业大数据时代,如何高效地处理海量数据以满足性能需求,是一个需要解决的重要问题。由于工业大数据处理对响应时间的要求较高,流数据处理的过程基本在内存中完成,内存计算充分利用大容量内存进行数据处理,减少甚至避免 I/O 操作,因而极大地提高了海量数据处理的性能。

内存计算系统的结构和实现方法在很大程度上取决于底层内存架构。根据内存计算所依托的硬件架构不同,可将内存计算分为 3 类:基于单节点的内存计算、基于分布集群的内存计算和基于新型混合内存结构的内存计算。

1. 基于单节点的内存计算

单节点内存计算系统运行于单个物理节点上,节点拥有一个或多个处理器和共享内存,内存结构可以是集中式共享内存或非一致性共享内存。单节点上的内存计算利用多核 CPU,采用大内存和多线程并行,以充分发挥单机的计算效能,并采取充分利用内存和 CPU 的 cache、优化磁盘读取等措施。相对基于分布式集群的内存计算而言,基于单节点的内存计算资源利用率高、处理效率高,不需要管理集群和考虑容错,也不存在节点之间通信的巨大开销,系统性能也具有较强的可预估性;从编程者的角度来看,其调试及优化算法比分布式更容易。其缺点是单节点 CPU、内存等资源有限,在单节点计算机上处理现实世界的大数据,很可能面临内存不足的情况。

2. 基于分布集群的内存计算

基于分布集群的内存计算利用多台计算机构成的集群构建分布式大内存,通过统一的资源调度,使待处理数据存储于分布式内存中,实现大规模数据的快速访问和处理。根据内存计算的主要功用,基于分布集群的内存计算可进一步分为以下 3 种类型。

① 内存存储系统。内存作为存储设备,数据全部存入内存,磁盘仅作为一种备份或存档工具。

② 内存缓存系统。把数据分为访问频率高和低两类，将访问频率高的部分数据长久存放于内存中，或者将一些重要数据长期缓存于内存中。将数据缓存到内存中可以大幅提高数据处理效率，但在可靠性方面存在不足，还可能会带来其他问题。

③ 内存数据处理系统。与前两类系统不同，此类系统从支持大数据应用角度出发，主要面向迭代式数据处理、实时数据查询等应用，通过提供编程模型/接口及运行环境，支持这些应用在内存中进行大规模数据的分析处理和检索查询。其处理机制是：首先将待处理数据从磁盘读入内存，然后这些数据进行反复的迭代运算，第一次运算涉及 I/O 操作，此后便一直从内存读写数据。此类内存计算不涉及预取数据，而且在内存管理方面使用内存替换策略也非常高效，因此在很大程度上提高了处理效率。

3. 基于新型混合内存结构的内存计算

近几年新兴的非易失性随机存储介质快速发展，如铁电存储器、相变存储器、电阻存储器等，为新型内存结构提供了良好的硬件保障。因此，基于新型存储器件和新型混合内存结构的内存计算在大幅提升内存容量、降低成本的同时，其访问速度也能保持不变。

7.4 基于"边缘-云"模式的面料疵点检测技术

7.4.1 面料疵点检测需求分析

面料疵点检测是纺织品质量控制过程中的关键环节之一，当前主流的面料疵点检测方法仍为人工检测。然而传统的人工检测方法检测精度低、误检率高，远远无法满足实际生产的检测需求。因此，研发面料疵点检测算法替代人工检测方法具有重要的学术价值和应用价值。

从 20 世纪 70 年代起，随着图像处理技术的发展，许多国内外研究者和知名公司都进行了自动验布技术的研究。迄今为止，EVS 公司的 IQ-TEX、瑞士 Uster 公司的 Fabiscan 等织物系统都在坯布疵点检测算法领域开展了研究并取得了一定的成果，在一定情况下的检测精度与速度已高于人工检测水平。然而，由于以上产品存在价格昂贵、技术与数据集严格对外封锁等问题，在国内的应用尚未普及。国内近十年也开始了这方面的研究，如西安获德图像技术的高速智能验布机、常州宏大科技集团的影像验布系统。科研院所方面，东华大学、武汉纺织大学等均对坯布疵点检测展开了相关研究。但由于起步较晚，技术还相对不够成熟。总体而言，当前的坯布疵点检测装置智能化程度不高，其中数据的缺乏与算法性能的限制是制约疵点检测精度的两大问题。首先，单机独立运行的检测设备使得面料数据获取困难，而数据的缺乏直接限制了检测算法的性能；其次，现有检测算法泛化性低，不具有动态适应性，而检测设备单机独立运行的模式无法根据生产情况实时调优算法。现有的面料疵点检测设备均采用本地检测、本地存储的单机独立运行模式，未能实现检测设备的互联互通，无法解决数据获取难和检测算法动态适应性差这两大问题。

通过使用边缘计算与云计算相结合的方法，能够很好地解决疵点检测中的数据获取难和算法动态适应性差问题，在"边缘-云"检测模式的协作下，利用边缘端检测器采集面料图像进行检测，并将面料图像和检测结果实时上传到云端；在云端利用高性能服务器进行数据分析、检测模型调优，并将调优后的检测模型下载到边缘端疵点检测器。通过检测器与控制平台的端到端在线集成与实时交互计算，实现面料数据的高效管理与检测算法的自适应优化，其系统框架如图7-7所示。

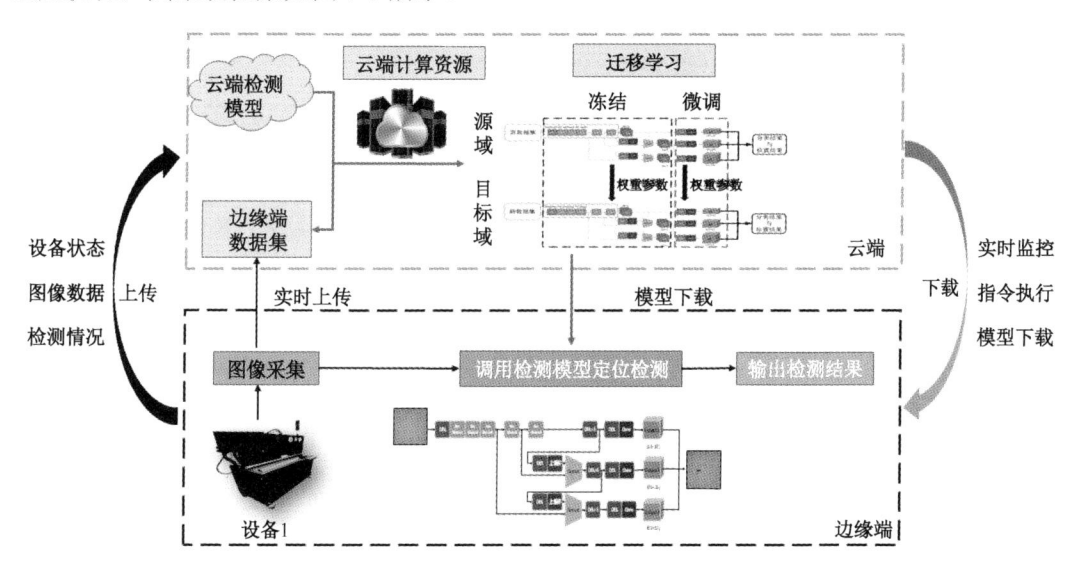

图7-7 "边缘-云"系统框架

7.4.2 "边缘-云"协同的面料疵点检测

通过面料疵点检测"边缘-云"端到端的交互,实现边缘端面料疵点实时检测、云端面料数据传输与存储,以及面料疵点检测模型迁移训练,完成面料疵点检测"感知、分析、决策、执行"一体的闭环优化。

1. 边缘端图像感知,实时检测

在边缘端利用其与生产环境紧密耦合的优势,实现面料疵点的高实时性检测,通过架设高频、高分辨率的工业 CCD 线阵相机与光照恒定、均匀的机器视觉光源,实现对运动中的面料图像的高质量采集。将图像输入训练好的检测模型,通过卷积神经网络对其进行特征提取与定位识别,实现面料疵点的实时检测。最后将检测结果实时上传至云端进行分析与存储。边缘端检测设备由织物传动模块、机器视觉模块、人机交互模块和检测算法模块 4 个模块组成,在四者的协同作用之下,实现对面料疵点的实时检测,如图 7-8 所示。

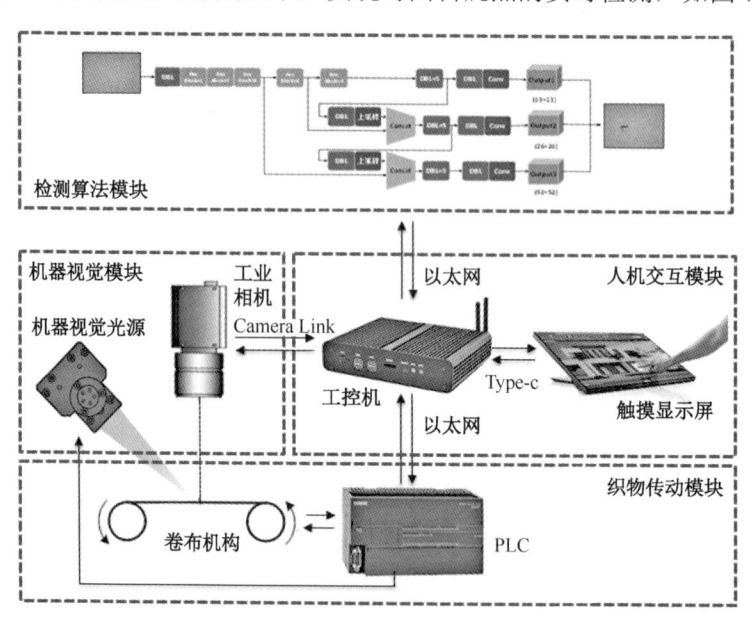

图 7-8 边缘端面料疵点检测设备的工作原理

1)织物传动模块

织物传动模块主要由 PLC、电机滚筒、电机驱动器及编码器组成。PLC 通过电机驱动器控制电机滚筒实现正反转,并输出 PWM 脉冲对电机滚筒进行调速。通过对两侧电机设置差速转动以保证面料在运行过程中处于张紧状态。同时利用光电传感器实现对面料两端的限位功能,保证面料不会运行出界。

2)机器视觉模块

机器视觉模块由机器视觉光源、CCD 线阵相机、图像采集板卡组成。为满足面料检测对图像质量的要求,选用 4096 像素 CameraLink 彩色工业线阵相机,其分辨率为 4096×2,像元尺寸为 5μm。为满足光照均匀、稳定的条件,选用光强可调(256 等级)的机器视觉光源。相机与工控机进行通信后,通过人机交互界面直接调用图像采集程序进行图像的采集和处理,并存储于指定的路径。

3)人机交互模块

人机交互模块由工控机、疵点检测软件和液晶触摸屏构成(见图 7-9)。工控机与 PLC 和 CCD 线阵相机进行通信,可通过疵点检测软件控制检测器运转并显示检测结果。通过工控机建立边缘层检测设备与云端平台之间的通信,检测设备将采集到的图像信息、疵点检测结果及设备运行状态上传至云端服务器,并将云端服务器训练好的检测模型下载至检测设备,实现检测算法的智能迭代优化。

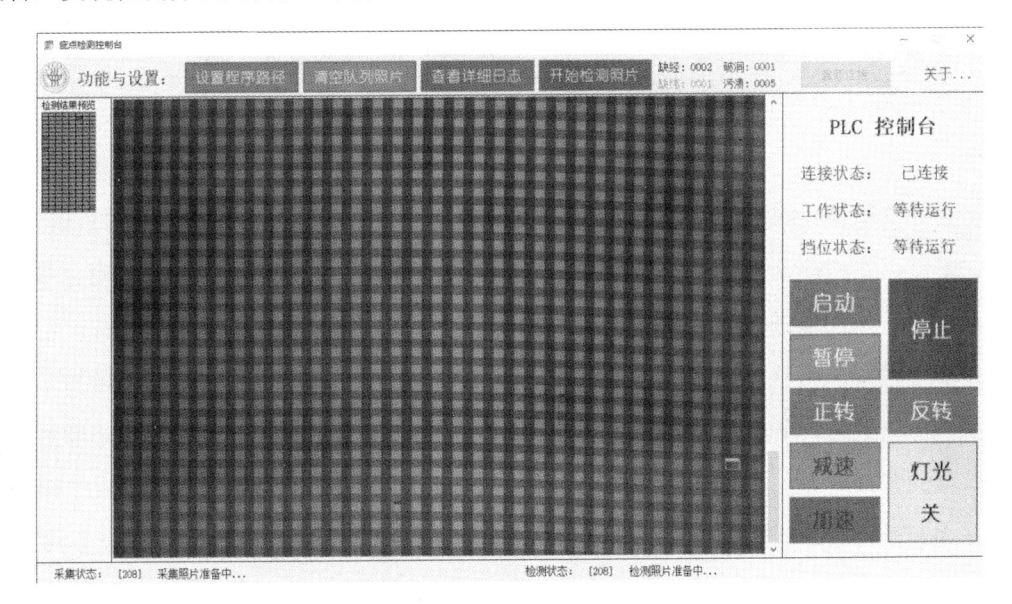

图 7-9 检测设备人机交互界面

4）检测算法模块

边缘端基于深度学习的面料疵点检测算法，将面料图像作为输入，同时输出检测到的所有疵点位置及相应的类别。在设计算法时，针对边缘端疵点检测对实时性和精度的需求，本文对检测算法做了以下优化：①通过面料图像数据增强操作，提高检测算法在不同光照、温湿度等因素下的普适性；②构建多尺度卷积神经网络，实现不同尺寸疵点特征的提取；③使用聚类算法求得不同种类疵点的尺寸参数，作为先验知识嵌入检测模型训练过程。

在面料生产过程中，由于车间光照、温湿度及面料运动状态等因素的动态变化，会导致采集的面料图像亮度、分辨率存在差异。针对这一特点，本文对原始数据集进行亮度改变、噪声添加等数据增强操作，以提升检测模型在不同光照下的普适性。本文使用的数据集包含机织棉麻布与针织格纹面料两个种类的面料，每类各有400余张包含疵点的图片，疵点类型为生产中经常出现的缺经、缺纬、渍类和破洞。如图7-10所示为对面料图像进行数据增强后的效果。

图 7-10 数据增强效果

在设计卷积神经网络时，除了检测精度，还需要满足边缘端疵点检测对实时性的要求。因此，本文在卷积神经网络前端的卷积层使用大小为 3×3、步长为 1 的卷积核对分辨率为 416×416 的输入图像进行下采样，并在每个卷积层后都设置有池化层，对卷积提取的图像特征做 2×2 的最大值池化，在保留最主要特征的同时尽可能减少卷积神经网络的参数，从而减少检测模型运行所需的计算量。同时，针对在面料生产中不同种类的疵点形状和大小存在差异的特点（如破洞和渍类疵点通常尺寸较大，而缺经类疵点形状狭长，尺寸较小），本文在卷积神经网络的后端借鉴特征金字塔的思想构建了多尺度预测网络，将 13×13 分辨率的卷积层与 26×26 的卷积层分成 2 个分支进行独立的疵点检测；同时对 13×13 的特征图做上采样操作,并将其与中间输出层的 26×26 特征图进行特征融合,以增强特征金字塔的表达能力。最终输出分辨率分别为 13×13 和 26×26 的特征图,实现对不同尺寸面料疵点特征的精确提取。卷积神经网络结构如图 7-11 所示。

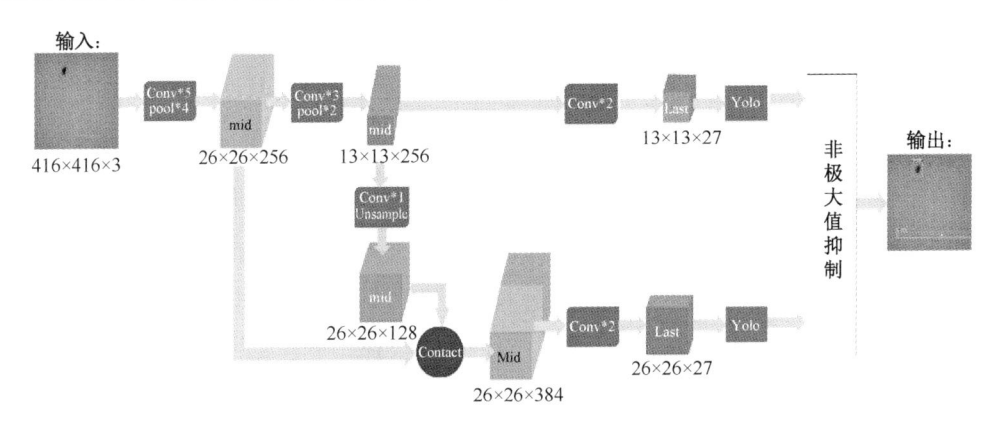

图 7-11 卷积神经网络结构

检测设备可检测面料宽幅为 1 200mm,相机选用海康威视 MV-CL042-70GC 工业线阵相机,相机分辨率为 4096×2,每张图片的分辨率为 4096×512,将其拆分为 8 张分辨率为 512×512 的图片输入检测模型,由 Python3.6 进行编译,GTX1060Ti 型号 GPU 进行检测模型的运算。每张图片检测所需时间为 40ms,可实现 20m/min 的检验,满足面料生产线对在线检测速度的要求。疵点检测结果如图 7-12 所示。

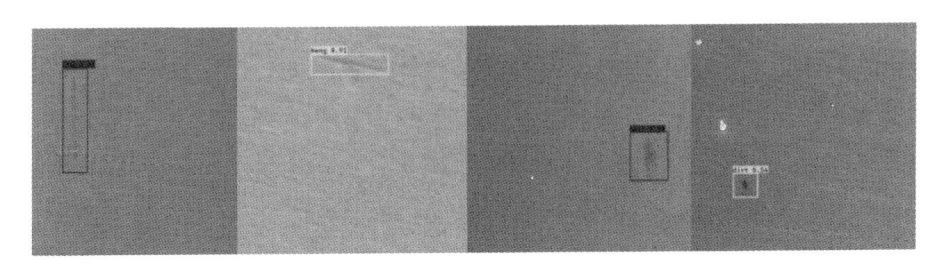

图 7-12 疵点检测结果

2. 云端数据分析与算法决策优化

在云端利用云端服务器存储、计算能力强的特点,实现对面料疵点数据的高效分析与疵点检测算法的智能决策,包括面料数据传输、面料数据存储和检测模型迁移训练 3

个部分。

1）数据传输

在工业生产中需要面对海量工业设备产生的时序数据，如设备传感器指标数据、自动化控制数据，单机往往无法存储如此巨量的工业大数据，需要高并发、7×24 小时持续发送至云端。受限于数据规模性和网络的滞后性，数据传输过程对实时性的需求较低。在面料疵点检测中，边缘端检测设备实时采集面料数据并检测，在上传的面料数据与检测结果中，既有结构化的图像和文本数据，也有非结构化的检测报表数据，具有高访问、多并发、传输量大且多源异构的特点。在边缘端与云端之间实现面料数据与检测结果的实时传输与存储，利用 Axios 技术和 Socket 技术与服务器端实时交互，可以实时展示设备的运行信息和疵点检测结果，能够读取数据库信息，同时有检索、下载、上传等功能，其界面如图 7-13 所示。

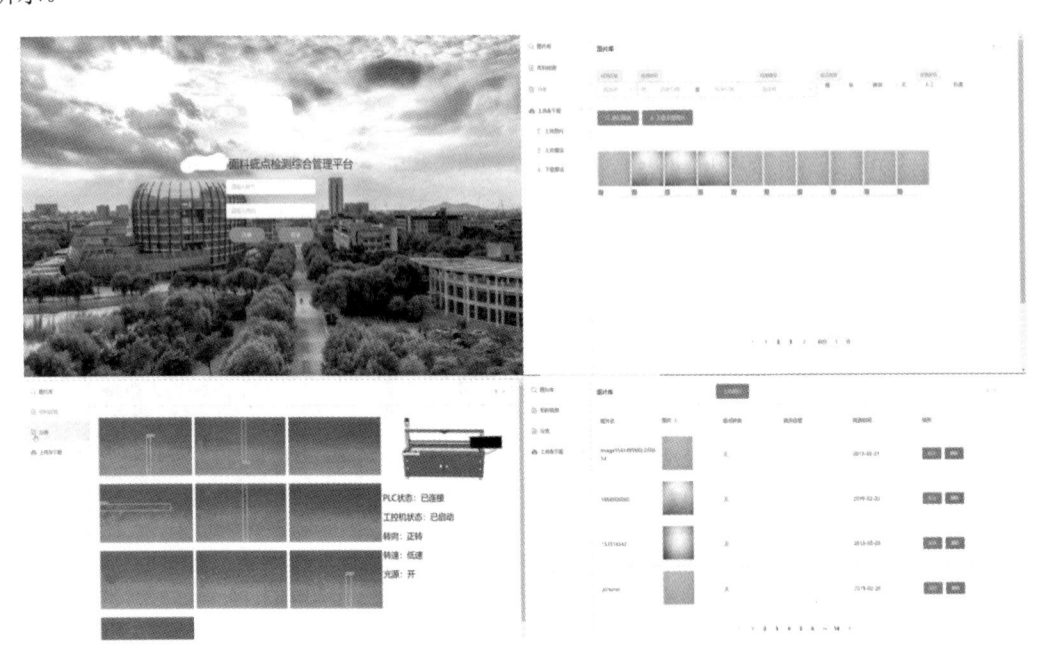

图 7-13　云端实时监控界面

2）面料数据存储

在工厂生产中，现有的人工检测方法容易疏忽，且无法将检测数据进行有效保留，而

"边缘-云"模式的工业大数据分析技术：从云计算到边云融合 第7章

机器视觉检测方法不仅能提高检测精度，还能够将面料数据和检测结果进行保留，而数据存储对实时性没有较高的需求，随着数据的不断增多，这一过程往往对实时性要求较低，而且更侧重于数据传输存储中的稳定性与完整性，同时还需要从业务系统的关系型数据库、文件系统中采集所需的结构化与非结构化业务数据。针对结构化与非结构化数据，需要同时兼顾可扩展性和处理性能的实时数据同步接口与传输引擎。仿真过程数据等非结构化数据具有文件结构不固定、文件数量巨大的特点，需要采用元数据自动提取与局部性优化存储策略，面向读、写性能优化的非结构化数据采集系统。

对于多源异构的面料数据，运用大数据分布式文件存储架构，分别使用 MySQL、Redis 数据库和 HDFS 文件系统，建立集内存计算、并行存储、关系库三位一体的数据平台，实现对面料高频率、多关联数据的高效管理，如图 7-14 所示，实现了数据的高并发高速访问，同时进行冗余备份，提升容错性。

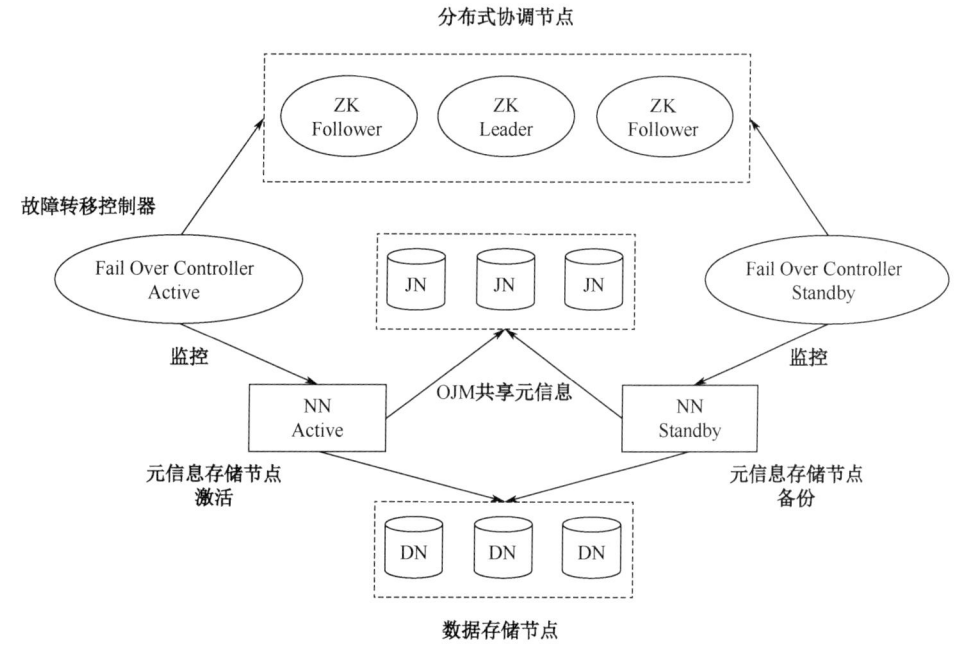

图 7-14 云端数据存储架构

云端平台服务器存储空间为 60TB，可存储超过 1 600 万张图片，使用 HDFS 文件系统的存储，吞吐量约为 350 个/s；每秒请求数上限高达 100 000，可承载高并发量信息流。"边缘-云"实时传输速度最高可达17M/s,可实现疵点数据从边缘端到云端的实时传输。同时,边缘节点将处理后的数据上传到云端进行存储、管理、态势感知,云端负责对数据传输监控和边缘设备使用情况进行管理。

3）检测模型迁移训练

在云端利用高性能服务器,实现面料疵点检测模型的低实时训练。在面料疵点检测过程中,当生产的面料种类改变时,固有的检测模型精度往往会急剧下降,需要重新训练检测模型,在云端利用其丰富的存储与计算资源,建立云端平台实现对多种类面料数据和检测模型的高效存储与访问。然而,即使是不同种类面料之间也存在如疵点形状、底层背景之类的共有特征,重新训练检测模型会造成计算资源和时间的浪费,严重影响生产效率。因此,本文提出了使用迁移学习的方法,当需要重新训练检测模型时,使用原有检测模型作为预训练模型,保留其原有特征,只针对新面料数据集中的专有特征对卷积神经网络做个性化训练,从而避免计算资源的浪费,减少检测模型所需的训练时间。迁移学习的流程如图7-15所示。

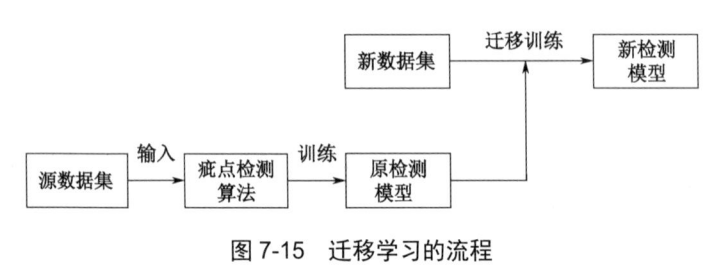

图7-15 迁移学习的流程

在疵点检测模型中,卷积神经网络的前端卷积层提取面料图像背景、形状和颜色等边缘特征,后端卷积层则提取面料图像更细微的纹理、疵点等专有特征。本文共使用两种面料疵点迁移学习方法：一种是Fine-tune迁移学习方法,它在预训练模型的基础上对边缘特征与个性化特征进行微调,对卷积神经网络的所有卷积层参数进行更新;另一种是Frozen迁移学习方法,它只对预训练模型所提取的专有特征进行微调,即冻结卷积神经网络的前端卷积层参数,只对后端卷积层进行参数更新,其原理如图7-16所示。

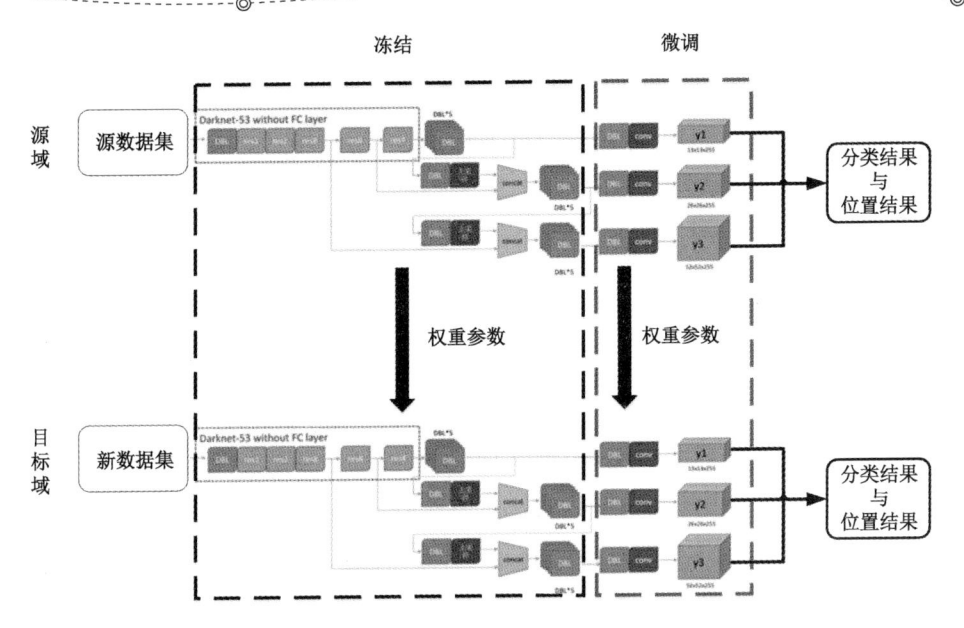

"边缘–云"模式的工业大数据分析技术：从云计算到边云融合 第7章

图 7-16 面料疵点 Frozen 迁移学习的原理

目前对羊毛、尼丝纺、涤纶等多种针织白色坯布及棉麻布、多色格纹机织坯布的缺经、缺纬、渍类、多纬、破洞 5 类疵点（见图 7-17 和图 7-18）的检验精确率可达 95%。每类疵点的检测精度如表 7-2 所示。

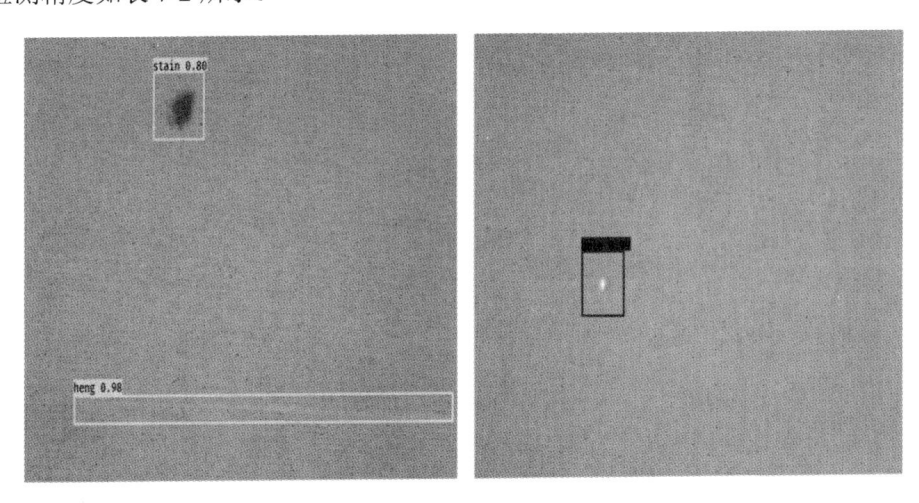

图 7-17 棉麻布疵点检测结果

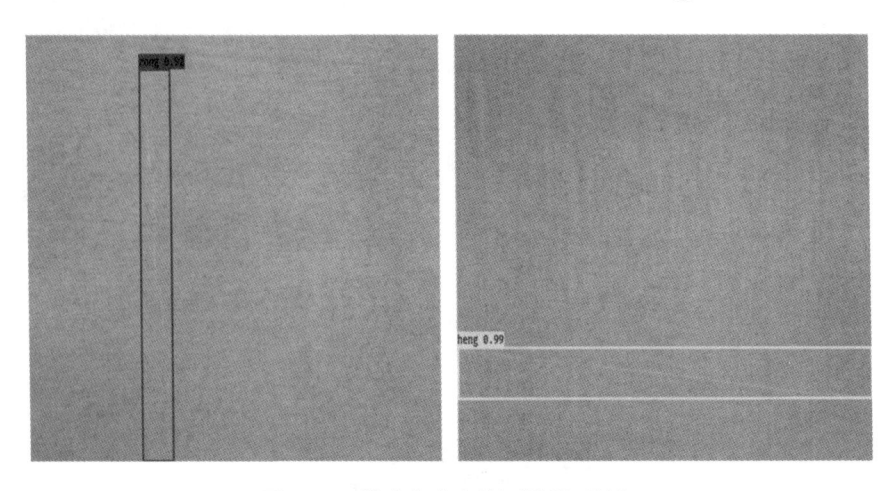

图 7-17　棉麻布疵点检测结果（续）

图 7-18　针织格纹面料疵点检测结果

表 7-2　每类疵点的检测精度

疵点	渍类	缺纬	缺经	多纬	破洞
机织棉麻布	94.3%	92.7	93.1%	—	94.9%
格纹面料	97.4%	94.6%	—	93.1%	95.3%

参 考 文 献

[1] Shvachko K, Kuang H, Radia S, et al. The hadoop distributed file system[C]. 2010 IEEE 26th symposium on mass storage systems and technologies (MSST). Ieee, 2010: 1-10.

[2] Zaharia M, Chowdhury M, Franklin M J, et al. Spark: cluster computing with working sets[J]. HotCloud, 2010, 10(10-10): 95.

[3] Efrati, Amir. Google's new features designed to speed web searches.[J]. Wall Street Journal Eastern Edition, 2010.

[4] Flach T, Dukkipati N, Terzis A, et al. Reducing web latency: the virtue of gentle aggression[C].Proceedings of the ACM SIGCOMM 2013 conference on SIGCOMM. 2013: 159-170.

[5] Zhong R Y , Newman S T , Huang G Q , et al. big data for supply chain management in the service and manufacturing sectors: challenges, opportunities, and future perspectives[J]. Computers & Industrial Engineering, 2016, 101(nov.):572-591.

[6] 宋纯贺，曾鹏，于海斌. 工业互联网智能制造边缘计算：现状与挑战[J]. 中兴通讯技术，2019，25(03):50-57.

[7] 周济. 走向新一代智能制造[J]. 中国科技产业，2018(06):20-23.

[8] 王传桐，胡峰，徐启永，吴雨川，余联庆. 改进频率调谐显著算法在疵点辨识中的应用[J]. 纺织学报，2018，39(03):154-160.

[9] 刘涵,郭润元. 基于 X 射线图像和卷积神经网络的石油钢管焊缝缺陷检测与识别[J]. 仪器仪表学报，2018，39(04):247-256.

[10] Rokach L, Maimon O. Data mining for improving the quality of manufacturing: a feature set

decomposition approach[J]. Journal of Intelligent Manufacturing, 2006, 17(3): 285-299.

[11] Qin W, Zha D, Zhang J. An effective approach for causal variables analysis in diesel engine production by using mutual information and network deconvolution[J]. Journal of Intelligent Manufacturing, 2018: 1-11.

[12] 王小巧, 刘明周, 葛茂根, 马靖, 刘从虎. 基于混合粒子群算法的复杂机械产品装配质量控制阈优化方法[J]. 机械工程学报, 2016, 52(01):130-137.

[13] Nespeca M G, Hatanaka R R, Flumignan D L, et al. Rapid and simultaneous prediction of eight diesel quality parameters through ATR-FTIR analysis[J]. Journal of analytical methods in chemistry, 2018, 2017.

[14] Wang C, Jiang P, Ding K. A hybrid-data-on-tag–enabled decentralized control system for flexible smart workpiece manufacturing shop floors[J]. Proceedings of the Institution of Mechanical Engineers, Part C: Journal of Mechanical Engineering Science, 2017, 231(4): 764-782.

[15] 鲁建厦, 胡庆辉, 董巧英, 汤洪涛. 面向云制造的混流混合车间调度问题[J]. 中国机械工程, 2017, 28(02):191-198+205.

[16] 汪俊亮, 秦威, 张洁. 基于数据挖掘的晶圆制造交货期预测方法[J]. 中国机械工程, 2016, 27(01):105-107.

[17] 张洁, 高亮, 秦威, 吕佑龙, 李新宇. 大数据驱动的智能车间运行分析与决策方法体系[J]. 计算机集成制造系统, 2016, 22(05):1220-1227.

[18] 雷亚国, 贾峰, 周昕, 林京. 基于深度学习理论的机械装备大数据健康监测方法[J]. 机械工程学报, 2015, 51(21):49-56.

[19] 江丽, 甄少华. 基于 BP 神经网络的液压系统故障诊断专家系统[J]. 机床与液压, 2002(04):169-170+225.

[20] 张晗, 杜朝辉, 方作为, 等. 基于稀疏分解理论的航空发动机轴承故障诊断[J]. 机械工程学报, 2015(01):97-105.

[21] Schlechtingen M, Santos I F. Wind turbine condition monitoring based on SCADA data using normal behavior models. Part 2: Application examples[J]. Applied Soft Computing,

2014, 14: 447-460.

[22] Amar M, Gondal I, Wilson C. Vibration spectrum imaging: A novel bearing fault classification approach[J]. IEEE transactions on Industrial Electronics, 2014, 62(1): 494-502.

[23] 陶飞, 张萌, 程江峰, 戚庆林. 数字孪生车间——一种未来车间运行新模式[J]. 计算机集成制造系统, 2017, 23(01):1-9.

[24] Ireland R, Liu A. Application of data analytics for product design: sentiment analysis of online product reviews[J]. CIRP Journal of Manufacturing Science and Technology, 2018, 23: 127-144.

[25] Geiger C, Sarakakis G. Data driven design for reliability[C].2016 Annual Reliability and Maintainability Symposium (RAMS). IEEE, 2016: 1-6.

[26] Tucker C S, Kim H M. Data-driven decision tree classification for product portfolio design optimization[J]. Journal of Computing and Information Science in Engineering, 2009, 9(4).

[27] 李伯虎, 张霖, 王时龙, 陶飞, 曹军威, 姜晓丹, 宋晓, 柴旭东. 云制造——面向服务的网络化制造新模式[J]. 计算机集成制造系统, 2010, 16(01):1-7+16.

[28] 施巍松, 孙辉, 曹杰, 张权, 刘伟. 边缘计算：万物互联时代新型计算模型[J]. 计算机研究与发展, 2017, 54(05):907-924.

[29] 张洁, 汪俊亮, 吕佑龙, 鲍劲松. 大数据驱动的智能制造[J]. 中国机械工程, 2019, 30(02):127-133+157.

[30] 刘强, 秦泗钊. 过程工业大数据建模研究展望[J]. 自动化学报, 2016, 42(02):161-171.

[31] 李锴, 张昊. 边缘云的技术发展与应用思考[J]. 移动通信, 2021, 45(01):42-47.

[32] 吕华章, 陈丹, 王友祥. 聚焦MEC边缘云，赋能5G行业应用[J]. 信息通信技术, 2018, 12(05):22-30+39.

[33] 吕华章, 陈丹, 王友祥. 边缘云平台架构与应用案例分析[J]. 邮电设计技术, 2019(03):35-39.

后记——方兴未艾的大数据科学

从开普勒三大定律的发现，到 Alpha 战胜世界围棋冠军李世石，数据一直伴随着人类社会的发展变迁，作为重要的科学要素支撑着人类对世界的探索、认知与改造。随着信息技术的飞速发展，数据的采集、存储、计算能力呈指数级增长，人类运用数据的能力实现了质的变化。数据逐渐成为物质、能源之后的又一战略资源，这一战略资源的形成带来了一种新的思维方式与手段。正如梅宏院士在十三届全国人大常委会专题讲座上所说的，大数据的价值本质上体现为：提供了一种人类认识复杂系统的新思维和新手段。理论上，在足够小的时间和空间尺度上，可以构造一个现实世界的数字虚拟映像，这个映像承载了现实世界的运行规律。在拥有充足的计算能力和高效的数据分析方法的前提下，对这个数字虚拟映像的深度分析，将有可能理解和发现现实复杂系统的运行行为、状态和规律。应该说大数据为人类提供了全新的思维方式和探知客观规律、改造自然与社会的新手段，这也是大数据引发经济社会变革最根本的原因。

自 2000 年以来，大数据相关的技术一度成为研究热点并得到了长足的发展，但是在工业领域，大数据分析方法仍面临可靠性、可解释性、高效、绿色等挑战。另外，数据的采集技术不断完善，系统的运行优化要求进一步提升，促进工业大数据方法朝着如下几个方向进一步发展。

1. 可信、鲁棒工业大数据分析方法

工业领域的安全性、鲁棒性、高效性原则，使得工业生产中的运行优化任务对数据分析方法提出了高鲁棒性、高可信的要求。为了实现鲁棒可信的人工智能，实现可解释的机器学习是其中的关键。在机器学习中，可解释性可以从数据、模型与结论 3 个方面来探讨。数据的可解释性是指对数据的分布特征进行可视化分析，从而建立数据属性与具体工程问

题特性之间的交互关系。研究数据的可解释性有助于在复杂的工程问题中快速、全面地了解数据分布特征，从而为模型的选择、参数的优化提供前瞻性建议。模型的可解释性是指模型的决策可从因果关系的视角展开分析，大致可分为基于规则的方法、基于单个特征的方法、基于实例的方法、稀疏性方法、单调性方法等。结论的可解释性主要是针对具有黑箱性质的深度学习模型而言的，其针对模型决策中的参数变化等展开分析，以挖掘其中的决策依据，常见的方法有神经网络的隐层分析方法、模拟/代理模型与敏感性分析方法等。

2. 面向工业领域的知识推理方法

在智能制造等工业领域，纯数据驱动的数据分析手段往往不能达到工业场景的要求。以复杂机电系统为例，其往往是多领域物理知识（机、电、液、热、磁、控等）的综合集成系统。在系统的集成优化过程中，系统性能指标受多领域规律的作用而呈现出复杂的波动规律。在这种情况下，需要基于多领域知识、面向多学科协同优化的新一代工业大数据分析方法，其中的关键在于建立反映产品不同物理特性的机理模型，如计算流体动力学模型、结构动力学模型、热力学模型、应力分析模型、疲劳损伤模型及材料状态演化模型（如材料的刚度、强度、疲劳强度演化）等。如何在系统的运行优化中，将机理模型中的知识融入大数据分析，从冗余的数据与知识中抽取有用的信息，有效地表达数据之间的内在关联与知识之间的内在关联，利用数据的关联性与知识的关联性实现"数据驱动+机理驱动"的双驱动模式，从而来建立高精度、高可靠性的工业系统运行优化模型，是工业大数据方法面临的重要挑战之一。

3. 自学习大数据分析方法

智能系统的重要特征就是自适应能力。智能系统能够动态地根据系统状态变化修正系统的结构与参数，从而适应环境的变化。如 Mazak 机床的"智能热屏障"技术，可对主轴热位移进行精确的预报，实现高精度主轴的膨胀和收缩补偿，从而应对主轴热位移。在当前的工业大数据方法中，以深度学习为代表的机器学习方法是数据处理与挖掘的主流技术。通过持续采集工业过程数据，对深度学习等模型进行在线训练与学习，驱动模型的参数根据数据分析的误差进行调整，是实现自学习大数据分析的有效途径。然而，当前以深度学习为核心的人工智能技术采用的是模拟人脑神经网络的方式，在调整神经元之间的连接权值以接收来自新数据中蕴含的规律的同时，也在改变原有的网络结构，这意味着原有样本的识别能力可能受到影响，这一问题在机器学习中被称为"遗忘效应"。如何在持续学习甚至终身学习中克服遗忘效应，实现既往知识与新知识融合的高效学习方法，是进一步研究的关键所在。

4. 类脑智能驱动的工业大数据分析方法

以色列威兹曼人工智能研究中心主任 Shimon Ullman 教授 2019 年在《科学》杂志上发表了 Using Neuroscience to Develop Artificial Intelligence 一文，指出借助脑神经网络结构的研究可极大地提升人工神经网络的智能化水平。事实上，多次 AI 的重大创新都受到了生理学的启发。McCulloch-Pitts 计算模型的构建便受到了生物神经网络中突触联结规律的启发，从而奠定了联结主义的发展基础。Hinton 提出的胶囊网络也受到了大脑皮质功能微柱的启发。

在脑科学中，人脑功能的解析可主要分为两步。①脑神经网络结构的观测，这是脑功能解析的基础。认知神经学通过"神经元-神经环路-功能柱-脑区"4 个尺度来研究脑神经的联结通路结构，其由若干神经元相互连接，形成具备特定功能的神经环路，由若干具备相同功能的神经环路形成大脑皮层功能柱，由若干功能柱形成功能脑区。②进一步分析脑结构在不同环境下的自组织规律，这是解析脑功能的关键。郭爱克院士认为，大量神经元相互作用时，脑神经网络会自发地涌现出动态重构等复杂的自组织行为，这种自组织的动力学行为是脑功能产生的物质基础。根据脑成像数据，绘制人脑神经网络毕生发展的动态变化轨线，分析脑神经网络的自组织行为规律，已成为解析大脑皮层神经功能的核心内容。脑科学通过分析脑神经网络结构与自组织行为规律来揭示人脑智能的方法为具备认知功能的人工智能技术的发展提供了新思路。

在人工智能认知能力的构建中，如何理解与刻画数据背后所蕴含的系统波动规律是研究中的难点。事实上，在深度学习中，神经网络模型本身就是规律的载体。在不同的系统状态下，深度学习模型具备不同的深度神经网络结构。针对系统状态动态变化下模型的网络拓扑结构与神经元之间的动力学行为展开分析，探究神经网络结构的演化规律，有望阐明系统的演化规律。达尔文从物种进化的角度发现了适者生存的生物机理，其实神经网络也在持续学习中不断更新参数、优化结构，从而具备复杂环境下强大的适应和塑造能力。在生物神经网络研究中，从人脑毕生发展的角度解析神经连接的机理，已经成为认知神经学领域的重要命题。与人脑不同，深度神经网络并不存在"寿命"限制，其可通过数据的训练持续演化。从网络生命演化的角度研究深度神经网络的结构物理学，揭示神经网络在系统动态变化中的演化规律，有望揭开深度神经网络演化的机理。

反侵权盗版声明

电子工业出版社依法对本作品享有专有出版权。任何未经权利人书面许可，复制、销售或通过信息网络传播本作品的行为；歪曲、篡改、剽窃本作品的行为，均违反《中华人民共和国著作权法》，其行为人应承担相应的民事责任和行政责任，构成犯罪的，将被依法追究刑事责任。

为了维护市场秩序，保护权利人的合法权益，我社将依法查处和打击侵权盗版的单位和个人。欢迎社会各界人士积极举报侵权盗版行为，本社将奖励举报有功人员，并保证举报人的信息不被泄露。

举报电话：（010）88254396；（010）88258888

传　　真：（010）88254397

E-mail：　dbqq@phei.com.cn

通信地址：北京市万寿路 173 信箱

　　　　　电子工业出版社总编办公室

邮　　编：100036